2019
廊坊经济统计年鉴
ECONOMIC STATISTICAL YEARBOOK OF LANGFANG

总期第二十三期

中国统计出版社
China Statistics Press

图书在版编目（CIP）数据

廊坊经济统计年鉴. 2019 / 廊坊市统计局, 国家统计局廊坊调查队编. -- 北京 : 中国统计出版社, 2019.7
ISBN 978-7-5037-8225-1

Ⅰ. ①廊… Ⅱ. ①廊… ②国… Ⅲ. ①经济统计－廊坊－2017－年鉴 Ⅳ. ①F127.223-54

中国版本图书馆 CIP 数据核字(2019)第 174297 号

廊坊经济统计年鉴-2019

作　　者/ 廊坊市统计局　国家统计局廊坊调查队
责任编辑/ 陈越月
装帧设计/ 李瑞琪
出版发行/ 中国统计出版社
地　　址/ 北京市丰台区西三环南路甲 6 号　邮政编码/100073
电　　话/ 邮购（010）63376909　书店（010）68783171
网　　址/ http://csp.stats.gov.cn
印　　刷/ 廊坊市百花印刷有限公司
经　　销/ 新华书店
开　　本/ 890mm×1240mm　1/16
字　　数/ 700 千字
印　　张/ 27 印张
版　　别/ 2019 年 7 月第 1 版
版　　次/ 2019 年 7 月第 1 次印刷
定　　价/ 290 元

如有印装差错，由本社发行部调换。

《廊坊经济统计年鉴》编委会
与编辑人员名单

编辑委员会

主　任：	贾永清	廊坊市委常委、市政府常务副市长
副主任：	马立东	廊坊市人民政府副秘书长
	张志刚	廊坊市统计局局长
委　员：	王振宽	廊坊市统计局副局长
	潘　辉	廊坊市统计局副局长
	张四喜	廊坊市统计局副局长
	姜　艳	廊坊市统计局副局长
	梁文英	廊坊市统计局普查中心主任
	李　志	廊坊市统计局副调研员
	杨　志	廊坊市统计局企调队队长
	胡建波	国家统计局廊坊调查队副队长
	刘伯谦	国家统计局廊坊调查队副队长
	殷学军	国家统计局廊坊调查队副调研员

各部门提供资料人员名单（以姓氏笔画为序）

马二娟	马建元	王国斌	王利军	白金秀	卢逢权
刘云啸	刘剑冲	刘晓雷	刘新颖	刘　燕	孙术成
孙亚盟	许　超	李　颖	李　洁	李　杰	朱　琳
邢丽云	闫　溯	陈述敏	陈璐璐	陈秋雨	陈之贺
张　雪	张艳艳	苏煜捷	杨则颖	孙晓梅	胡彦飞
姬胜红	段俊伟	郝　娜	章　卫	唐　旭	贾月霞
贾颖楠	董振强	韩　伟	魏梓轩		

目　　录

一、综　合

二、就业及劳动工资

三、农村经济

四、工业

五、投资、建筑业

六、国内贸易及物价

七、服务业

八、对外经济

九、交通、运输、邮电

十、财政、金融、保险

十一、科技、文化、卫生、教育、体育、广播电视

十二、公用事业和用电

十三、城乡住户调查资料

附录

一、综　合

责任编辑：吕艳霞　何瑞环

1-1 国民经济和社会

指　　标	总　量　指　标					
	2000 年	2005 年	2010 年	2015 年	2017 年	2018 年
一、人口与就业						
1. 年末总人口	378.36	391.57	419.02	460.13	474.13	479.47
农业人口	311.39	278.09	283.30	287.50	280.39	273.64
非农业人口	66.97	113.48	135.72	172.63	193.74	205.83
#男性人口	191.29	198.52	212.26	232.70	238.69	241.14
2. 从业人员数	179.33	211.87	238.81	262.19	265.34	—
#在岗职工	23.15	23.86	31.80	40.45	36.45	—
二、宏观经济						
1. 地区生产总值	3274342	6095670	13510982	24738649	28806440	31082249
按三次产业分						
第一产业	620499	890888	1574845	2061654	1864668	1966761
第二产业	1670003	3360444	7238101	11024159	12624000	11380543
第三产业	983840	1844338	4698036	11652836	14317772	17734945
按所有制形式分						
#民营经济	1722389	3777208	9065490	17561431	20969132	22348137
2. 全社会固定资产投资	1525450	3128262	9090342	21668117	26639225	—
#固定资产投资	900463	2579477	8541496	21338117	26318341	—
3. 全部财政收入	186666	584900	1954406	4812808	6730747	6455396
#公共财政预算收入	115571	242965	1058640	3033844	3314731	3620321
公共财政预算支出	192553	536233	1796396	4819446	5837540	6202225

注：1. 地区生产总值、民营经济相关数据为快报数据。
2. 2011 年起，城镇固定资产投资指标调整为固定资产投资，统计起点标准由计划总投资 50 万元及以上提高到 500 万元及以上。
3. 根据国家统计局要求，自 2018 年度起，固定资产投资、规模以上工业数据只公布增速不公布绝对值。

发展总量与速度（一）

单位：万人、万元

速度指标								
指数（2018年为以下各年%）				平均每年增长（%）				
2005年	2010年	2015年	2017年	1996-2000	2001-2005	2006-2010	2011-2015	2016-2018
122.4	114.4	104.2	101.1	1	0.7	1.4	1.9	1.4
98.4	96.6	95.2	97.6	0.1	-2.2	0.4	0.3	-1.6
181.4	151.7	119.2	106.2	5.8	11.1	3.6	4.9	6.0
121.5	113.6	103.6	101.0	0.9	0.7	1.3	1.9	1.2
—	—	—	—	0.5	3.4	2.4	1.9	—
—	—	—	—	—	0.6	5.9	4.9	—
356.2	192.9	122.8	106.5	13.4	12.1	13.0	9.5	7.1
122.6	104.8	98.9	100.8	5.5	5.9	3.3	1.2	-0.4
126.9	108.5	102.3	103.5	17.3	13.9	13.3	9.2	4.0
139.4	119.1	112.4	109.8	11	12.2	16.7	11.8	11.1
341.1	204.8	123.5	106.7	26.4	18.7	17.2	10.7	7.3
—	—	—	106.8	20.7	17.5	23.8	21.1	9.5
—	—	—	106.9	—	23.6	27.1	21.4	9.6
1103.7	330.3	134.1	95.9	17.5	25.7	27.3	19.8	10.3
1490.1	342.0	119.3	109.2	—	16	34.2	23.4	6.1
1156.6	345.3	128.7	106.2	17.8	22.7	27.4	21.8	8.8

4. 2010年年报起，民营经济口径范围由“行政区域内除国有和集体单位以外的所有单位和个体户”调整为“行政区域内除国有和国有控股单位以外的所有单位和个体户”。

指　　标	总　量　指　标					
	2000 年	2005 年	2010 年	2015 年	2017 年	2018 年
4. 物价总指数（上年为 100）						
居民消费价格总指数	99.0	101.2	103.2	100.3	102.1	102.5
商品零售价格总指数	98.9	101.9	104.6	99.6	101.1	101.3
5. 实际利用外资（万美元）	15069	26412	49076	75593	98838	104905
#外商直接投资	9270	19370	49070	66753	96843	99107
6. 农业						
农林牧渔业总产值（现价）	1038954	1675481	2871797	3811856	3459329	3051738
农林牧渔业总产值（可比价）	628257	1588319	2585317	3833320	3575925	2974979
主要农产品产量（吨）						
粮食	1517875	1685987	1924460	1606679	1573856	1474213
棉花	4136	48319	47831	21200	9583	3641
油料	59978	45040	38654	38659	30849	29110
蔬菜	4505583	5981419	6343925	6795596	5054641	5055995
干鲜果	458567	539346	546794	715646	454338	450206
肉类	335483	411329	343023	313090	193308	197050
水产品	32347	37591	34503	34961	25055	22389
7. 工业						
全部工业增加值	1670848	2920144	6143000	9283132	10613400	9078619
#规模以上工业增加值	454228	1464115	4515354	7216256	8214630	—

注：1.农林牧渔业总产值 2005 年以后为可比价。1995 年以后主要农产品产量、价值量指标及增长速度根据第二次农业普查结果做了相应调整。

发展总量与速度（二）

单位：万元

速度指标								
指数（2018年为以下各年%）				平均每年增长（%）				
2005年	2010年	2015年	2017年	1996-2000	2001-2005	2006-2010	2011-2015	2016-2018
137.4	121.2	106.2	102.5	0.8	0.5	2.6	2.6	2.0
134.9	115.3	103.5	101.3	0.3	0.6	3.2	2.2	1.2
397.2	213.9	138.7	106.1	9.7	11.9	13.2	9.0	11.5
511.5	201.8	148.4	102.3	3.4	15.9	20.4	6.3	14.1
—	—	—	—	6.9	5.2	3.0	1.0	—
119.3	102.8	97.9	101.2	6.9	5.2	3.0	1.0	-0.6
89.8	78.6	94.2	93.6	-5.4	2.1	2.7	-3.5	-0.6
12.2	12.4	27.8	38.0	-11.2	63.5	-0.2	-15.0	-34.3
84.0	97.7	97.7	94.4	2.6	-5.6	-3.0	—	-2.8
100.2	94.6	88.2	100.0	14.5	5.8	1.2	1.4	6.9
127.3	125.5	95.9	99.1	14.0	3.3	0.3	5.5	-1.4
47.9	57.4	62.9	101.9	6.2	4.2	-3.6	-1.8	-8.7
93.9	102.3	85.6	89.4	16.0	3.1	-1.7	0.3	-5.0
—	173.3	117.8	103.5	16.6	14.5	15.6	9.2	3.4
—	187.8	118.5	102.7	—	—	—	11.0	4.0

2. 2011年起，规模以上工业统计口径由年主营业务收入500万元及以上提高到2000万元及以上。

指　　标	总　量　指　标					
	2000 年	2005 年	2010 年	2015 年	2017 年	2018 年
8．交通邮电						
公里通车里程（公里）	2904	7493	9005	10521	10994	11304
公路营业性客运周转量(万人公里)	98433	113841	270162	118416	83266	70548
货物周转量（万吨公里）	342990	407140	1502401	2301630	2647984	2843832
邮电业务收入	101890	222606	361091	417643	427444	418543
9．国内商业						
社会消费品零售总额	853535	1782028	4191325	7963816	9803501	10430316
10．金融保险						
金融机构各项存款余额	3392452	6892854	19970496	50110776	61706444	61714316
#住户存款	2643173	4711149	11684673	23853103	31076957	34245277
金融机构各项贷款余额	2217299	3903780	13444678	34208881	58692749	62809455
11．人民生活（元）						
城镇居民人均可支配收入	6793	10152	20268	31925	37474	40435
农村居民人均可支配收入	3560	4621	7589	13159	15487	16865
在岗职工平均工资	7814	14914	37224	63426	77665	86177

注：1.2012 年及以前农村居民人均可支配收入为农民人均纯收入;2.住户存款余额 2014 年及以前为储蓄存款余额。3、2016 年公路营业性客运周转量与货物周转量两个指标由于部门统计口径变化导致数据与 2015 年不衔接，且速度指标无法计算。

发展总量与速度（三）

单位：万元

速度指标								
指数（2018年为以下各年%）				平均每年增长（%）				
2005年	2010年	2015年	2017年	1996-2000	2001-2005	2006-2010	2011-2015	2016-2018
150.9	125.5	107.4	102.8	2.6	1.8	3.7	3.2	2.4
62.0	26.1	59.6	84.7	2.5	3	18.9	-15.2	-15.9
698.5	189.3	123.6	107.4	11.8	3.5	29.8	0.2	7.3
188.0	115.9	100.2	97.9	31.3	16.9	10.2	2.9	0.1
585.3	248.9	131.0	106.4	15	15.9	18.7	13.7	9.4
895.3	309.0	123.2	100.0	17.4	15.2	23.7	20.2	7.2
—	—	143.6	110.2	17.8	12.3	19.9	—	12.8
1608.9	467.2	183.6	107.0	16.2	12	28.1	20.5	22.5
—	—	126.7	107.9	10.3	8.4	14.8	—	8.2
—	—	128.2	108.9	8.1	5.4	10.4	—	8.6
577.8	231.5	135.9	111.0	—	13.8	20.1	11.2	10.8

1-2 国民经济和社会发展结构指标（一）

单位：%

指　　标	2000年	2005年	2010年	2015年	2016年	2017年	2018年
一、就业（按从业人员计算）							
产业结构	100.0	100.0	100.0	100.0	100.0	100.0	100.0
第一产业	49.0	41.8	34.0	30.3	29.6	29.5	—
第二产业	25.7	32.7	38.0	39.6	39.7	39.3	—
第三产业	25.3	25.5	28.0	30.1	30.7	31.2	—
经济类型结构	100.0	100.0	100.0	100.0	100.0	100.0	100.0
国有经济单位	10.9	8.5	8.0	6.5	6.4	6.6	—
集体经济单位	1.3	0.5	0.3	0.3	0.3	0.3	—
其他经济类型单位	1.1	4.2	6.2	12.5	13.6	12.0	—
城镇个体私营	3.5	14.0	14.6	17.0	16.7	17.3	—
农村	83.2	72.8	70.9	63.7	63.0	63.8	—
二、经济结构							
地区生产总值结构	100.0	100.0	100.0	100.0	100.0	100.0	100.0
按三次产业分							
第一产业	19.0	14.6	11.6	8.3	7.3	6.5	6.3
第二产业	51.0	55.1	53.6	44.6	44.1	43.8	36.6
第三产业	30.0	30.3	34.8	47.1	48.6	49.7	57.1
按所有制形式分	100.0	100.0	100.0	100.0	100.0	100.0	100.0
国有经济	53.3	39.2	32.9	29.0	28.1	27.2	28.1
民营经济	46.7	60.8	67.1	71.0	71.9	72.8	71.9

1-2 国民经济和社会发展结构指标（二）

单位：%

指　　标	2000年	2005年	2010年	2015年	2016年	2017年	2018年
农林牧渔业产值结构	100.0	100.0	100.0	100.0	100.0	100.0	100.0
农业	64.8	63.0	62.6	60.6	63.0	63.2	70.7
林业	1.2	1.0	1.0	3.0	2.2	2.0	2.8
牧业	31.3	32.7	33.3	32.9	31.6	31.3	21.8
渔业	2.7	1.4	1.3	1.4	1.2	1.2	1.3
农林牧渔服务业	—	1.9	1.8	2.1	2.1	2.3	3.4
社会消费品零售总额结构	100.0	100.0	100.0	100.0	100.0	100.0	100.0
城镇	—	—	62.3	53.5	53.4	54.3	53.6
乡村	—	—	37.7	46.5	46.6	45.7	46.4
三、固定资产投资（全社会）							
城乡结构	100.0	100.0	100.0	100.0	100.0	100.0	100.0
固定资产投资	62.3	76.1	94.2	98.5	98.7	98.8	98.2
农户投资	37.7	23.9	5.8	1.5	1.3	1.2	1.8
四、财政收入结构	100.0	100.0	100.0	100.0	100.0	100.0	100.0
上划	33.9	50.3	45.8	37.0	43.1	50.8	43.9
地方	66.2	49.7	54.2	63.0	56.9	49.2	56.1
五、实际利用外资结构	100.0	100.0	100.0	100.0	100.0	100.0	100.0
外商直接投资	61.5	73.3	100.0	88.3	97.6	98.0	94.5
对外借款	38.5	23.9	—	0.1	0.9	2.0	5.5
外商其他投资	—	2.8	—	11.6	1.5	—	—

1-3 国民经济和社会发展效益指标（一）

指　　标	单 位	2000年	2005年	2010年	2015年	2016年	2017年	2018年
一、人口								
出生率	‰	17.13	10.85	20.40	14.65	17.11	18.0	13.1
死亡率	‰	7.15	4.95	11.44	4.07	3.88	14.0	4.0
自然增长率	‰	9.98	5.90	8.96	10.58	13.23	4.0	9.1
二、人均总量指标								
就业者负担人口	人	2.1	1.8	1.8	1.8	1.8	1.8	—
地区生产总值	元	9794	15901	31843	54460	58972	60762	64906
财政收入	元	496	1497	4696	10571	12806	14259	13539
全社会固定资产投资额	元	4049	8724	21844	47594	53563	56436	—
社会消费品零售总额	元	2267	4561	10072	17493	18965	20769	21876
储蓄存款余额	元	6896	12031	27885	51840	60867	65837	71423
三、固定资产投资								
全社会固定资产投资占GDP比重	%	46.6	51.3	67.2	87.6	92.0	92.5	—
四、财政总收入占地区生产总值比例	%	5.7	9.6	14.4	19.5	22.0	23.4	20.8
五、农业								
农业产业化经营总量	亿元	77.1	185.8	308.3	353.3	337.0	357.1	365.1
农业产业化经营率	%	45.1	58.2	59.4	58.0	63.1	66.0	67.1
农业从业者人均耕地面积	亩	6.3	6.7	7.6	—	6.8	—	—
每亩耕地农业机械总动力	千瓦	0.9	1.1	1.3	—	0.7	—	—
亩耕地用电量	千瓦小时	81.4	104.1	136.4	—	151.7	—	—
亩耕地化肥使用量	千克	28.0	28.6	31.1	—	30.7	—	—
亩耕地农林牧渔业总产值	元	2110.4	2957.6	4819.0	—	6867	—	—

注：2006年以后人均地区生产总值按常住人口计算。

1-3 国民经济和社会发展效益指标（二）

指　　标	单位	2000年	2005年	2010年	2015年	2016年	2017年	2018年
农业从业者人均农产品产量								
#粮食	千克	1733.7	1985.3	2739.1	2031.7	2022.0	2021.1	2107.5
棉花	千克	4.7	56.9	68.1	26.8	18.9	12.3	5.2
油料	千克	68.5	53.0	55.0	48.9	50.9	39.6	41.6
肉类	千克	383.2	484.5	488.2	395.9	349.5	—	281.7
水产品	千克	36.9	44.3	49.1	44.2	44.3	32.2	32.0
亩播种面积农产品产量								
#粮食	千克	261	353	403	347.0	354	341.5	338.8
棉花	千克	50	71	76	71.8	73.6	68.2	67.6
油料	千克	117	143	158	167.1	173.7	174.4	180.5
六、邮电通讯业								
全市百人拥有电话机数	部	18.5	67.8	118.0	102.6	130.0	124.6	124.5
七、教育								
学龄儿童入学率	%	99.9	99.7	99.9	99.8	99.7	97.1	100.0
八、生活								
城镇与农村居民收入增长率比例	倍	1.04	1.03	1.00	1.00	0.99	0.98	88.8
九、卫生								
每万人医院数	个	0.47	0.37	0.42	0.48	0.49	0.65	0.77
每万人医生数	人	13.34	11.29	18.11	19.1	20.6	23.3	26.4
每万人医院床位数	张	20.02	23.17	33.24	39.28	41.69	45.16	48.55

1-4 地区生产总值总量与发展速度（一）

年份	总 量（万元）				发展速度（%）			
		第一产业	第二产业	第三产业		第一产业	第二产业	第三产业
1957	18193	12717	3017	2459	122.0	131.8	107.0	100.9
1962	21079	14585	3915	2579	97.4	103.5	81.0	96.6
1965	28250	19619	4928	3703	126.4	134.8	120.6	105.1
1970	36711	23092	8277	5342	119.0	113.7	133.2	118.4
1975	66218	33905	22583	9730	109.1	103.9	117.0	109.4
1978	82942	34650	34226	14066	114.3	113.4	114.3	116.1
1980	101059	42395	39340	19324	107.5	112.5	100.4	114.0
1985	265016	88161	120416	56439	118.1	100.2	138.9	107.8
1986	323686	105761	153639	64286	112.5	103.2	118.9	110.4
1987	371077	106028	182212	82837	118.5	95.5	126.6	126.9
1988	475623	118324	244955	112344	117.9	89.7	130.1	114.8
1989	559300	129356	273983	155961	107.7	106.9	104.3	117.3
1990	637917	143391	308464	186062	110.8	108.0	109.4	116.0
1991	725961	161313	340237	224411	112.9	114.6	109.3	117.9
1992	910518	190693	439369	280456	119.2	109.7	123.9	118.3
1993	1096480	231992	523324	341164	115.9	113.1	115.2	119.0
1994	1470143	384031	674674	411438	116.0	123.3	113.7	115.3
1995	1848950	553929	763863	531158	115.6	109.2	117.6	116.7

1-4 地区生产总值总量与发展速度（二）

年份	总 量（万元）				发展速度（%）			
		第一产业	第二产业	第三产业		第一产业	第二产业	第三产业
1996	2186227	570789	956735	658703	115.6	106.8	120.4	113.5
1997	2506767	590311	1150880	765576	114.9	107.8	118.6	112.8
1998	2755492	644292	1285665	825535	114.3	107.6	118.2	111.0
1999	2952132	621322	1439920	890890	110.9	100.2	115.7	107.6
2000	3274342	620499	1670003	983840	111.1	103.1	113.5	110.2
2001	3669877	664488	1919804	1085585	111.4	107.1	113.2	111.1
2002	4097381	675196	2220446	1201739	111.9	102.0	115.6	111.5
2003	4661536	714081	2580717	1366738	112.0	105.4	113.7	112.5
2004	5384327	859727	2930300	1594300	112.4	108.2	114.3	111.2
2005	6095670	890888	3360444	1844338	113.0	102.3	115.8	113.2
2006	7159760	933628	4076075	2150057	115.3	101.9	119.0	115.1
2007	8839313	1164397	5007900	2667016	115.0	104.5	115.5	118.5
2008	10614882	1326078	5697300	3591504	111.8	104.8	107.4	122.5
2009	11474791	1383443	6130262	3961086	110.8	103.1	111.7	111.6
2010	13510982	1574845	7238101	4698036	112.5	102.2	113.5	114.1
2011	16114156	1742777	8754951	5616428	111.5	102.4	113.7	111.3
2012	17943291	1983983	9686244	6273064	109.7	103.0	111.4	109.0
2013	19939500	1990100	9938200	8011200	109.1	96.5	109.0	112.8
2014	21759631	2055427	10456599	9247605	108.2	103.2	106.0	112.4
2015	24738649	2061654	11024159	11652836	108.8	100.7	106.3	113.8
2016	27204580	1982733	12038190	13183657	108.0	99.9	105.3	112.0
2017	28806440	1864668	12624000	14317772	106.8	98.2	103.1	111.5
2018	31082249	1966761	11380543	17734945	106.5	100.8	103.5	109.8

注：1993 年以来为经济普查、农业普查调整后数据。

1-5 全市地区生产总值完成情况（一）

单位：万元

指　　标	2018 年		2017 年		2018 年比 2017 年±%
	现价	2015 价	现价	2015 价	
地区生产总值	31082249	30451428	28806440	28539034	6.5
农业	1539421	1594570	1296087	1458843	1.0
林业	54466	44069	36146	33927	23.1
畜牧业	350590	410273	512456	504519	-1.1
渔业	22284	25670	19979	25109	-7.4
农林牧渔服务业	46520	47773	35949	37356	6.3
工业	9078619	10253867	10613400	9984291	2.7
建筑业	2302600	2143052	2011700	1987989	7.8
批发和零售业	2004676	1803279	1767892	1695389	6.4
交通运输、仓储和邮政业	820505	807899	769204	763610	5.8
住宿和餐饮业	606594	593099	545373	547440	8.3
信息传输、软件和信息技服务业	2401880	2339672	1793239	2007199	16.6

1-5 全市地区生产总值完成情况（二）

单位：万元

指　　标	2018 年		2017 年		2018 年比 2017 年±%
	现价	2015 价	现价	2015 价	
金融业	2931496	2690274	2642803	2523709	6.6
房地产业	3047997	2516712	2062056	2353312	6.9
租赁和商务服务业	1059449	959159	790983	830491	15.5
科学研究和技术服务业	1591859	1366528	1324421	1251327	9.2
水利、环境和公共设施管理业	56772	52887	47234	47758	10.7
居民服务、修理和其他服务业	1002063	889879	748138	737888	20.6
教育	730913	674840	608117	601327	12.2
卫生和社会工作	476044	408504	396067	377632	8.2
文化、体育和娱乐业	133989	123619	100036	107026	15.5
公共管理、社会保障和社会组织	823512	705803	685160	662892	6.5
第一产业	1966761	2074582	1864668	2022398	0.8
第二产业	11380543	12395845	12624000	11971234	3.5
第三产业	17734945	15981048	14317772	14545402	9.8

1-6分县（市、区）地区

指　　　标	全　市	安次区	广阳区	三河市
一、地区生产总值（现价）	31082249	2186088	3324717	4877050
农业	1539421	82204	54548	88130
林业	54466	6891	4970	1714
畜牧业	350590	18934	17483	71524
渔业	22284	639	249	4687
农林牧渔服务业	46520	7424	2650	4992
工业	9078619	754096	370090	1499748
建筑业	2302600	148230	490366	575727
批发和零售业	2004676	109084	330133	265591
交通运输、仓储和邮政业	820505	34278	209874	69208
住宿和餐饮业	606594	42503	75908	78788
信息传输、软件和信息技服务业	2401880	108105	424217	335459
金融业	2931496	232016	239709	449945
房地产业	3047997	142620	157772	428374
租赁和商务服务业	1059449	97391	110252	149404
科学研究和技术服务业	1591859	26829	313633	68096
水利、环境和公共设施管理业	56772	9333	8568	8651
居民服务、修理和其他服务业	1002063	43404	38323	224605
教育	730913	115447	94009	199899
卫生和社会工作	476044	13123	91602	180854
文化、体育和娱乐业	133989	44532	231416	16346
公共管理、社会保障和社会组织	823512	149005	58945	155308
第一产业	1966761	108668	77250	166055
第二产业	11380543	902183	860456	2074985
第三产业	17734945	1175237	2387011	2636010
人均地区生产总值（元）	64906	54071	69994	65791

生产总值完成情况(一)

单位：万元

大厂县	香河县	固安县	永清县	霸州市	文安县	大城县
1090266	2516529	2749076	1823149	3862679	1650246	1416316
15850	155572	398953	468597	87203	73299	117421
1983	2763	3349	4273	9810	10434	7548
22182	24015	19349	75456	23463	28777	44516
501	1390	171	353	6368	7532	383
670	3153	10455	6124	3959	3051	3845
193107	978536	475275	225633	1457295	654313	377044
118102	191236	155677	71547	274974	128133	146079
99067	140071	135457	70207	250734	130680	150746
8718	5850	15095	20533	143563	9652	69141
6587	40360	13720	45593	126100	57243	41766
23338	34373	62334	114410	141137	76098	48275
81769	218036	161612	104415	424878	119002	102646
109746	382337	592963	114897	429274	19753	99389
17258	139000	84958	7209	33515	21392	16505
35327	33892	359731	9113	22943	4952	3653
7689	1900	7200	538	3842	1068	369
228601	12460	80516	181801	186197	32988	37879
14976	25182	46045	97298	58050	66401	50110
6756	20747	14460	67613	65740	48920	22410
27329	29003	44062	23520	11544	33210	3893
70710	76653	67694	122467	102089	123348	72746
40516	183740	421822	548679	126844	120042	169868
311209	1169772	630933	297180	1732196	782446	523074
738541	1163017	1696321	977290	2003639	747758	723374
80820	66965	53411	49368	58990	31481	27798

1-6 分县（市、区）地区

指　　　标	全　市	安次区	广阳区	三河市
二、地区生产总值（2015 价）	30451428	2118386	3090179	5617190
农业	1594570	83075	73071	121859
林业	44069	5719	3804	954
畜牧业	410273	21107	30254	87149
渔业	25670	908	370	6944
农林牧渔服务业	47773	6851	1531	5013
工业	10253867	833424	269719	2314164
建筑业	2143052	125480	415102	487363
批发和零售业	1803279	105353	318844	256509
交通运输、仓储和邮政业	807899	33716	206575	78058
住宿和餐饮业	593099	43241	76849	78482
信息传输、软件和信息技服务业	2339672	94369	409472	308536
金融业	2690274	212865	218626	478710
房地产业	2516712	120922	132725	413807
租赁和商务服务业	959159	86803	107771	130703
科学研究和技术服务业	1366528	23908	304125	69405
水利、环境和公共设施管理业	52887	8640	8251	7866
居民服务、修理和其他服务业	889879	39776	27184	222750
教育	674840	100344	84399	202068
卫生和社会工作	408504	12577	82331	176008
文化、体育和娱乐业	123619	39027	266791	14387
公共管理、社会保障和社会组织	705803	120281	52385	156455
第一产业	2074582	110809	107499	216906
第二产业	12395845	958721	684821	2800995
第三产业	15981048	1048856	2297859	2599289
人均地区生产总值（元）	63589	52396	65056	75775

生产总值完成情况(二)

单位：万元

大厂县	香河县	固安县	永清县	霸州市	文安县	大城县
1039487	2040373	2395056	1422701	4195962	1619257	1339414
20809	151462	395427	457084	86462	66762	109295
1608	2017	2662	3447	8084	8021	6217
24709	27633	18818	74208	28087	30718	50112
814	1973	231	349	8025	7291	556
648	3419	7731	5054	4250	2930	3984
245634	582412	408637	267479	1996385	739755	391047
99975	190666	131784	65007	233472	108467	123659
95679	133783	130825	67807	242160	116742	145591
8579	5662	22466	21251	141137	5556	67601
6669	39865	13590	44953	124276	52340	42858
26393	32137	52334	47186	134903	76354	47559
74577	197578	143051	95231	383381	97591	93618
92116	362495	478656	58694	367125	16624	66000
17593	129953	67244	2973	30656	18457	15099
17562	30065	306672	3906	12723	3916	3226
6229	1686	6524	230	3617	844	326
195031	11650	67698	74978	170366	28291	31160
12480	22299	40922	41706	54429	59671	47014
7252	18404	11908	28981	59295	44981	19895
29664	27116	27833	9701	11038	31097	3229
55466	68098	60043	52474	96092	102800	71420
47940	183085	417138	535088	130658	112792	166180
345609	773078	540405	332486	2229757	848222	514655
645938	1084210	1437513	555127	1835547	658243	658580
77056	54294	46533	38524	64080	30890	26289

1-6 分县（市、区）地区

指 标	全 市	安次区	广阳区	三河市
三、地区生产总值发展速度	106.5	107.0	110.2	106.3
农业	101.0	98.9	89.4	102.9
林业	123.1	88.3	306.5	153.6
畜牧业	98.9	102.6	103.2	99.4
渔业	92.6	110.9	103.4	93.9
农林牧渔服务业	106.3	110.1	80.1	106.9
工业	102.7	102.5	103.5	102.9
建筑业	107.8	115.7	107.1	106.5
批发和零售业	106.4	104.0	103.7	105.0
交通运输、仓储和邮政业	105.8	102.1	104.2	104.8
住宿和餐饮业	108.3	107.8	107.0	107.2
信息传输、软件和信息技服务业	116.6	131.5	120.8	143.2
金融业	106.6	99.1	96.4	100.9
房地产业	106.9	102.5	73.4	98.1
租赁和商务服务业	115.5	131.0	183.7	134.3
科学研究和技术服务业	109.2	114.9	117.8	114.0
水利、环境和公共设施管理业	110.7	113.9	108.5	112.7
居民服务、修理和其他服务业	120.6	131.9	162.3	107.7
教育	112.2	113.7	106.9	112.2
卫生和社会工作	108.2	117.6	106.8	109.5
文化、体育和娱乐业	115.5	129.9	143.4	110.4
公共管理、社会保障和社会组织	106.5	111.2	148.8	120.2
第一产业	100.8	99.1	95.5	101.3
第二产业	103.5	104.0	105.7	103.5
第三产业	109.8	110.7	112.4	109.9
人均地区生产总值	104.1	106.8	107.5	101.5

生产总值完成情况(三)

单位：%

大厂县	香河县	固安县	永清县	霸州市	文安县	大城县
105.0	106.1	105.3	108.1	105.0	108.3	107.8
72.0	99.6	102.1	103.5	94.9	96.9	108.0
210.8	173.7	173.1	91.1	76.1	227.7	113.9
62.8	106.4	104.7	98.7	108.3	98.4	91.6
63.1	109.4	112.8	109.9	114.6	76.9	106.1
130.3	117.3	109.3	109.3	96.1	107.5	106.1
102.5	100.9	108.2	104.3	96.7	102.2	103.6
111.1	108.5	106.7	96.9	102.4	110.2	112.1
122.8	104.8	107.0	105.7	112.9	106.2	105.4
105.0	92.2	129.5	107.7	108.0	103.6	105.7
107.6	107.6	111.7	107.3	107.4	107.4	108.5
119.2	119.6	140.4	152.7	125.0	167.9	136.7
97.0	93.5	95.2	98.1	113.8	99.1	104.1
77.5	113.0	100.5	95.7	127.5	106.3	121.8
119.2	119.6	132.2	152.7	125.0	167.9	136.7
116.7	102.5	101.8	134.0	111.5	112.9	107.3
116.7	102.5	104.5	133.7	111.5	112.9	107.2
119.2	119.6	138.8	152.7	125.0	168.5	136.7
116.7	102.5	102.7	134.0	111.5	113.0	107.3
116.7	102.5	102.5	134.0	111.5	112.8	107.3
119.2	119.6	106.9	152.7	125.0	167.4	136.7
116.7	102.5	102.3	134.0	111.5	112.9	107.3
78.1	101.1	102.6	102.7	97.0	99.7	102.7
104.9	105.7	107.9	102.8	97.3	103.2	105.5
107.9	107.2	105.2	117.6	116.9	117.4	111.1
100.3	104.8	97.6	108.4	104.1	107.6	106.3

1-7 土地面积、组织、人口

指　　　　　标	单　位	合　计	安次区	广阳区	三河市
一、幅员面积	平方公里	6429	1006	—	643
二、行政组织					
1．乡、镇政府、街道办事处	个	107	11	11	15
#乡、镇政府	个	90	8	4	10
#镇政府	个	72	4	3	10
2．村民委员会	个	3202	288	169	395
三、户数、人口					
1．总户数	户	1492667	135214	134899	271803
2．年末总人口	人	4794686	376507	498760	731252
按职业分					
农业	人	2736390	232841	94581	323147
非农业	人	2058296	14366	404197	408105
按性别分					
男	人	2411626	189945	246527	356630
女	人	2383260	186562	252233	374622
3．年平均人口	人	4767988	374882	497175	720742

及计划生育情况（一）

大厂县	香河县	固安县	永清县	霸州市	文安县	大城县	开发区
176	458	697	774	785	980	910	—
6	9	9	10	13	13	10	—
5	9	9	10	12	13	10	—
5	9	5	5	9	12	10	—
105	300	419	386	363	383	394	—
55431	126976	169374	115495	179848	154998	148629	—
132483	374349	522113	412921	656313	554165	535823	—
67270	226154	343381	316949	318584	387916	425567	—
65213	148195	178732	95972	337729	166249	110256	—
65045	185339	259714	209954	331653	287086	279533	—
67438	189010	262399	202967	324660	267079	256290	—
131590	373186	519270	411875	654210	551817	533239	—

1-7 土地面积、组织、人口

指　　标	单　位	合　计	安次区	广阳区	三河市
四、人口变动情况					
1. 自然纯增人口	人	43823	2717	6007	9400
2. 出生人口	人	63623	5008	7342	10970
3. 死亡人口	人	19800	2291	1335	1570
4. 年内迁往省内人口	人	15110	2630	5373	886
年内迁往省外人口	人	22015	1630	6639	7183
5. 年内省内迁入人口	人	21071	3756	5873	4392
年内省外迁入人口	人	25627	1038	3301	15277
五、计划生育情况					
1. 政策内出生人口	人	51485	4067	5312	8724
2. 政策外出生人口	人	1914	131	100	127
3. 符合政策生育率	%	96.42	96.88	98.15	98.57
4.一孩出生	人	22196	1581	2442	4099
5.二孩出生	人	28103	2393	2774	4442
6.多孩出生	人	3100	224	196	310
7.已婚育龄妇女人数	人	819546	64825	77347	114740

及计划生育情况（二）

大厂县	香河县	固安县	永清县	霸州市	文安县	大城县	开发区
1317	3564	6960	2342	3629	4400	6507	—
1756	4897	7145	5336	5502	7022	8663	—
439	2335	2185	2994	1873	2622	2156	—
360	874	431	516	1277	1253	1530	—
183	1563	1519	547	691	664	1396	—
505	994	680	381	1765	1544	1181	—
506	1225	1995	432	779	668	406	—
1660	4483	5160	4503	6757	5272	4484	1063
28	117	185	287	341	281	313	4
98.34	97.46	96.54	94.01	95.20	94.94	93.48	99.63
783	1936	2084	1939	2824	2295	1761	452
852	2442	2963	2450	3794	2842	2597	554
53	222	298	401	480	416	439	61
24376	66572	84393	70937	118619	97138	90692	9907

1-8 气象资料（一）

项　　目	平均气温（℃）	最长无降水		年降水量（mm）	大风日数>17米/秒（天）
		日数（天）	起止日期（日/月）		
安次区	13.4	35	1.23-2.26	680.5	0
三河市	12.5	53	1.23-3.16	884.4	0
大厂县	12.2	75	1.1-3.16	757.9	0
香河县	12.1	53	1.23-3.16	689.8	0
永清县	12.9	53	1.23-3.16	564	0
固安县	12.5	53	1.23-3.16	425.8	0
霸州市	12.4	53	1.23-3.16	535.9	0
文安县	12.7	53	1.23-3.16	377.6	0
大城县	13.5	53	1.23-3.16	450.8	0
中部地区（安次）					
一月	-3.8	21	1.1-1.21	0.3	0
二月	-1.1	26	2.1-2.26	0	0
三月	8	16	3.1-3.16	5	0
四月	15.7	7	4.6-4.12	62.2	0
五月	22.5	9	5.3-5.11	14.2	0
六月	27.3	16	6.14-6.30	15.6	0
七月	28.1	6	7.25-7.30	394.6	0
八月	27.3	4	8.15-8.18	147.6	0
九月	20.9	8	9.20-9.27	16.8	0
十月	12.5	15	10.1-10.15	13.9	0
十一月	5.7	25	11.6-11.30	8	0
十二月	-2.3	28	12.3-12.31	2.3	0
北部地区（三河）					
一月	-4.6	21	1.1-1.21	0.2	0

1-8 气象资料（二）

项　　　目	平均气温（℃）	最长无降水		年降水量（mm）	大风日数>17米/秒（天）
		日数（天）	起止日期（日/月）		
二月	-2	28	2.1-2.28	0	0
三月	7.1	16	3.1-3.16	4.3	0
四月	14.8	7	4.6-4.12	87.6	0
五月	21.3	9	5.3-5.11	37.2	0
六月	25.7	6	6.1-6.6	88.3	0
七月	27.3	4	7.28-7.31	387.4	0
八月	26.8	8	8.15-8.22	219.8	0
九月	20	25	9.3-9.27	28.9	0
十月	11.9	14	10.1-10.14	21.9	0
十一月	5	25	11.6-11.30	8.1	0
十二月	-3.5	28	12.3-12.31	0.7	0
南部地区（霸州）					
一月	-5.8	21	1.1-1.21	2.9	0
二月	-2.4	26	2.1-2.26	0	0
三月	7.4	16	3.1-3.16	2.9	0
四月	15.5	7	4.6-4.12	44.2	0
五月	21.9	9	5.3-5.11	13.5	0
六月	27	10	6.18-6.27	13.6	0
七月	27.9	7	7.1-7.7	242.4	0
八月	26.7	9	8.21-8.29	184.4	0
九月	19.8	15	9.3-9.17	15.5	0
十月	10.8	14	10.1-10.14	7.3	0
十一月	4.2	25	11.6-11.30	8	0
十二月	-4.5	25	12.6-12.31	1.2	0

二、就业及劳动工资

责任编辑： 刘世红

2-1就 业 基 本 情 况

单位：人

项　　目	2000年	2005年	2010年	2015年	2017年	2018年
1. 从业人员合计	1793282	2118726	2388140	2621944	2653376	—
第一产业	878649	885255	810879	795336	783984	—
第二产业	460786	693225	907208	1037875	1041920	—
第三产业	453847	540246	670053	788733	827472	—
从业人员构成（合计为100）	100	100	100	100	100	—
第一产业	49	41.8	34	30.3	29.5	—
第二产业	25.7	32.7	38	39.6	39.3	—
第三产业	25.3	25.5	28	30.1	31.2	—
按城乡分从业人员						
城镇从业人员	301434	575785	767394	950768	960827	—
国有经济单位	195726	180516	190011	171706	175179	—
集体经济单位	23291	9858	7376	7745	9164	—
其他经济单位	19331	51336	148948	265092	216110	—
私营企业	26245	148504	164894	218479	225147	—
个体	36841	148624	184568	226052	232626	—
社区灵活就业	—	29961	58657	44588	53727	—
其他就业	—	6986	12940	17106	48874	—
乡村从业人员	1491848	1542941	1620746	1671176	1692549	—
2. 在岗职工	231515	238600	317965	404519	364467	—
国有经济单位	189734	178477	175672	161082	159680	—
集体经济单位	23130	9690	7218	7452	8734	—
其他经济单位	18651	50433	135075	235985	196053	—

2-2 全部单位从业人员

项　　目	单位个数（个）	从业人员期末人数	在岗职工	劳务派遣人员	其他从业人员
总　　计	3294	397931	350968	37514	9449
一、按机构类型分组					
1．企业	1462	231368	203642	21510	6216
2．事业	1023	101159	94097	5574	1488
3．机关	795	65040	52867	10428	1745
4．民间非盈利组织	14	364	362	2	—
5．其他	—	—	—	—	—
二、按国民经济行业分组					
1．农、林、牧、渔业	10	711	711	—	—
2．制 造 业	277	88150	79745	5694	2711
3．电力、燃气及水的生产和供应业	28	13525	12395	1118	12
4．建 筑 业	85	57034	43618	10941	2475
5．批发和零售业	98	8722	7327	1077	318
6．交通运输、仓储和邮政业	68	11249	10600	497	152
7．住宿和餐饮业	20	1799	1759	19	21
8．信息传输、软件和信息技术服务业	20	4758	4619	132	7
9．金融业	576	14241	13487	689	65
10．房地产业	178	16300	16161	42	97
11．租赁和商务服务业	70	7424	6292	1132	—
12．科学研究和技术服务业	82	8526	8027	374	125
13．水利、环境和公共设施管理业	35	5628	5472	43	113
14．居民服务、修理和其他服务业	11	390	374	8	8
15．教育	573	59167	56326	2301	540
16．卫生和社会工作	170	25512	23284	1432	796
17．文化、体育和娱乐业	59	2029	1912	103	14
18．公共管理、社会保障和社会组织	934	72766	58859	11912	1995

及工资总额情况

单位：人、万元

从业人员平均人数	在岗职工	劳务派遣人员	其他从业人员	从业人员工资总额	在岗职工工资总额	劳务派遣人员工资总额	其他从业人员工资总额
399168	353643	36693	8832	3415416	3173832	189959	51625
233537	206699	21148	5690	2001947	1834094	127544	40309
100670	94158	5175	1337	884708	857200	22242	5266
64600	52427	10368	1805	526356	480139	40166	6051
361	359	2	—	2406	2399	6	—
—	—	—	—	—	—	—	—
716	716	—	—	2785	2785	—	—
93294	85308	5906	2080	691934	643369	29526	19040
13155	12139	990	26	176624	172412	4029	182
55048	42074	10446	2528	494483	401297	76635	16551
8501	7217	953	331	59430	53484	5153	793
11337	10647	532	158	89291	85949	2655	687
1825	1775	19	31	10539	10388	107	44
4852	4712	134	6	45999	45306	677	15
14134	13387	682	65	170756	166650	3999	106
15908	15590	227	91	112706	111742	682	283
7496	6363	1133	—	66838	63558	3280	—
8596	8159	321	116	87881	85271	1614	996
5991	5836	42	113	25981	25504	148	329
385	369	8	8	1868	1837	17	15
58531	56012	2025	494	558655	547149	9254	2251
25091	22969	1319	803	217418	207444	6135	3839
2049	1932	103	14	15619	15203	382	35
72259	58438	11853	1968	586612	534484	45667	6460

2-3 国有单位从业

项　　目	单位个数（个）	从业人员期末人数	在岗职工	劳务派遣人员	其他从业人员
总　　计	1855	174028	154670	16312	3046
一、按隶属关系分组					
1．中央	33	13182	11844	1240	98
2．地方	1805	158500	140671	14988	2841
3．其他	17	2346	2155	84	107
二、按执行会计标准类别分组					
1．企业	85	13499	13019	399	81
其中：地方	56	5855	5491	284	80
2．事业	963	95369	88660	5489	1220
其中：地方	949	88562	83100	4420	1042
3．机关	794	65018	52851	10422	1745
其中：地方	787	63941	51940	10282	1719
4．民间非营利组织	13	142	140	2	—
二、按国民经济行业分组					
1.农、林、牧、渔业	8	669	669	—	—
2.制 造 业	7	826	801	—	25

人员和工资总额（一）

单位：人、万元

从业人员平均人数	在岗职工	劳务派遣人员	其他从业人员	从业人员工资总额	在岗职工工资总额	劳务派遣人员工资总额	其他从业人员工资总额
173103	154172	15952	2979	1488022	1412499	64698	10825
13097	11824	1181	92	130643	125898	4358	387
157716	140242	14685	2789	1335888	1266265	59804	9819
2290	2106	86	98	21491	20336	536	619
13484	12904	498	82	116903	113707	2740	455
5893	5431	381	81	42733	40381	1898	454
94900	88718	5090	1092	843746	817617	21811	4319
88180	83171	4080	929	776017	754346	18316	3355
64578	52411	10362	1805	526112	479920	40141	6051
63502	51501	10222	1779	515877	470283	39584	6010
141	139	2	—	1261	1255	6	—
674	674	—	—	2572	2572	—	—
832	807	—	25	7097	7036	—	60

2-3 国有单位从业

项　　目	单位个数（个）	从业人员期末人数	在岗职工	劳务派遣人员	其他从业人员
3.电力、热力、燃气及水生产和供应业	8	1124	1097	27	—
4.建 筑 业	12	4523	4445	25	53
5.批发和零售业	10	903	877	25	1
6.交通运输、仓储和邮政业	35	4478	4171	273	34
7.住宿和餐饮业	3	324	324	—	—
8.信息传输、软件和信息技术服务业	4	350	338	9	3
9.金融业	21	611	611	—	—
10.房地产业	5	165	158	7	—
11.租赁和商务服务业	21	1156	1149	7	—
12.科学研究和技术服务业	45	5254	4926	250	78
13.水利、环境和公共设施管理业	31	4699	4543	43	113
14.居民服务、修理和其他服务业	7	121	111	2	8
15.教育	543	55353	52731	2298	324
16.卫生和社会工作	116	19287	17542	1347	398
17.文化、体育和娱乐业	48	1470	1363	93	14
18.公共管理、社会保障和社会组织	931	72715	58814	11906	1995

人员和工资总额（二）

单位：人、万元

从业人员平均人数	在岗职工	劳务派遣人员	其他从业人员	从业人员工资总额	在岗职工工资总额	劳务派遣人员工资总额	其他从业人员工资总额
1243	1126	116	1	7848	7406	433	9
4292	4215	24	53	34896	34726	109	62
910	884	25	1	10392	10117	271	4
4587	4273	280	34	31098	29495	1386	216
322	322	—	—	1558	1558	—	—
363	351	9	3	2605	2557	44	4
612	612	—	—	4618	4618	—	—
168	161	7	—	1325	1290	34	—
1156	1149	7	—	15732	15698	34	—
5237	4924	244	69	52434	50577	1296	562
5057	4902	42	113	22270	21793	148	329
121	111	2	8	776	756	5	15
54738	52415	2022	301	531693	520914	9244	1535
19107	17484	1234	389	163346	156108	5703	1534
1477	1370	93	14	11607	11222	350	35
72207	58392	11847	1968	586157	534055	45642	6460

2-4 城镇集体经济单位

项　　目	单位个数（个）	从业人员期末人数	在岗职工	劳务派遣人员	其他从业人员
总　　计	124	6478	6261	152	65
一、按执行会计标准类别分组					
1．企业	94	5037	4966	67	4
2．事业	30	1441	1295	85	61
二、按国民经济行业分组					
1．农、林、牧、渔业	2	42	42	—	—
2．制 造 业	12	2870	2870	—	—
3．建 筑 业	10	1145	1141	—	—
4．批发和零售业	2	25	25	—	—
5．交通运输、仓储和邮政业	2	16	16	—	—
6．住宿和餐饮业	1	84	84	—	—
7．金融业	46	551	484	67	—
8．租赁和商务服务业	14	178	178	—	—
9．科学研究和技术服务业	3	75	75	—	—
10．居民服务、修理和其他服务业	2	46	46	—	—
11．教育	1	25	25	—	—
12．卫生和社会工作	28	1401	1255	85	61
13．公共管理、社会保障和社会组织	1	20	20	—	—

从业人员和工资总额

单位：人、万元

从业人员平均人数	在岗职工	劳务派遣人员	其他从业人员	从业人员工资总额	在岗职工工资总额	劳务派遣人员工资总额	其他从业人员工资总额
6459	6270	124	65	38138	37180	682	276
5022	4979	39	4	28938	28674	250	14
1437	1291	85	61	9200	8506	431	262
42	42	—	—	213	213	—	—
2922	2922	—	—	16477	16477	—	—
1094	1090	—	4	4022	4008	—	14
26	26	—	—	113	113	—	—
16	16	—	—	36	36	—	—
84	84	—	—	394	394	—	—
536	497	39	—	6368	6118	250	—
176	176	—	—	704	704	—	—
75	75	—	—	518	518	—	—
46	46	—	—	165	165	—	—
25	25	—	—	75	75	—	—
1396	1250	85	61	8927	8233	431	262
21	21	—	—	126	126	—	—

项目	单位个数（个）	从业人员期末人数	在岗职工	劳务派遣人员	其他从业人员
总计	1315	217425	190037	21050	6338
一、按登记注册类型分组					
1．内资	1153	162900	136949	19946	6005
股份合作	32	1813	1657	94	62
联营	1	46	42	3	1
有限责任公司	547	117515	102408	11026	4081
其中:国有独资	26	16967	15791	972	204
股份有限公司	518	36750	26426	8817	1507
其他	55	6776	6416	6	354
2．港澳台投资经济	43	10264	10182	59	23
3．外商投资	119	44261	42906	1045	310
二、按执行会计标准类别分组					
1．企业	1283	212832	185657	21044	6131
2．事业	30	4349	4142	—	207
3．机关	1	22	16	6	—
4．民间非盈利组织	1	222	222	—	—
三、按国民经济行业分组					
1.制造业	258	84454	76074	5694	2686
2.电力、热力、燃气及水生产和供应业	20	12401	11298	1091	12
3.建筑业	63	51366	38032	10916	2418
4.批发和零售业	86	7794	6425	1052	317
5.交通运输、仓储和邮政业	31	6755	6413	224	118
6.住宿和餐饮业	16	1391	1351	19	21
7.信息传输、软件和信息技术服务业	16	4408	4281	123	4
8.金融业	509	13079	12392	622	65
9.房地产业	173	16135	16003	35	97
10.租赁和商务服务业	35	6090	4965	1125	—
11.科学研究和技术服务业	34	3197	3026	124	47
12.水利环境和公共设施管理业	4	929	929	—	—
13.居民服务、修理和其他服务业	2	223	217	6	—
14.教育	29	3789	3570	3	216
15.卫生和社会工作	26	4824	4487	—	337
16.文化、体育和娱乐业	11	559	549	10	—
17.公共管理、社会保障和社会组织	2	31	25	6	—

人员和工资总额

单位：人、万元

从业人员平均人数	在岗职工	劳务派遣人员	其他从业人员	从业人员工资总额	在岗职工工资总额	劳务派遣人员工资总额	其他从业人员工资总额
219606	193201	20617	5788	1889257	1724153	124579	40525
159203	134290	19466	5447	1394588	1249227	116020	29341
1804	1659	83	62	19411	18859	458	94
46	42	3	1	288	273	10	5
115110	100653	10955	3502	969018	890788	59634	18596
17068	15834	1020	214	195227	188280	6206	741
35713	25743	8419	1551	356828	291307	55892	9629
6530	6193	6	331	49043	48001	25	1017
10788	10706	56	26	112601	108981	218	3403
49615	48205	1095	315	382067	365945	8341	7781
215031	188816	20611	5604	1856106	1691712	124554	39840
4333	4149		184	31762	31077		685
22	16	6	—	244	219	25	—
220	220	—	—	1145	1145	—	—
89540	81579	5906	2055	668361	619856	29526	18980
11912	11013	874	25	168775	165006	3596	173
49662	36769	10422	2471	455564	362563	76526	16475
7565	6307	928	330	48925	43254	4882	789
6734	6358	252	124	58157	56418	1268	471
1419	1369	19	31	8586	8435	107	44
4489	4361	125	3	43393	42749	633	11
12986	12278	643	65	159770	155915	3749	106
15740	15429	220	91	111382	110452	647	283
6164	5038	1126		50402	47156	3247	—
3284	3160	77	47	34928	34176	318	435
934	934	—	—	3711	3711	—	—
218	212	6		928	916	12	
3768	3572	3	193	26887	26160	10	717
4588	4235	—	353	45145	43103	—	2043
572	562	10	—	4013	3981	32	—
31	25	6	—	329	303	25	—

2-6 分县（市、区）全部单位

指　　标	合　计	安次区	广阳区	三河市
一、年末人数（人）				
单位从业人员	397931	36282	122437	57626
#在岗职工	350968	35199	107702	48268
劳务派遣人员	37514	876	12178	8520
其他从业人员	9449	207	2557	838
二、年平均人数（人）				
单位从业人员	399168	41497	119821	57476
#在岗职工	353643	40551	105555	48165
劳务派遣人员	36693	735	11674	8487
其他从业人员	8832	211	2592	824
三、劳动报酬和生活费（万元）				
单位从业人员	3415416	321418	1189435	471414
#在岗职工	3173832	317210	1092959	426050
劳务派遣人员	189959	2989	79423	39173
其他从业人员	51625	1218	17054	6191

从业人员、工资及变化情况

大厂县	香河县	固安县	永清县	霸州市	文安县	大城县	开发区
12568	19985	28712	13773	22901	16320	15823	51504
11661	17438	20287	12056	21715	15190	14143	47309
904	1504	6095	1418	1026	593	716	3684
3	1043	2330	299	160	537	964	511
12684	19766	27307	13699	22536	16269	15837	52276
11819	17187	19628	12003	21337	15112	14248	48038
860	1482	5974	1405	1039	597	714	3726
5	1097	1705	291	160	560	875	512
107466	170234	206168	117949	179221	97181	92886	462045
103711	158547	172191	110747	174723	92568	88083	437044
3710	6735	25980	6128	4142	2497	2767	16414
45	4952	7996	1073	356	2117	2036	8588

2-7 分县（市、区）国有经济

指　　标	合　计	安次区	广阳区	三河市
合　　计	86831	101414	98005	81788
1.农、林、牧、渔业	38162	—	101310	—
2.采矿业	—	—	—	—
3.制造业	87190	72366	95697	
4.电力、热力、燃气及水生产和供应业	63118	—	54173	—
5.建筑业	82175	62222	83190	—
6.批发和零售业	114282	40778	129735	46992
7.交通运输、仓储和邮政业	67827	91909	63564	75246
8.住宿和餐饮业	48391	61976	43750	—
9.信息传输、软件和信息技术服务业	72250	98870	93509	—
10.金融业	75451	—	74901	—
11.房地产业	78845	68621	80978	—
12.租赁和商务服务业	136088	129154	160069	59142
13.科学研究和技术服务业	100372	108250	119861	80190
14.水利环境和公共设施管理业	44378	33301	44112	51814
15.居民服务、修理和其他服务业	67336	—	—	62657
16.教育	97389	115664	102160	98731
17.卫生和社会工作	86447	77566	103562	77803
18.文化、体育和娱乐业	79098	118364	79806	62988
19.公共管理、社会保障和社会组织	82532	109805	106866	68341

单位分行业在岗职工平均工资

单位：元

大厂县	香河县	固安县	永清县	霸州市	文安县	大城县	开发区
96871	91037	92761	90038	84287	60532	62898	96407
—	—	—	59164	—	33100	—	—
—	—	—	—	—	—	—	—
—	—	—	—	—	—	—	37733
77208	—	70256	—	28519	—	—	85023
45947	—	—	—	—	18962	—	—
57143	—	—	—	—	36000	—	—
87874	96146	79698	88089	86512	41178	49233	—
—	—	—	—	—	—	—	—
—	—	—	—	—	—	53561	—
88360	—	—	—	—	—	—	—
—	—	—	—	—	—	—	—
100966	111667	66064	—	57947	—	39333	—
70952	92000	—	98889	88667	70955	57116	—
67923	44742	120472	91644	66806	31035	53243	—
82357	99667	40833	47333	42375	71957	—	—
118243	99108	120243	97298	97858	64974	70218	118317
97860	99099	83655	65627	73976	69296	59786	—
93531	87985	80821	78061	65846	59778	60957	40148
89704	86016	76512	89090	80356	60067	57096	80942

2-8分县（市、区）城镇集体经济

指　　标	合　计	安次区	广阳区	三河市
合　　计	59214	45345	110646	65407
1.农、林、牧、渔业	50595	—	—	—
2.采矿业	—	—	—	—
3.制造业	56388	45286	28143	—
4.电力、热力、燃气及水生产和供应业	—	—	—	—
5.建筑业	36774	48143	—	37059
6.批发和零售业	43269	45444	38375	—
7.交通运输、仓储和邮政业	22500	25600	—	—
8.住宿和餐饮业	46929	—	—	46929
9.信息传输、软件和信息技术服务业	—	—	—	—
10.金融业	118802	—	118802	—
11.房地产业	—	—	—	—
12.租赁和商务服务业	39983	—	—	—
13.科学研究和技术服务业	69120	—	—	—
14.水利环境和公共设施管理业	—	—	—	—
15.居民服务、修理和其他服务业	35913	35913		—
16.教育	30080	—	—	30080
17.卫生和社会工作	64904	68043	102019	73993
18.文化、体育和娱乐业	—	—	—	—
19.公共管理、社会保障和社会组织	60143	—	—	—

单位分行业在岗职工平均工资

单位：元

大厂县	香河县	固安县	永清县	霸州市	文安县	大城县	开发区
68608	—	30000	35889	42632	20409	40301	61420
73250	—	—	—	30000	—	—	—
—	—	—	—	—	—	—	—
—	—	—		36200	—	—	58108
—	—	—	—	—	—	—	—
38778	—	30000	34526	—	21246	64120	—
—	—	—	—	—	—	—	—
—	—	—	21091	—	—	—	—
—	—	—	—	—	—	—	—
—	—	—	—	—	—	—	—
—	—	—	—	—	—	—	—
—	—	—	—	—	—	—	—
—	—	—	—	50819	18261	39444	—
86022	—	—	—	42310	—	—	—
—	—	—	—	—	—	—	—
—	—	—	—	—	—	—	—
—	—	—	—	—	—	—	—
76435	—	—	46933	—	—	34478	113886
—	—	—	—	—	—	—	—
—	—	—	60143	—	—	—	—

三、农村经济

责任编辑：庄金梅

3-1 农村基本情况及

指　　标	单　位	合　计	安次区	广阳区	三河市
一、农村基层组织情况					
1. 乡个数	个	18	4	1	—
2. 镇个数	个	72	4	3	10
3.街道办事处个数		17	3	5	5
4. 村委会个数	个	3202	288	149	395
二、农村基础设施					
1. 自来水受益村数	个	3187	284	148	395
2. 通有线电视村数	个	2778	284	149	335
3. 通宽带村数	个	3184	284	149	394
4. 通公共交通村数	个	2491	110	148	215
三、乡村人口与从业人员					
1. 乡村户数	户	911682	72672	37190	106444
2. 乡村人口数	人	3422653	277890	156589	367945
3. 乡村劳动力资源数	人	2015156	167639	86316	212957
4. 乡村从业人员数	人	1746201	150455	75992	186577
按性别分:					
男	人	947789	78861	41494	99111
女	人	798412	71594	34498	87466
按国民经济行业分:					
(1) 农林牧渔业	人	699504	83396	37454	66354

农业生产条件（一）

大厂县	香河县	固安县	永清县	霸州市	文安县	大城县	开发区
—	—	4	5	3	1	—	—
5	9	5	5	9	12	10	—
1	—	—	—	1	—	—	2
105	300	419	386	363	383	394	20
105	300	419	386	353	383	394	20
105	140	342	386	328	378	312	19
105	300	419	386	351	383	394	19
105	209	233	332	345	382	394	18
40937	80790	95556	86537	127276	125870	127823	10587
102079	287497	384986	330700	530783	467788	465964	50432
55669	156349	199964	210579	304832	268154	324141	28556
44221	143172	179088	179951	265591	239326	255788	26040
22350	73266	94655	100516	148676	130362	144160	14338
21871	69906	84433	79435	116915	108964	111628	11702
11270	43617	134437	96420	52455	78135	91219	4747

3-1 农村基本情况及

指 标	单 位	合 计	安次区	广阳区	三河市
（2）工业	人	546737	34108	7175	56864
①采矿业	人	2196	323	—	1078
②制造业（包括手工业）	人	529476	33292	7075	53682
③电力、煤气及水的生产和供应业	人	15065	493	100	2104
（3）建筑业	人	166732	9718	12542	24775
（4）批发和零售业	人	114084	7662	4370	10430
（5）交通运输、仓储业和邮政业	人	67134	3431	4243	12205
（6）住宿和餐饮业	人	45204	3223	3230	2676
（7）信息传输、计算机服务和软件业	人	4967	597	410	572
（8）金融业	人	3982	316	61	442
（9）房地产业	人	1944	14	95	518
（10）租赁和商务服务业	人	7611	1050	1050	1398
（11）科学研究和技术服务业	人	661	43	32	51
（12）水利、环境和公共设施管理业	人	5100	105	247	555
（13）居民服务、修理和其他服务业	人	39008	3960	3457	4990
（14）教育	人	17385	1220	282	1655
（15）卫生和社会工作	人	12814	845	309	1552
（16）文化、体育和娱乐业	人	5232	596	191	645
（17）公共管理社会保障和社会组织	人	8102	171	844	895
在全部从业人员中:					
第二产业外出从业人员	人	67423	8606	3404	9392
第三产业外出从业人员	人	53705	3769	7046	11309

农业生产条件（二）

大厂县	香河县	固安县	永清县	霸州市	文安县	大城县	开发区
16184	55093	10174	26669	146497	89672	97161	7140
—	—	—	—	784	—	—	11
16184	54660	10104	25169	144954	88133	91049	5174
—	433	70	1500	759	1539	6112	1955
4361	17460	12480	23771	11642	14040	33499	2444
3512	13374	4304	12651	21742	22744	10778	2517
2531	7200	5174	8279	8741	5970	7822	1538
3926	2813	3989	2276	7797	9383	4383	1508
—	—	38	139	953	838	944	476
271	14	505	497	822	633	221	200
1	23	59	71	447	256	112	348
	46	202	807	1439	531	582	506
—	—	309	29	45	69	31	52
—	685	37	61	1655	497	284	974
1123	645	425	5073	4929	9348	2890	2168
517	—	3409	1567	2836	2948	2513	438
292	483	2873	793	1950	1845	1423	449
71	325	582	471	503	866	746	236
162	1394	91	377	1138	1551	1180	299
3965	4064	1984	19475	2200	4796	9029	508
2690	2433	4340	11967	1245	2471	5252	1183

3-1农村基本情况及

指　　标	单位	合　计	安次区	广阳区	三河市
按文化程度分					
（1）未上过学	人	24859	141	6	7
（2）小学文化程度	人	382665	34344	19830	36149
（3）初中文化程度	人	934517	86773	38711	93782
（4）高中文化程度（包括中专）	人	351341	26179	13913	52647
（5）大专及以上文化程度	人	52819	3018	3532	3992
四、农业机械化情况					
1. 农用机械总动力合计	千瓦	3932784	146263	115228	430000
柴油发动机动力	千瓦	2247055	92713	93196	196320
汽油发动机动力	千瓦	30360	630	6398	1331
电动机动力	千瓦	1655369	48875	16640	247208
2. 主要农业机械与设备					
大中型拖拉机	台	14594	888	835	1303
小型拖拉机	台	47985	698	1290	3593
大中型拖拉机配套农具	台	—	—	—	—

农业生产条件（三）

大厂县	香河县	固安县	永清县	霸州市	文安县	大城县	开发区
4	9	14180	—	216	1932	8228	136
9778	32272	52563	43028	61526	34552	55084	3539
23061	80561	84381	91289	135265	146381	143730	10583
9883	28417	26118	39537	56587	49215	40293	8552
1495	1913	1846	6097	11997	7246	8453	3230
152538	242686	491998	428154	777506	667541	480709	161
89004	142131	297793	201267	275822	469348	389299	162
2880	106	2110	6902	2148	7018	837	—
64875	103264	108898	234062	531673	203474	96400	—
755	1126	2085	1877	2156	1345	2223	1
950	2451	4846	3427	5554	13172	12000	4

指　　标	单　位	合　计	安次区	广阳区	三河市
小型拖拉机配套农具	台	—	—	—	—
农用排灌电动机	台	—	—	—	—
农用排灌柴油机	台	—	—	—	—
联合收割机	台	7466	319	196	848
机动脱粒机	台	7040	—	800	795
农用运输车	台	—	—	—	—
节水灌溉机械	套	9269	120	131	488
农用水泵	台	91432	7020	4000	6243
五、农业机械化项目水平					
1. 机耕面积	公顷	317724	23511	18300	26747
2. 机播面积	公顷	343508	31560	17300	21443
3. 机收面积	公顷	297838	32667	11600	21257
六、农业主要能源及物质消耗					

农业生产条件（四）

大厂县	香河县	固安县	永清县	霸州市	文安县	大城县	开发区
—	—	—	—	—	—	—	—
—	—	—	—	—	—	—	—
—	—	—	—	—	—	—	—
420	504	1375	805	1196	1108	695	—
105	218	400	181	365	3989	187	—
—	—	—	—	—	—	—	—
1100	24	223	—	3276	3889	18	—
1915	9435	13500	10849	12688	7832	17950	—
2400	8849	50500	46066	34370	51882	54975	125
2774	12561	50000	59506	31490	60157	56528	189
2774	13733	39366	29199	32859	59759	54435	189

3-1 农村基本情况及

指　　标	单　位	合　计	安次区	广阳区	三河市
1. 农村用电量	万千瓦时	660201	12898	16822	96429
2. 农用化肥施用量（按实物量计算）	吨	334608	16650	17515	23111
#氮肥	吨	124554	8738	8956	8101
磷肥	吨	40123	2607	2943	691
钾肥	吨	21647	885	976	1619
复合肥	吨	148285	4420	4641	12701
农用化肥施用量（按折纯法计算）	吨	140409	6529	6730	10790
#氮肥	吨	45303	3344	3452	3240
磷肥	吨	6513	416	468	104
钾肥	吨	10728	460	488	842
复合肥	吨	77865	2309	2321	6605
3. 农用塑料薄膜使用量	吨	7916	845	90	289
#地膜使用量	吨	3621	477	85	25
地膜覆盖面积	公顷	44326	6960	1848	339
4. 农用柴油使用量	吨	90493	6725	7100	10300
5. 农药使用量	吨	2468	93	113	199
七、农田水利建设情况					
1. 有效灌溉面积	公顷	227530	14140	12010	22350
2. 旱涝保收面积	公顷	197137	10124	8851	20011
3. 年末规模以上机电井数	眼	51122	2255	4609	5601

农业生产条件（五）

大厂县	香河县	固安县	永清县	霸州市	文安县	大城县	开发区
12112	22702	28250	18269	251497	109059	90717	1446
2748	37670	79562	61801	22489	36235	36827	—
3	2232	42775	22162	5241	8988	17358	—
4		17160	7556	2688	3027	3447	—
231	6869	5049	2873	731	667	1747	—
2509	28569	14578	29210	13829	23553	14275	—
1488	19757	27337	26041	10049	16492	15197	—
1	887	14709	8181	1975	3415	6098	—
1		2916	1166	421	459	562	—
116	3398	2424	1439	360	334	867	—
1370	15471	7289	15254	7292	12284	7670	—
7	1180	1591	2036	1104	624	152	—
—	134.8	934.7	822.6	532.9	512.5	96.5	—
—	1234	14386	11803	3873	2668	1215	—
2780	8846	6759	9020	9014	16571	13360	18
58	166	1002	250	204	156	226	—
4470	20410	36210	30320	25670	32740	29210	—
4335	17059	36210	30320	17379	23762	29087	—
1107	6102	13448	10714	2952	2435	1899	—

3-2 全市主要农产品生产情况

农作物名称	播种面积（公顷）	比上年±%	单产（千克/公顷）	比上年±%	总产量（吨）	比上年±%
一、谷物	272828	-6.2	5159	-0.9	1407626	-7.0
1．夏收谷物	61888	-3.2	5566	-0.9	344469	-4.1
#冬小麦	61782	-2.9	5566	-1.0	343880	-3.9
2．秋收谷物	210940	-7.1	5040	-1.0	1063157	-8.0
#玉米	209211	-7.2	5048	-1.1	1055997	-8.2
谷子	457	-57.0	2387	3.7	1091	-55.4
高粱	1191	126.1	4635	9.7	5520	148.0
二、豆类	11504	2.7	2524	-4.5	29041	-1.9
大豆	10215	-0.2	2515	-5.6	25686	-5.8
三、薯类	5789	7.0	32429	13.8	187732	21.8
二、油料	10753	-8.8	2707	3.5	29110	-5.6
1．花生	8579	-3.2	2746	3.4	23555	0.2
2．芝麻	240	5.3	852	4.9	205	10.4
3．葵花籽	1921	-28.3	2765	4.3	5311	-25.2
三、棉花	3593	-61.7	1013	-0.9	3641	-62.0
四、生麻	—	—	—	—	—	—
五、烟叶	—	—	—	—	—	—
六、中草药材	425	37.8	3205	-34.2	1361	-9.4
七、蔬菜及食用菌	83142	2.1	60811	-2.0	5055995	持平
其中：食用菌	—	—	—	—	7572	-2.2
八、瓜果类	9790	-2.1	55786	-2.2	546140	-4.3
九、其他农作物播种面积（含花卉种植面积）	3104	-10.0	—	—	—	—
附：粮食作物	290121	-5.7	5081	-0.8	1474213	-6.4
夏收粮食作物	62587	-2.1	5538	-1.4	346618	-3.5
秋收粮食作物	227534	-6.6	4956	-0.7	1127595	-7.2

3-3 农林牧渔业分项产值

单位：万元

指　　标	2018年		比上年±%
	现价	可比价	
农林牧渔业总产值	3051738	2974979	1.2
一、农业产值	2157539	2097152	0.8
（一）谷物及其他作物	359367	356606	-0.7
1．谷物	271884	269795	-0.4
2．薯类	46602	46244	30.3
3．油料	14671	14558	-6.8
4．豆类	15006	14891	-4.7
5．棉花	7198	7143	-61.2
6．生麻	—	—	—
7．糖料	—	—	—
8．烟草	—	—	—
9．其他农作物	4006	3975	35.4
（二）蔬菜、食用菌及花卉盆景	1509915	1462762	1.4
1．蔬菜（含菜用瓜）	1445841	1400689	0.6
2．食用菌	5799	5618	4.0
3．花卉	1945	1884	3.0
4．盆景园艺	56330	54571	23.8
（三）水果、坚果、饮料和香料	285736	275278	-0.2
1．水果	282666	272320	-1.1
2．食用坚果	670	645	37.9
3．茶及香料和饮料原料	2400	2312	—
4、花椒	0	0	-100.0
（四）中草药材	2521	2506	-20.6
二、林业产值	85294	80180	26.1
三、牧业产值	664062	656029	-0.02
（一）牲畜饲养	283156	269170	1.8
（二）猪的饲养	222668	245467	-3.7
（三）家禽饲养	152171	134999	1.4
（四）猎狩和捕捉动物	—	—	—
（五）其他畜牧业	6067	6393	68.5
四、渔业产值	40237	38808	-6.6
（一）海水产品	13333	12692	-15.1
（二）淡水产品	26904	26116	-1.8
五、农林牧渔服务业	104606	102810	6.3

指　　标	单　位	合　计	安次区	广阳区
一、农业生产情况				
1. 农作物生产情况				
农作物总播种面积	公顷	400928	32081	13493
粮食作物播种面积	公顷	290121	25269	8110
占总播面比重	%	72.4	78.8	60.1
经济作物播种面积	公顷	110807	6812	5383
占总播面比重	%	27.6	21.2	39.9
蔬菜、瓜果播种面积	公顷	92932	4874	4553
占总播面比重	%	23.2	15.2	33.7
其他作物播种面积	公顷	3104	—	—
占总播面比重	%	0.8	—	—
谷物生产情况				
谷物播种面积	公顷	272828	23550	7554
比上年增减绝对量	公顷	-18053	2139	-588
比上年增减百分比	%	-6.2	10.0	-7.2
谷物播种面积单产	公斤/公顷	5159	4618	5044
比上年增减绝对量	公斤/公顷	-46	-219	159
比上年增减百分比	%	-0.9	-4.5	3.3
谷物总产量	吨	1407626	108745	38101
比上年增减绝对量	吨	-106425	5181	-1669
比上年增减百分比	%	-7.0	5.0	-4.2
夏收谷物播种面积	公顷	61888	638	1506

生产情况（一）

三河市	大厂县	香河县	固安县	永清县	霸州市	文安县	大城县	开发区
28925	3354	21927	68848	60339	40164	65657	65934	207
21474	2391	12560	40259	29589	32463	61886	55924	196
74.2	71.3	57.3	58.5	49.0	80.8	94.3	84.8	94.9
7451	963	9367	28589	30750	7701	3771	10010	11
25.8	28.7	42.7	41.5	51.0	19.2	5.7	15.2	5.1
7222	963	9028	25619	26358	5172	3019	6113	11
25.0	28.7	41.2	37.2	43.7	12.9	4.6	9.3	5.1
222	—	324	1592	137	40	413	375	—
0.8	—	1.5	2.3	0.2	0.1	0.6	0.6	—
21386	2391	12511	38374	28747	28400	58579	51151	185
-131	-584	-3126	-2633	-15	-2606	-7368	-2894	-248
-0.6	-19.6	-20.0	-6.4	-0.1	-8.4	-11.2	-5.4	-57.3
5803	5831	5698	5366	5051	5437	5038	4883	5535
-5	50	-85	-24	-6	-31	-23	-51	1638
-0.1	0.9	-1.5	-0.4	-0.1	-0.6	-0.5	-1.0	42.0
124112	13943	71285	205900	145194	154412	295132	249778	1024
-867	-3257	-19143	-15097	-244	-15129	-38657	-16879	-663
-0.7	-18.9	-21.2	-6.8	-0.2	-8.9	-11.6	-6.3	-39.3
7240	844	4850	16667	3554	3800	16683	6080	26

指　　　标	单　位	合　计	安次区	广阳区
比上年增减绝对量	公顷	-2022	-141	-642
比上年增减百分比	%	-3.2	-18.1	-29.9
夏收谷物单产	公斤/公顷	5566	4351	5032
比上年增减绝对量	公斤/公顷	-52	-370	-379
比上年增减百分比	%	-0.9	-7.8	-7.0
夏收谷物总产量	吨	344469	2776	7578
比上年增减绝对量	吨	-14567	-901	-4048
比上年增减百分比	%	-4.1	-24.5	-34.8
#冬小麦播种面积	公顷	61782	625	1506
冬小麦总产量	吨	343880	2720	7578
秋收谷物播种面积	公顷	210940	22912	6048
比上年增减绝对量	公顷	-16031	2279	54
比上年增减百分比	%	-7.1	11.1	0.9
秋收谷物单产	公斤/公顷	5040	4625	5047
比上年增减绝对量	公斤/公顷	-49	-216	351
比上年增减百分比	%	1.0	-4.5	7.5
秋收谷物总产量	吨	1063157	105969	30523
比上年增减绝对量	吨	-91858	6082	2379
比上年增减百分比	%	-8.0	6.1	8.5
#玉米播种面积	公顷	209211	22825	5975
玉米总产量	吨	1055997	105674	30411
油料生产情况				
油料播种面积	公顷	10753	1614	673
比上年增减绝对量	公顷	-1036	-252	-340

生产情况（二）

三河市	大厂县	香河县	固安县	永清县	霸州市	文安县	大城县	开发区
716	-3	-618	-402	38	190	-999	-154	-7
11.0	-0.3	-11.3	-2.4	1.1	5.3	-5.7	-2.5	-21.2
5798	5662	5841	5916	5145	5509	5355	5218	5615
-9	-181	-17	-39	-298	-226	-2	-1	1580
-0.2	-3.1	-0.3	-0.7	-5.5	-3.9	持平	持平	39.2
41974	4779	28329	98602	18284	20936	89337	31728	146
4094	-167	-3705	-3043	-853	233	-5378	-810	13
10.8	-3.4	-11.6	-3.0	-4.5	1.1	-5.7	-2.5	9.7
7240	844	4850	16667	3461	3800	16683	6080	26
41974	4779	28329	98602	17751	20936	89337	31728	146
14146	1547	7661	21707	25193	24600	41896	45071	159
-847	-581	-2508	-2231	-53	-2796	-6369	-2740	-241
-5.7	-27.3	-24.7	-9.3	-0.2	-10.2	-13.2	-5.7	-60.3
5806	5924	5607	4943	5038	5426	4912	4838	5522
-3	166	-135	-43	35	-7	-41	-59	1637
-0.1	2.9	-2.4	-0.9	0.7	-0.1	-0.8	-1.2	42.1
82138	9164	42956	107298	126910	133476	205795	218050	878
-4961	-3090	-15437	-12054	610	-15362	-33278	-16069	-676
-5.7	-25.2	-26.4	-10.1	0.5	-10.3	-13.9	-6.9	-43.5
14136	1547	7661	21707	25173	24182	41377	44469	159
82096	9164	42956	107298	126865	131356	203092	216208	877
3	—	15	1373	3434	1633	143	1865	—
-17	—	-12	-64	3	35	6	-382	—

指　　标	单　位	合　计	安次区	广阳区
比上年增减百分比	%	-8.8	-13.5	-33.6
油料单产	公斤/公顷	2707	1935	2889
比上年增减绝对量	公斤/公顷	90	205	613
比上年增减百分比	%	3.5	11.8	26.9
油料总产	吨	29110	3122	1944
比上年增减绝对量	吨	-1739	-105	-363
比上年增减百分比	%	-5.6	-3.3	-15.7
棉花生产情况				
棉花播种面积	公顷	3593	321	157
比上年增减绝对量	公顷	-5781	-2619	-307
比上年增减百分比	%	-61.7	-89.1	-66.2
棉花单产	公斤/公顷	1013	976	866
比上年增减绝对量	公斤/公顷	-9	-12	72
比上年增减百分比	%	-0.9	-1.2	9.1
棉花总产量	吨	3641	314	136
比上年增减绝对量	吨	-5941	-2591	-232
比上年增减百分比	%	-62.0	-89.2	-63.2
蔬菜及食用菌生产情况				
蔬菜及食用菌播种面积	公顷	83142	3672	3505
比上年增减绝对量	公顷	1709	-161	565
比上年增减百分比	%	2.1	-4.2	19.2
蔬菜及食用菌单产	公斤/公顷	60811	57432	46767
比上年增减绝对量	公斤/公顷	-1259	-389	-3203
比上年增减百分比	%	-2.0	-0.7	-6.4
蔬菜及食用菌总产量	吨	5055995	210879	163900
比上年增减绝对量	吨	1396	-10753	17019

生产情况（三）

三河市	大厂县	香河县	固安县	永清县	霸州市	文安县	大城县	开发区
-85.2	—	-43.2	-4.5	0.1	2.2	4.4	-17.0	—
2827	—	2208	2963	2613	2926	2282	3139	—
837	—	-667	38	59	-100	508	-32	—
42.0	—	-23.2	1.3	2.3	-3.3	28.6	-1.0	—
8	—	34	4068	8974	4780	327	5852	—
-32	—	-44	-135	213	-58	83	-1271	—
-79.0	—	-56.4	-3.2	2.4	-1.2	34.3	-17.8	—
3	—	0	5	821	834	179	1274	0
-1	—	-4	-118	-92	-836	-419	-1380	-5
-21.5	—	-100.0	-95.9	-10.1	-50.1	-70.1	-52.0	-100.0
887	—	0	812	765	947	1070	1238	0
109	—	-702	53	-13	-18	78	-3	-914
14.0	—	-100.0	6.9	-1.7	-1.8	7.8	-0.2	-100.0
3	—	0	4	628	790	191	1576	0
-0.3	—	-3	-90	-82	-821	-402	-1716	-4
-10.4	—	-100.0	-95.6	-11.6	-51.0	-67.7	-52.1	-100.0
6895	919	9002	23974	24238	4399	1796	4732	10
18	-17	629	-140	652	-597	144	620	-3
0.3	-1.8	7.5	-0.6	2.8	-12.0	8.7	15.1	-24.9
47596	58005	54009	57976	74487	55367	61406	55787	32919
-2580	1905	-1425	-611	-1237	-1652	-3854	-665	-19405
-5.1	3.4	-2.6	-1.0	-1.6	-2.9	-5.9	-1.2	-37.1
328186	53288	486208	1389924	1805446	243561	110285	263996	321
-16892	824	22020	-22850	19385	-41329	2470	31860	-358

指　　标	单 位	合 计	安次区	广阳区
比上年增减百分比	%	持平	-4.9	11.6
瓜果类生产情况				
瓜果类播种面积	公顷	9790	1202	1049
比上年增减绝对量	公顷	-212	-22	-105
比上年增减百分比	%	-2.1	-1.8	-9.1
瓜果播种单产	公斤/公顷	55786	49565	62326
比上年增减绝对量	公斤/公顷	-1252	522	-7990
比上年增减百分比	%	-2.2	1.1	-11.4
瓜果总产量	吨	546140	59600	65358
比上年增减绝对量	吨	-24331	-454	-15788
比上年增减百分比	%	-4.3	-0.8	-19.5
2．干鲜果产量合计	吨	450206	47446	9973
比上年增减百分比	%	-0.9	566.5	-20.0
干果产量	吨	368	22	—
鲜果产量	吨	449838	47424	9973
3．年末果园面积	公顷	28468	5442	2070
二、林业生产情况				
1．人工造林面积	公顷	18356	1193	410
2．四旁（零星）植树	株	3605740	961740	34000
3．育苗面积	公顷	10029	1138	—
其中：本年新增育苗面积	公顷	1253	50	—
4．村及村以下木材采伐	立方米	53184	5517	1479

生产情况（四）

三河市	大厂县	香河县	固安县	永清县	霸州市	文安县	大城县	开发区
-4.9	1.6	4.7	-1.6	1.1	-14.5	2.3	13.7	-52.7
327	44	25	1645	2120	773	1223	1381	1
-33	0.4	13	-719	88	432	-190	323	1
-9.2	0.9	114.8	-30.4	4.4	126.7	-13.4	30.5	207.4
53065	53377	57976	53403	61930	54150	50946	55554	12711
1697	-2389	9142	-205	-1274	-3531	-2080	697	-57956
3.3	-4.3	18.7	-0.4	-2	-6.1	-3.9	1.3	-82.0
17345	2363	1461	87862	131273	41851	62303	76713	11
-1141	-83	888	-38898	2887	22188	-12598	18678	-9
-6.2	-3.4	155.1	-30.7	2.3	112.8	-16.8	32.2	-44.7
27092	717	4137	82995	203364	8309	7451	58581	140
1.5	-3.7	10.1	-2.9	0.7	-21.1	-30.6	3.0	2700.0
104	—	184	0.4	25	17	16	—	—
26988	717	3953	82995	203339	8293	7436	58581	140
816	41	482	2637	10762	324	717	5167	10
937	715	773	1460	1254	2766	4802	3869	177
60000	100000	—	200000	650000	300000	1200000	100000	—
450	333	566	3839	560	2210	400	533	—
5	20	8	32	130	800	60	148	—
3805	2263	4320	5403	19433	5174	3132	2658	—

指　　标	单　位	合　计	安次区	广阳区
三、畜牧业生产情况				
1. 大牲畜年末存栏	百头	1249	49	66
#牛存栏	百头	1221	39	66
比上年增减百分比	%	-22.2	9.5	-8.2
2. 大牲畜年内出栏	百头	1859	31	42
#牛出栏	百头	1821	18	42
比上年增减百分比	%	22.1	12.4	-0.4
3. 猪年末存栏	百头	6169	401	216
比上年增减百分比	%	-12.8	-11.4	-16.1
#能繁殖的母猪存栏	百头	512	28	17
4. 猪年内出栏	百头	14901	803	815
比上年增减百分比	%	-1.7	-3.6	-10.0
5. 羊年末存栏	百只	7565	326	237
比上年增减百分比	%	-12.8	-8.5	-8
6. 羊年内出栏	百只	15402	523	289
比上年增减百分比	%	0.2	-0.8	-1.8
7、活家禽存栏		140808	15374	5190
比上年增减百分比		-3	-4.3	-1
8. 活家禽年内出栏		205871	17755	10983
比上年增减百分比		-4.1	-8.1	-0.9
9. 肉类总产量	吨	196621	9562	8639
比上年增减百分比	%	1.7	-4.1	-5.2
#猪肉	吨	115101	6008	5998

生产情况（五）

三河市	大厂县	香河县	固安县	永清县	霸州市	文安县	大城县	开发区
450	137	48	31	241	20	99	73	36
442	137	42	31	241	19	98	70	36
-36.8	-3.8	-40.7	40.5	-11.5	10.2	13.3	-52.7	—
565	486	81	28	196	19	55	330	26
552	486	74	28	196	19	55	326	24
22.1	30.0	13.2	98.8	0.7	90.6	-1.2	23.0	0.0
1135	178	306	596	1860	674	350	452	—
-29.1	-4.7	3.7	-12	-15.5	28	-13.4	-4.7	—
102	9	25	45	173	63	26	24	—
2730	513	561	1546	4178	1417	685	1264	388
-13.2	-10.1	-13.8	16.0	-3.9	3.9	-10.9	1.9	0.0
686	223	333	478	2383	581	1173	891	253
-41.9	-12.4	-9.9	-1	-11.3	11.9	-11.3	-28.3	—
1907	491	423	797	4391	898	2204	1564	1914
-19.0	-7.7	-19.2	9.5	-1.5	-12.2	-7.4	-38.5	0.0
8702	3454	27885	5051	18917	12235	16945	26382	674
-32.5	63	24.6	-12.8	-4	-4.7	-2.7	-14	—
16115	5808	18027	8033	24794	26986	23132	49783	4456
-16.7	64.5	-8.0	11.5	-4.5	-4.9	-9.6	-9.1	0.0
36591	13338	8815	14477	45141	16407	11858	24833	6959
-5.3	13.0	-7.8	17.7	-3.1	0.6	-15.3	-1.2	0.0
21786	3919	4284	11827	32738	10863	4884	9809	2986

3-4 农林牧渔业

指　　标	单　位	合　计	安次区	广阳区
牛肉	吨	30129	274	694
羊肉	吨	21169	772	380
10. 奶类产量	吨	121349	7562	7274
比上年增减百分比	%	-0.7	-6.6	-30.7
#牛奶	吨	120497	7562	6422
9. 绵羊毛产量	吨	1337	197	81
10. 蜂蜜产量	吨	5	—	5
11. 禽蛋产量	吨	124624	12826	11068
比上年增减百分比	%	-1.0	-4.3	21.6
四、渔业生产情况				
1. 水产品产量	吨	22389	920	362
比上年增减百分比	%	-10.64	0.99	-4.99
#海水产品产量	吨	3282	—	—
淡水产品产量	吨	19107	920	362
2. 水产养殖面积	公顷	2158	78	56

生产情况（六）

三河市	大厂县	香河县	固安县	永清县	霸州市	文安县	大城县	开发区
9235	8007	1239	434	3182	319	879	5477	389
2817	641	599	1037	5809	1295	2932	2044	2844
44444	—	5851	7406	23265	1256	14672	9618	—
-4.8	0.0	4.5	57.6	-4.3	-16.2	45.3	-10.1	0.0
44444	—	5851	7406	23265	1256	14672	9618	—
—	—	47	100	819	92	—	—	—
—	—	—	—	—	—	—	—	—
10084	3357	28282	7378	10598	8494	9384	21917	1236
-5.8	1.7	14.0	23.0	-3.7	-0.1	-31.0	-14.1	0.0
7024	1245	2086	243	536	4265	5108	600	—
-12.64	-5.18	持平	2.97	0.94	-0.95	-23.08	-1.64	—
—	—	—	—	—	1332	1950		—
7024	1245	2086	243	536	2933	3158	600	—
780	115	267	19	88	395	275	85	—

3-5 农林牧渔业总

指　　标	单 位	合 计	安次区	广阳区
一、农林牧渔业总产值（现价）	万元	3051738	183169	127780
1. 农业产值	万元	2157539	116238	78165
占总产值比重	%	70.7	63.5	61.2
#蔬菜（含菜用瓜）	万元	1445841	55163	38781
2. 林业产值	万元	85294	10455	8496
占总产值比重	%	2.8	5.7	6.7
3. 牧业产值	万元	664062	38453	34646
占总产值比重	%	21.8	21.0	27.1
4. 渔业产值	万元	40237	1322	512
占总产值比重	%	1.3	0.7	0.4
5. 农林牧渔服务业	万元	104606	16701	5961
占总产值比重	%	3.4	9.1	4.7
二、农林牧渔业总产值（可比价）	万元	2974979	184139	122930
比上年增减	%	1.2	0.5	-4.5
1. 农业产值	万元	2097152	118595	74918
比上年增减	%	0.8	-0.6	-12.4
2. 林业产值	万元	80180	9716	7705
比上年增减	%	26.1	-8.5	215.7
3. 牧业产值	万元	656029	38122	33954
比上年增减	%	-0.0	2.4	3.1
4. 渔业产值	万元	38808	1284	496
比上年增减	%	-6.6	10.9	2.5
5. 农林牧渔服务业	万元	102810	16422	5857
比上年增减	%	6.3	9.4	-20.7

产值、增速及构成

三河市	大厂县	香河县	固安县	永清县	霸州市	文安县	大城县	开发区
283153	65147	285609	620985	794200	203057	196826	280395	11417
126008	22343	220367	554690	636711	123695	109134	169807	381
44.5	34.3	77.2	89.3	80.2	60.9	55.5	60.6	3.3
82611	13323	198956	417545	501432	61370	15495	61057	108
2929	3346	4453	5609	6367	14058	15648	13654	279
1.0	5.1	1.6	0.9	0.8	6.9	8.0	4.9	2.4
132906	36945	50706	36739	136586	45714	53555	87546	10266
46.9	56.7	17.8	5.9	17.2	22.5	27.2	31.2	89.9
10075	1075	2989	346	762	10684	11625	847	0
3.6	1.7	1.1	0.1	0.1	5.3	5.9	0.3	持平
11235	1438	7094	23601	13774	8906	6864	8541	491
4.0	2.2	2.5	3.8	1.7	4.4	3.5	3.1	4.3
276821	62657	273743	611491	774277	197545	194948	264991	11437
1.9	-21.8	2.2	2.7	2.6	-2.4	-0.2	2.3	2603.8
121650	21109	211462	544818	614928	119073	110952	159282	365
3.6	-30.1	0.2	1.8	3.6	-4.2	-4.4	7.6	0.6
2873	3213	4311	5416	5902	13201	14879	12689	275
62.6	116.5	73.1	83.8	-11.0	-25.1	120.8	17.6	497.8
131457	35873	48092	37716	139176	46309	51202	83815	10313
-0.3	-21.5	6.4	4.6	-1.4	8.1	-1.3	-8.4	—
9785	1050	2900	337	741	10211	11183	821	0
-6.1	-37.1	9.4	12.3	9.9	14.0	-22.7	5.9	—
11056	1412	6978	23204	13530	8751	6732	8384	484
6.9	30.3	6.1	9.6	9.2	1.7	7.5	6.1	3357.1

3-6 农林牧渔业增加值、

指　　标	单　位	合　计	安次区	广阳区
一、农林牧渔业增加值	万元	2013281	116092	79900
农林牧渔业增加值率	%	0.66	0.63	0.63
1. 农业增加值	万元	1539421	82204	54548
农业增加值率	%	0.71	0.71	0.70
2. 林业增加值	万元	54466	6891	4970
林业增加值率	%	0.64	0.66	0.58
3. 牧业增加值	万元	350590	18934	17483
牧业增加值率	%	0.53	0.49	0.50
4. 渔业增加值	万元	22284	639	249
渔业增加值率	%	0.55	0.48	0.49
5. 农林牧渔服务业增加值	万元	46520	7424	2650
农林牧渔服务业增加值率	%	0.44	0.44	0.44
二、农林牧渔业商品产值	万元	2558095	122673	91297
1. 农业商品产值	万元	1920612	86130	62553
占总商品产值比重	%	75.1	70.2	68.5
2. 林业商品产值	万元	10168	3224	58
占总商品产值比重	%	0.4	2.6	0.1
3. 牧业商品产值	万元	588327	32429	28335
占总商品产值比重	%	23.0	26.4	31.0
4. 渔业商品产值	万元	38988	890	351
占总商品产值比重	%	1.5	0.7	0.4

增加值率、商品产值

三河市	大厂县	香河县	固安县	永清县	霸州市	文安县	大城县	开发区
171047	41186	186893	432277	554803	130803	123093	173664	3523
0.60	0.63	0.65	0.70	0.70	0.64	0.63	0.62	0.31
88130	15850	155572	398953	468597	87203	73299	114822	243
0.70	0.71	0.71	0.72	0.74	0.70	0.67	0.68	0.64
1714	1983	2763	3349	4273	9810	10434	8121	158
0.59	0.59	0.62	0.60	0.67	0.70	0.67	0.59	0.57
71524	22182	24015	19349	75456	23463	28777	46531	2876
0.54	0.60	0.47	0.53	0.55	0.51	0.54	0.53	0.28
4687	501	1390	171	353	6368	7532	394	0
0.47	0.47	0.47	0.49	0.46	0.60	0.65	0.47	—
4992	670	3153	10455	6124	3959	3051	3796	246
0.44	0.47	0.44	0.44	0.44	0.44	0.44	0.44	0.50
257670	58941	261558	525571	677849	157993	169280	225738	9525
116020	21224	208940	499614	575240	103779	102461	144387	264
45.0	36.0	79.9	95.1	84.9	65.7	60.5	64.0	2.8
287	260	280	624	741	1776	2068	850	0
0.1	0.4	0.1	0.1	0.1	1.1	1.2	0.4	0.0
131365	36386	49409	25037	101317	41913	53187	79688	9261
51.0	61.7	18.9	4.8	14.9	26.5	31.4	35.3	97.2
9998	1071	2929	296	551	10525	11564	813	0
3.9	1.8	1.1	0.1	0.1	6.7	6.8	0.4	0.0

3-7 农业产业化龙头经营组织基本情况

指　　标	计量单位	数　量
一、龙头经营组织总数	个	108
1. 龙头企业(集团)带动型	个	93
2. 专业市场带动型	个	7
3. 中介服务组织带动型	个	8
二、龙头经营组织产业类型		
（一）种植业	个	49
粮食	个	12
饲料	个	2
油料	个	2
水果		0
蔬菜	个	23
食用菌	个	3
花卉园艺		0
其他种植业	个	2
（二）畜牧业	个	44
猪	个	16
牛	个	8
羊	个	3
禽肉		3
蛋类	个	5
奶类	个	9
(三)水产业	个	-
(四)林业	个	7
(五)其他	个	8
二、龙头经营组织规模		
1. 固定资产净值	万元	489175
2. 从业人员	人	16267
3. 带动农户	户	722199
三、龙头经营组织效益		
1. 销售总额	万元	1711151
2. 利润总额	万元	-18386
3. 上交税金	万元	173585
4. 龙头企业(集团)创汇额	万美元	1709
5. 专业市场成交额	万元	455260

3-8 农业产业化农产品生产（加工）基地基本情况

指　　标	计量单位	数　量
一、农产品生产(加工)基地个数	个	35
1. 种植业生产基地(包括林果)	个	24
2. 养殖业生产基地(包括水产)	个	9
3. 加工业生产基地	个	2
二、农产品生产(加工)基地规模效益		
(一)基地产值	万元	2032722
(二)基地销售产值	万元	1940080
(三)基地上交税金	万元	11947
（四）种植业生产基地种植面积	公顷	77673
种植业产值	万元	1242591
种植业销售产值	万元	1167796
种植业上交税金	万元	214
（五）养殖业生产基地牲畜饲养量	百头	3716
养殖业销售产值	万元	89408
养殖业上交税金	万元	1060
（六）农产品加工基地加工业产值	万元	697881
加工业销售产值	万元	682876
加工业上交税金	万元	10673
三、农产品生产(加工)基地联系农户数	户	183886
1. 种植业生产基地联系农户数	户	164205
2. 养殖业生产基地联系农户数	户	10541
3. 加工业生产基地联系农户数	户	9140

3-9 全市分乡镇

乡 镇 名 称	户籍人口（人）	全部从业人员数（人）	耕地面积（公顷）	农作物播种面积（公顷）
安次区落垡镇	26043	13649	3874	3379
安次区码头镇	51272	25332	6613	5083
安次区葛渔城镇	43863	24149	4118	5387
安次区东沽港镇	40225	24670	4016	5337
安次区调河头镇	27212	13958	3180	3581
安次区杨税务乡	40447	19249	5142	5630
安次区仇庄乡	32375	18341	4191	3486
安次区北史家务乡	33412	11040	940	141
广阳区南尖塔镇	36285	6567	691	371
广阳区万庄镇	75923	22197	4776	3447
广阳区九州镇	63323	30195	4348	3092
广阳区北旺乡	34248	22804	1752	1709
三河市泃阳镇	60018	22499	3058	2638
三河市李旗庄镇	25723	16876	2145	2060
三河市杨庄镇	28755	11889	2807	3532
三河市皇庄镇	46571	13820	4027	5082
三河市新集镇	48476	13280	3558	3698
三河市段甲岭镇	22836	7962	1546	1365
三河市黄土庄镇	36600	18028	2431	2474
三河市高楼镇	43661	16411	3821	3404
三河市齐心庄镇	25226	11891	2487	2594
三河市燕郊镇	351483	197510	2798	2078

主要经济指标（一）

单位：万元

粮　　食 播种面积 （公顷）	粮　食 总产量 （吨）	农林牧渔 业总产值 （万元）	一般公共预算 收入 （万元）	城镇建成区 面积 （公顷）
2799	14106	11015	3240	59
4222	19398	25641	5223	216
3525	15858	39246	5495	569
3865	16539	22661	6576	207
3161	14336	13487	4148	716
4283	19513	31495	24721	—
2481	13356	19427	5170	140
111	507	20197	5158	—
371	1355	14055	1448	1227
3447	6777	58779	10876	86
3092	28303	31945	5476	1044
1200	3428	23000	877	—
1787	10339	38798	39218	1360
1584	9181	30723	13355	670
2715	15732	19480	1407	215
4519	26178	32251	1675	540
3135	18164	15300	576	210
1201	6962	21559	1100	425
1081	6260	40402	8352	402
2533	14674	16614	2346	420
1702	9857	33681	2062	153
1217	7051	34345	445730	4726

3-9 全市分乡镇

乡 镇 名 称	户籍人口（人）	全部从业人员数（人）	耕地面积（公顷）	农作物播种面积（公顷）
大厂县大厂镇	37698	12560	1900	789
大厂县夏垫镇	35282	14489	1389	1270
大厂县祁各庄镇	25609	11305	490	204
大厂县邵府镇	11009	5175	349	160
大厂县陈府镇	12569	5731	1487	778
香河县淑阳镇	101250	21873	1888	643
香河县蒋辛屯镇	22618	7156	1882	869
香河县渠口镇	50124	22840	4015	2170
香河县安头屯镇	27592	14784	3081	3668
香河县安平镇	35005	12805	1505	648
香河县刘宋镇	35959	15166	4449	4677
香河县五百户镇	38624	17514	4296	6073
香河县钱旺镇	27248	14371	1918	1436
香河县钳屯镇	23444	10575	1892	1038
固安县固安镇	184128	48670	6453	9506
固安县宫村镇	41125	21801	4357	5819
固安县柳泉镇	51269	22392	5303	8126
固安县牛驼镇	43996	23549	4891	8406
固安县马庄镇	35556	21436	4667	6085
固安县东湾乡	45995	20246	4905	8577
固安县彭村乡	28724	15145	3962	5921
固安县渠沟乡	34227	18470	3452	6023

主要经济指标（二）

粮食播种面积（公顷）	粮食总产量（吨）	农林牧渔业总产值（万元）	一般公共预算收入（万元）	城镇建成区面积（公顷）
320	3787	16738	14705	908
889	5120	23396	9759	1580
174	1166	11652	10256	130
156	932	7670	4272	65
490	2938	5844	2261	20
561	3178	5925	98092	2160
562	10922	11578	31117	230
1616	15376	20380	2743	480
2686	1280	31675	684	520
226	3110	12640	27524	1260
2718	15301	56866	860	550
1904	9178	112760	1396	540
1233	2243	4489	3792	140
385	7037	11729	2259	330
5715	29665	90748	407045	1274
1645	8841	54075	6681	182
5956	31035	48235	9239	118
4723	25130	95595	13372	190
4528	24983	32345	144	15
4995	26958	89034	5104	—
3308	17400	46187	5550	110
3649	19438	51576	3980	—

3-9 全市分乡镇

乡 镇 名 称	户籍人口（人）	全部从业人员数（人）	耕地面积（公顷）	农作物播种面积（公顷）
固安县礼让店乡	23124	13727	3270	4844
永清县永清镇	96398	62426	11878	17418
永清县韩村镇	31088	18000	3096	3860
永清县后奕镇	27341	10763	2691	4427
永清县别古庄镇	30764	12500	3211	3996
永清县里澜城镇	29204	18382	3168	3664
永清县管家务回族乡	12873	3878	1497	2290
永清县曹家务乡	30223	14547	3738	4658
永清县龙虎庄乡	30687	14711	3976	7186
永清县刘街乡	31988	19006	4295	7206
永清县三圣口乡	30953	16875	3439	4957
霸州市霸州镇	75557	25926	4476	3873
霸州市南孟镇	37153	16732	2990	2604
霸州市信安镇	30376	9415	2171	—
霸州市堂二里镇	35145	14120	2096	2483
霸州市煎茶铺镇	45100	23749	4711	2868
霸州市胜芳镇	99196	62698	4264	4008
霸州市杨芬港镇	40441	21092	5663	8381
霸州市岔河集乡	80570	22639	4616	2656
霸州市康仙庄乡	51206	23577	4882	3863
霸州市东杨庄乡	24531	12603	1946	1936
霸州市王庄子乡	37641	24512	2886	3237

主要经济指标（三）

粮　　食 播种面积 （公顷）	粮　　食 总产量 （吨）	农林牧渔 业总产值 （万元）	一般公共 预算收入 （万元）	城镇建成区 面积 （公顷）
3042	16348	48885	556	—
7136	35863	251289	30268	1435
2629	13401	30121	1042	4108
2421	11795	49627	1381	70
3265	16082	43929	4620	287
2593	12699	36215	3859	537
1020	6455	23224	961	—
2481	12695	63973	4441	—
2635	13497	139023	621	—
3286	16835	118794	2714	—
1855	8993	36819	410	—
3169	23881	23202	10529	2336
2060	15011	25816	8041	130
	3545	883	4519	383
1783	10037	12450	1643	500
1988	18354	18900	1760	300
3474	16385	13263	29340	2200
4017	20122	29542	3280	326
1831	15621	16636	2755	—
3562	18570	20028	2403	—
1809	10655	7526	1335	—
3130	16675	6600	1614	—

3-9 全市分乡镇

乡 镇 名 称	户籍人口（人）	全部从业人员数（人）	耕地面积（公顷）	农作物播种面积（公顷）
霸州市东段乡	46217	20804	2288	2075
文安县文安镇	124269	21826	8028	6986
文安县新镇镇	34035	15743	2780	2536
文安县苏桥镇	34788	18744	4305	5345
文安县大柳河镇	41034	15708	4496	4118
文安县左各庄镇	26603	11863	1531	—
文安县滩里镇	32196	12701	3318	2613
文安县史各庄镇	26986	10500	1756	1013
文安县赵各庄镇	39194	24748	4548	5272
文安县兴隆宫镇	27010	12238	3122	3563
文安县大留镇镇	39470	28500	4464	2997
文安县孙氏镇	62900	10739	9851	15526
文安县德归镇	21631	12290	5279	5072
文安县大围河回族满族乡	31715	19558	3136	2787
大城县平舒镇	79108	14745	3832	3858
大城县旺村镇	45304	22757	9265	10351
大城县大尚屯镇	83532	38060	8190	8972
大城县南赵扶镇	50252	24871	7172	7685
大城县留各庄镇	51783	23563	5106	5013
大城县权村镇	43673	19960	3343	3333
大城县里坦镇	26369	21207	3550	2750
大城县广安镇	43223	16200	4167	6433
大城县北魏乡	52373	22643	5100	5975
大城县臧屯乡	51544	21218	6191	8042

主要经济指标（四）

粮　食 播种面积 （公顷）	粮　食 总产量 （吨）	农林牧渔 业总产值 （万元）	一般公共 预算收入 （万元）	城镇建成区 面积 （公顷）
1322	8707	5751	3255	—
6787	4956	38597	4252	342
2435	24327	6882	9865	958
4909	22095	835	2443	590
4028	21850	5682	3459	600
	10112	6412	4231	2260
2352	12599	3685	1860	1021
920	6325	4732	2243	605
5242	29530	6075	1699	260
3241	12213	5910	2598	173
2118	28720	4512	1926	260
15191	41156	6289	3615	660
4682	29227	5492	2535	825
2538	15121	4986	1830	—
3397	20164	19055	1002	725
8610	45466	45454	3590	700
7602	37783	44876	1959	764
6232	27773	32911	5546	692
4069	23861	22548	6636	925
3333	20565	19434	1206	1250
2472	18624	24265	3886	860
4006	20951	22299	1500	662
4790	25850	26929	1291	1452
6103	23941	22624	911	—

四、工　　业

责任编辑：王　勇　　郭　岳

4-1 年主营业务收入 2000 万元及以上工业企业主要产品产量

名　称	计量单位	2018 年	同比（%）
液晶显示屏	万片	2576	30.7
液晶显示模组	万套	380	7.3
光学仪器	万台(个)	4.6	-13.2
印制电路板	万平方米	3.9	0.0
电子元件	亿只	3.5	-5.4
高性能化学纤维	吨	875.4	-2.3
纤维板	万立方米	90.6	-19.7
表面活性剂	吨	33231	183.1
气体分离及液化设备	台	197	32.2
包装专用设备	台	1043	304.3
金属切削工具	万件	2	5.3
多色印刷品	万对开色令	67.7	-22.3
平板玻璃	万重量箱	1283.8	28.9
中空玻璃	万平方米	34.8	43.8
电力电缆	万千米	9.5	17.3
涂料	万吨	47.4	21.5
人造板	万立方米	249.3	5.9
钢材	万吨	1193.4	3.1
家具	万件	1113.1	3.4
精制食用植物油	万吨	28.5	-8.7
乳制品	万吨	13.2	13.8
饮料酒	万千升	40.9	-1.0
卫生陶瓷制品	万件	33	-11.5

4-2 分县（市、区）年主营业务收入

项　　目	合　计	安次区	广阳区	三河市
一、企业个数	1130	56	36	125
按轻重工业分组				
轻工业	348	18	9	26
重工业	782	38	27	99
按经济类型分组				
国有经济	6	2	2	0
集体经济	6	1	1	0
其他	1118	53	33	125
二、工业总产值（当年价格）	23886290	2689826	1891915	3256279
按轻重工业分组				
轻工业	5170192	844208	105735	1162845
重工业	18716098	1845619	1786180	2093434
按经济类型分组				
国有经济	59255	18091	22380	0
集体经济	63421	6790	21614	0
其他	23763614	2664945	1847920	3256279

2000万元及以上工业企业个数和总产值

单位：万元

大厂县	香河县	固安县	永清县	霸州市	文安县	大城县	开发区
68	133	88	77	185	151	90	121
35	66	25	26	69	32	13	29
33	67	63	51	116	119	77	92
0	0	0	0	0	0	0	2
0	0	0	0	2	0	2	0
68	133	88	77	183	151	88	119
939985	936071	1226982	957123	5412627	1755486	1088868	3731128
306417	453090	187151	141688	808576	196364	98021	866098
633568	482981	1039832	815436	4604051	1559122	990846	2865030
0	0	0	0	0	0	0	18784
0	0	0	0	15702	0	19315	0
939985	936071	1226982	957123	5396925	1755486	1069553	3712344

4-3 年主营业务收入2000万元及

项　　目	企　业 单位数 （个）	亏损 企业	工　业 总产值 （当年价）	工　业 销售产值 （当年价）
总计：按经济类型分	1130	162	23886290	22901377
内资企业	997	132	18416534	17874406
国有企业	6	2	59255	59941
中央企业	1	—	7262	9041
地方企业	5	2	51994	50900
集体企业	6	-	63421	63753
有限责任公司	152	31	4681651	4579445
国有独资公司	7	2	1402826	1403652
其他有限责任公司	145	29	3278824	3175793
股份有限公司	19	2	356881	357267
私营企业	814	97	13255327	12814000
私营独资企业	20	1	78379	80221
私营合伙企业	2	—	4337	4101
私营有限责任公司	777	94	13061110	12613566
私营股份有限公司	15	2	111501	116112
港、澳、台商投资企业	31	6	1276223	1199868
合资经营企业(港或澳、台资)	8	2	117890	119666
合作经营企业(港或澳、台资)	1	1	5109	5109
港澳台商独资经营企业	22	3	1153224	1075093
外商投资企业	102	24	4193533	3827103
中外合资经营企业	25	4	1979860	1640907
中外合作经营企业	1	—	4244	4244

上工业企业主要经济指标（一）-1

单位：万元

出口交货值	年初存货	产成品	资产总计	流动资产合计	应收账款	存货	产成品
1168516	2563791	929713	26532148	15260977	3793271	3038223	1190473
589463	1874631	665647	19929322	11468709	2362028	2356561	913609
1090	8232	1064	182661	54458	15118	3720	1411
—	1503	598	13754	7664	913	1411	598
1090	6730	465	168907	46794	14205	2309	812
—	9058	7470	31649	26988	9636	4878	3142
175291	354451	120723	6143878	2601762	895296	422525	162814
—	8906	1906	1264707	140273	17879	12406	4134
175291	345545	118817	4879172	2461489	877417	410118	158680
39843	68587	21627	653887	324682	110548	71415	22664
373239	1434304	514763	12917247	8460819	1331430	1854023	723578
2230	7703	2395	112211	85866	13464	11935	2764
—	281	125	1677	878	266	252	108
363139	1359331	492823	12505827	8143659	1260582	1779591	702002
7870	66989	19421	297532	230415	57118	62245	18703
39394	233895	110879	1535826	836986	265155	270770	143067
5895	13490	5284	181533	35903	6988	13915	2631
—	178	—	1871	977	110	207	—
33499	220228	105594	1352422	800106	258056	256648	140436
539659	455264	153188	5066999	2955282	1166088	410892	133798
259171	190477	48689	1936361	1333477	558814	162003	50330
—	—	—	3779	1263	386	6	—

4-3 年主营业务收入2000万元及

项　　目	非流动资产合计	固定资产原价	累计折旧	本年折旧	负债合计
总计：按经济类型分	11270458	12360466	5641536	822815	17357146
内资企业	8459901	9342177	4182674	632112	14244666
国有企业	128203	112227	52745	18229	71840
中央企业	6090	10154	6507	501	9772
地方企业	122113	102072	46238	17728	62068
集体企业	4661	8470	5329	187	15001
有限责任公司	3542115	4655936	2207997	256831	3925857
国有独资公司	1124434	1997811	1177526	106385	804480
其他有限责任公司	2417681	2658125	1030471	150446	3121377
股份有限公司	329204	195224	81920	10386	296301
私营企业	4455719	4370320	1834683	346479	9935667
私营独资企业	26345	40719	20269	2415	75553
私营合伙企业	798	640	75	7	857
私营有限责任公司	4361458	4250488	1780126	340351	9571556
私营股份有限公司	67117	78473	34213	3707	287700
港、澳、台商投资企业	698840	850784	353339	49911	787828
合资经营企业(港或澳、台资)	145630	160697	40168	8352	108767
合作经营企业(港或澳、台资)	894	2077	1559	109	3231
港澳台商独资经营企业	552316	688011	311612	41450	675830
外商投资企业	2111717	2167505	1105523	140792	2324652
中外合资经营企业	602885	1117784	592064	75138	829732
中外合作经营企业	2516	6235	4023	262	437

以上工业企业主要经济指标（一）-2

单位：万元

流动负债合计	应付账款	非流动负债合计	所有者权益合计	实收资本	国家资本	集体资本	法人资本	个人资本	港澳台资本	外商资本
14254850	4228889	1916764	9174990	5311298	771599	81817	2317920	993038	366302	780562
11447156	2777777	1625202	5684645	3589004	744565	76019	1750264	991407	10	26779
43207	10398	28634	110820	73437	73437	—	—	—	—	—
7594	1967	2178	3982	1483	1483	—	—	—	—	—
35612	8432	26456	106838	71954	71954	—	—	—	—	—
14548	-782	453	16648	7018	—	3400	3618	—	—	—
3005997	1168437	909401	2218021	1522182	648015	8595	726072	115853	-	22847
675658	305288	122862	460227	257401	251624	—	5777	—	—	—
2330339	863149	786539	1757794	1264781	396391	8595	720295	115853	—	22847
290484	52974	5817	357586	209809	8560	3440	145040	51202	—	1567
8092920	1546750	680897	2981571	1776559	14553	60584	875535	824353	10	2365
75340	13232	213	36658	13225	—	—	4153	9012	—	—
857	—	—	819	61	—	—	61	—	—	—
7729535	1492825	680173	2934262	1717970	14553	60084	847861	793998	10	2365
287188	40692	512	9832	45303	—	500	23460	21343	—	—
621308	218299	166520	747997	337114	76	—	81284	500	255254	—
81638	20328	27129	72766	61668	—	—	39957	—	21711	—
3231	819	—	-1360	760	76	—	—	—	684	—
536438	197152	139391	676592	274685	—	—	41327	500	232858	—
2186387	1232814	125043	2742347	1385180	26958	5799	486372	1130	111038	753783
795918	303027	33814	1106630	572683	26958	5799	98946	1130	111038	328812
437	46	—	3342	3180	—	—	180	—	—	3000

4-3 年主营业务收入2000万元及

项目	营业收入	主营业务收入	营业成本	主营业务成本
总计：按经济类型分	24068704	23326617	21346742	20774457
内资企业	18440193	17998130	16943248	16619344
国有企业	61730	59258	61348	60239
中央企业	9075	9036	6797	6794
地方企业	52655	50222	54551	53445
集体企业	56587	56587	53078	53078
有限责任公司	4727563	4578307	4251205	4168069
国有独资公司	1411253	1400374	1398172	1387189
其他有限责任公司	3316309	3177933	2853034	2780880
股份有限公司	362001	357805	276774	273961
私营企业	13232311	12946173	12300843	12063998
私营独资企业	79861	76196	72625	69342
私营合伙企业	2179	2179	1708	1708
私营有限责任公司	13022271	12742136	12124886	11893231
私营股份有限公司	128000	125662	101624	99717
港、澳、台商投资企业	1692913	1642589	1181472	1126600
合资经营企业(港或澳、台资)	123304	122127	97203	96520
合作经营企业(港或澳、台资)	5086	5003	6335	6328
港澳台商独资经营企业	1564524	1515459	1077935	1023753
外商投资企业	3935598	3685897	3222022	3028512
中外合资经营企业	1757495	1588227	1439371	1312900
中外合作经营企业	4246	4244	1431	1431

以上工业企业主要经济指标（一）-3

单位：万元

其他业务收入	其他业务利润	销售费用	管理费用	财务费用	利息收入	利息支出	资产减值损失
742087	73637	666900	922020	296843	-26399	306484	11450
442062	25622	264776	554295	265062	-26751	267386	7290
2472	-10952	1499	9832	-610	-3	17	—
39	36	331	1881	9	-8	17	—
2433	-10988	1168	7952	-619	6	-	—
—	—	1107	1311	-40	3	-	—
149256	18160	84831	183338	55011	4391	57480	5373
10879	75	1365	4775	9342	226	9401	142
138377	18085	83466	178563	45669	4164	48079	5231
4196	681	25175	29403	2005	1584	3890	404
286138	17734	152164	330411	208695	-32725	206000	1514
3665	—	2035	1862	896	-1	760	—
—	50	18	33	11	0	—	—
280135	17167	140870	316795	203143	-33104	200346	2552
2338	516	9242	11721	4645	379	4894	-1039
50324	460	253529	87743	16306	1567	12777	3569
1176	—	3363	8397	3054	-30	2567	9
82	—	—	190	5	0	6	—
49065	460	250166	79156	13246	1597	10204	3560
249701	47555	148594	279982	15476	-1215	26321	591
169268	42950	58200	132173	864	-138	5097	-736
2	2	—	316	-18	—	—	—

4-3 年主营业务收入2000万元及

项　　目	公允价值变动收益	投资收益	其他收益	营业利润
总计：按经济类型分	-462	80136	38806	810875
内资企业	56	39656	36054	402068
国有企业	—	400	—	-6053
中央企业	—	—	—	12
地方企业	—	400	—	-6065
集体企业	—	—	—	1006
有限责任公司	48	2226	22002	147623
国有独资公司	—	315	202	-4581
其他有限责任公司	48	1911	21801	152203
股份有限公司	8	30820	1451	57665
私营企业	0	6209	12601	201827
私营独资企业	—	89	2	2224
私营合伙企业	—	—	—	391
私营有限责任公司	0	6153	12599	198677
私营股份有限公司	—	-33	—	535
港、澳、台商投资企业	-519	12612	1566	140583
合资经营企业(港或澳、台资)	—	—	392	10788
合作经营企业(港或澳、台资)	—	—	—	-1469
港澳台商独资经营企业	-519	12612	1174	131263
外商投资企业	—	27869	1186	268224
中外合资经营企业	—	5781	737	116708
中外合作经营企业	—	—	—	1696

以上工业企业主要经济指标（一）-4

单位：万元

营业外收入	营业外支出	利润总额	亏损企业亏损总额	本年应付职工薪酬	从业人员平均人数（人）
128272	59956	879314	314158	1625156	209245
90182	27406	464968	225532	1114879	148935
5433	2600	-3220	11351	8148	896
212	22	202	—	1327	171
5221	2579	-3423	11351	6820	725
430	0	1436	—	3579	596
18127	6480	159271	37910	466734	43761
7772	3125	67	1967	147289	8842
10356	3355	159204	35944	319445	34919
1516	515	58667	125	47816	5976
64676	17811	248815	176146	588602	97706
157	180	2201	108	6188	1411
7	—	398	—	400	43
62863	17497	244165	168169	567241	93188
1649	134	2050	7869	14774	3064
8009	2170	146421	20172	133970	10980
858	82	11564	921	9585	852
24	10	-1455	1455	304	49
7126	2079	136311	17797	124081	10079
30082	30379	267926	68454	376307	49330
8037	15103	109641	35281	232256	30873
2	5	1692	—	242	45

4-3 年主营业务收入2000万元及

项　　目	企　业 单位数 （个）	亏损 企业	工　业 总产值 （当年价）	工　业 销售产值 （当年价）
外资企业	74	18	2195182	2168302
外商投资股份有限公司	1	1	3742	3742
其他外商投资企业	1	1	10504	9909
在总计中:亏损企业	162	162	6809241	6257410
在总计中:国有控股企业	54	8	3032318	2982153
在总计中:轻工业	348	46	5170192	5083296
重工业	782	116	18716098	17818081
在总计中:大型企业	15	3	4811594	4324697
中型企业	110	24	7713591	7389482
小微型企业	1005	135	11361105	11187198
总计	**1130**	**162**	**23886290**	**22901377**
农副食品加工业	54	13	1508422	1491958
食品制造业	18	1	690563	689605
酒、饮料和精制茶制造业	7	—	251468	246549
纺织业	7	1	31310	35503
纺织服装、服饰业	1	—	436	436
皮革、毛皮、羽毛及其制品和制鞋业	2	1	9395	9395
木材加工和木、竹、藤、棕、草制品业	74	4	604373	603948
家具制造业	70	8	626076	617856
造纸和纸制品业	16	1	121057	121016
印刷和记录媒介复制业	31	4	177982	178041
文教、工美、体育和娱乐用品制造业	17	1	65727	68576

以上工业企业主要经济指标（二）-1

单位：万元

出口交货值	年初存货	产成品	资产总计	流动资产合计			
					应收账款	存货	产成品
275058	260790	103640	3103274	1607540	600599	245702	82698
-	2020	135	10118	3996	716	1664	141
5429	1977	724	13467	9007	5573	1517	629
199737	643768	221158	8165836	4518642	493087	940600	382276
122306	152400	48802	4056108	1229406	476531	206416	75260
329132	518703	205826	5274052	3194100	454020	615841	214035
839385	2045088	723888	21258096	12066877	3339251	2422382	976439
267882	360294	118678	5188637	2269169	646156	366922	145318
396212	870029	340570	8563461	5376796	935534	1100194	430954
504422	1333467	470465	12780050	7615012	2211580	1571107	614202
1168516	**2563791**	**929713**	**26532148**	**15260977**	**3793271**	**3038223**	**1190473**
9839	105700	47419	1607501	1143814	-113790	186315	53097
12370	52535	21400	660469	335564	108338	54119	21556
—	19666	8899	320780	90749	31611	26257	8256
10085	10241	2340	61490	35899	3532	12711	2095
—	6	6	148	77	68	5	5
-	783	-	103744	43760	35083	1222	-
10102	91495	30259	753443	539149	88179	129090	56538
136325	105014	28677	620335	378105	63538	106555	33633
—	15723	3709	140574	112176	23763	15034	3882
152	18583	6238	276243	155510	54144	18860	5901
17055	6940	2063	52024	35938	8538	10253	3945

4-3 年主营业务收入2000万元及

项　　　目	非流动资产合计	固定资产原价	累计折旧	本年折旧	负债合计
外资企业	1495734	1027246	502130	64236	1479774
外商投资股份有限公司	6122	8397	3574	495	7451
其他外商投资企业	4460	7844	3732	660	7258
二、在总计中:亏损企业	3647192	4595188	2645233	352506	6428383
在总计中:国有控股企业	2826701	4103172	2025976	230581	2638143
在总计中:轻工业	2079948	2188856	957300	131374	3575564
重工业	9190511	10171610	4684236	691441	13781581
在总计中:大型企业	2919467	3925879	1883471	219263	2817627
中型企业	3186664	3745555	1673191	215407	6255427
小微型企业	5164327	4689033	2084873	388146	8284092
总计	**11270458**	**12360466**	**5641536**	**822815**	**17357146**
农副食品加工业	463687	295446	150444	14354	1462613
食品制造业	324905	449275	213619	29349	282739
酒、饮料和精制茶制造业	230031	280571	102083	18617	172574
纺织业	25591	33639	17601	1929	41666
纺织服装、服饰业	72	99	32	6	103
皮革、毛皮、羽毛及其制品和制鞋业	59984	38756	4173	1953	105778
木材加工和木、竹、藤、棕、草制品业	214293	213281	67839	9812	581055
家具制造业	242230	235085	64403	14218	469272
造纸和纸制品业	28398	38674	17999	4274	96369
印刷和记录媒介复制业	120733	118163	54156	6530	127521
文教、工美、体育和娱乐用品制造业	16086	17661	6540	1153	27740

以上工业企业主要经济指标（二）-2

单位：万元

流动负债合计	应付账款	非流动负债合计	所有者权益合计	实收资本	国家资本	集体资本	法人资本	个人资本	港澳台资本	外商资本
1375323	926153	91229	1623500	799225	—	—	387246	—	—	411879
7451	25	—	2667	8414	—	—	—	—	—	8414
7258	3563	—	6209	1678	—	—	—	—	—	1678
4653411	1194532	832011	1737451	1582820	343609	59180	373195	298724	166607	340605
1916437	831184	715746	1417964	967096	691837	4095	238640	11021	7020	14483
3303460	723434	184941	1698484	1181858	88897	3064	558359	211002	163589	156846
10951391	3505456	1731823	7476505	4129440	682702	78754	1759561	782036	202713	623716
2564988	793261	252639	2371010	1026138	382290	—	159070	85800	188743	210236
5261438	1358316	993989	2308032	1465601	168058	64759	724794	192839	86180	228972
6428425	2077312	670136	4495948	2819558	221251	17059	1434056	714399	91380	341354
14254850	**4228889**	**1916764**	**9174990**	**5311298**	**771599**	**81817**	**2317920**	**993038**	**366302**	**780562**
1403058	319079	58587	144888	218805	15754	98	143242	17883	1737	40092
279795	103814	2944	377730	149824	—	—	48748	8290	71374	21412
157341	15349	15233	148206	81831	—	—	61212	—	7020	13599
40918	1312	748	19825	16444	8000	—	2085	1410	—	4849
103	—	—	46	50	—	—	50	—	—	—
105778	12932	—	-2034	5971	—	—	5000	—	971	—
544967	103703	36089	172387	86595	3300	510	58431	16016	10	8228
438774	70624	1265	151063	146329	—	—	95090	47656	3583	—
84897	12110	11472	44205	27948	8000	1260	14713	3975	—	—
121259	29613	6632	148721	102717	4080	1163	64854	32410	—	210
27122	10404	618	24284	14053	—	—	5368	7682	78	926

4-3 年主营业务收入2000万元及

项　　目	营业收入	主营业务收入	营业成本	主营业务成本
外资企业	2154850	2079174	1764312	1701935
外商投资股份有限公司	3917	3742	3847	3667
其他外商投资企业	15091	10511	13060	8578
在总计中:亏损企业	6300127	6089425	6142561	5986748
在总计中:国有控股企业	3069548	2971328	2851078	2803805
在总计中:轻工业	5314900	5232341	4531484	4464248
重工业	18753804	18094276	16815257	16310209
在总计中:大型企业	4831615	4678727	4212101	4104251
中型企业	7636020	7359202	6789924	6564172
小微型企业	11601069	11288688	10344717	10106034
总计	**24068704**	**23326617**	**21346742**	**20774457**
农副食品加工业	1322247	1316712	1246414	1241284
食品制造业	1021782	985665	690486	655045
酒、饮料和精制茶制造业	267082	246402	201889	191696
纺织业	37178	34675	30847	29663
纺织服装、服饰业	436	436	350	350
皮革、毛皮、羽毛及其制品和制鞋业	9396	9396	8209	8209
木材加工和木、竹、藤、棕、草制品业	595026	593551	543149	541925
家具制造业	614358	611145	518188	516055
造纸和纸制品业	133324	131316	124415	118224
印刷和记录媒介复制业	171471	170219	143691	143339
文教、工美、体育和娱乐用品制造业	66004	66002	54969	54969

以上工业企业主要经济指标（二）-3

单位：万元

其他业务收入	其他业务利润	销售费用	管理费用	财务费用			资产减值损失
					利息收入	利息支出	
75676	2712	89770	145402	14338	-1080	20915	1327
175	-5	—	793	56	-7	63	—
4581	1896	624	1299	235	9	246	—
210702	38939	68603	224207	162497	-33492	169095	3238
98221	-4656	40234	91095	35166	2572	35065	5231
82559	4960	339252	197211	97266	-35207	115745	3044
659528	68678	327648	724809	199577	8808	190739	8406
152888	40602	250768	173658	23262	5566	22338	275
276817	27538	177017	292226	128657	-35569	147940	2939
312382	5497	239114	456136	144923	3604	136206	8237
742087	**73637**	**666900**	**922020**	**296843**	**-26399**	**306484**	**11450**
5535	511	32830	30454	61205	-34896	81612	484
36118	260	200957	40974	438	1244	999	240
20680	442	3698	9964	4717	37	3134	16
2504	1255	1352	3607	710	9	807	2
—	—	—	79	0.1	—	—	—
—	—	103	3601	1	1	—	—
1475	88	9644	8130	9489	60	8825	102
3213	24	28411	29123	9044	21	8133	212
2007	916	2299	3199	4182	42	4042	-209
1252	258	5009	12895	2743	-15	2425	-1
2	19	3882	4434	438	3	388	125

4-3 年主营业务收入2000万元及

项　　目	公允价值变动收益	投资收益	其他收益	营业利润
外资企业	—	22080	450	150768
外商投资股份有限公司	—	—	—	-793
其他外商投资企业	—	7	—	-155
在总计中:亏损企业	—	6997	5039	-314138
在总计中:国有控股企业	48	2343	19751	57319
在总计中:轻工业	22	44500	1847	141225
重工业	-484	35637	36959	669650
在总计中:大型企业	-519	47539	3383	192124
中型企业	8	9078	25814	218258
小微型企业	48	23520	9609	400493
总计	**-462**	**80136**	**38806**	**810875**
农副食品加工业	—	30764	461	-20870
食品制造业	22	7384	349	88542
酒、饮料和精制茶制造业	—	—	276	20438
纺织业	—	78	125	605
纺织服装、服饰业	—	—	—	2
皮革、毛皮、羽毛及其制品和制鞋业	—	—	—	-3059
木材加工和木、竹、藤、棕、草制品业	—	—	2290	23310
家具制造业	—	-193	76	24759
造纸和纸制品业	—	—	—	-914
印刷和记录媒介复制业	—	1971	48	7905
文教、工美、体育和娱乐用品制造业	—	—	58	1812

以上工业企业主要经济指标（二）-4

单位：万元

营业外收入	营业外支出	利润总额	亏损企业亏损总额	本年应付职工薪酬	从业人员平均人数（人）
21986	14952	157801	31965	142104	18264
3	2	-791	791	806	75
54	317	-417	417	899	73
29276	29297	-314158	314158	543001	58055
18049	7214	68155	18829	318596	26488
48318	7467	182075	108565	349945	48952
79955	52488	697240	205593	1275210	160293
16380	16914	191590	32723	553646	63372
27369	9046	236581	145102	438031	58702
84524	33995	451144	136333	633479	87171
128272	**59956**	**879314**	**314158**	**1625156**	**209245**
18184	1465	-4151	70870	45786	7219
5050	966	92627	1490	94168	8381
12045	408	32076	—	14310	1707
36	389	253	2075	4468	460
—	—	2	—	326	68
9	104	-3154	3246	5673	590
3261	443	26250	1342	33386	7277
2693	431	27021	6849	67384	12207
664	408	-659	3051	5617	1225
887	786	8007	2087	22816	3104
525	222	2115	64	7685	1586

4-3 年主营业务收入2000万元及

项　　目	企　业 单位数 （个）	亏损 企业	工　业 总产值 （当年价）	工　业 销售产值 （当年价）
石油、煤炭及其他燃料加工业	1	—	23612	23612
化学原料和化学制品制造业	70	11	1116300	1092697
医药制造业	9	—	65454	57907
橡胶和塑料制品业	65	11	673571	624452
非金属矿物制品业	133	11	1562566	1482472
黑色金属冶炼和压延加工业	74	22	5361905	5179188
有色金属冶炼和压延加工业	35	4	524083	451708
金属制品业	71	5	1300365	1285840
通用设备制造业	54	9	603270	600553
专用设备制造业	52	11	790784	759135
汽车制造业	101	21	1927552	1880809
铁路、船舶、航空航天和其他运输设备制造业	13	—	180550	168166
电气机械和器材制造业	60	7	580913	562735
计算机、通信和其他电子设备制造业	29	6	1653410	1263370
仪器仪表制造业	16	2	460413	432652
其他制造业	6	1	53756	53756
废弃资源综合利用业	4	—	55317	55598
电力、热力生产和供应业	16	4	1933701	1932843
燃气生产和供应业	19	1	892254	891294
水的生产和供应业	5	2	39707	39707

以上工业企业主要经济指标（三）-1

单位：万元

出口交货值	年初存货	产成品	资产总计	流动资产合计	应收账款	存货	产成品
—	6223	6223	57228	44406	2057	5651	5651
41783	137436	59916	1919996	1358556	304346	128410	53822
—	13332	5286	289314	217027	16002	17663	10168
22777	97493	44486	682902	397758	145366	82023	39245
64896	187676	86027	1966999	1080023	385305	208819	102329
17665	425791	173899	3752987	2515797	61392	695614	305774
18786	34073	12165	238759	171923	35500	44771	16928
81636	99563	49283	841739	493626	100189	136663	56918
64630	177760	32843	913909	702907	246112	178852	45581
83851	303607	111442	1323493	910804	315574	332330	152302
115030	265873	81510	1994366	1301989	489691	279563	96099
31271	13904	7022	264832	181533	101693	17705	9200
71117	69510	18487	587064	395675	179407	63594	21104
334416	116208	31450	1872021	1120548	598450	134673	47191
637	66620	19478	435788	276086	78552	75685	11628
24094	8263	3745	35508	26429	7902	8255	3787
—	4458	698	74591	59747	30182	7513	2965
—	21763	—	2674567	415146	98485	17393	5470
—	86283	33863	1740324	614743	289395	40982	14326
—	1271	883	269009	105514	4670	1646	1079

4-3 年主营业务收入2000万元及

项　　目	固定资产合计	固定资产原价	累计折旧	本年折旧	负债合计
石油、煤炭及其他燃料加工业	12822	4951	213	133	44882
化学原料和化学制品制造业	561440	475874	186218	21564	1276565
医药制造业	72286	74072	39932	4787	96065
橡胶和塑料制品业	285143	287817	113102	16905	434923
非金属矿物制品业	886976	991079	350116	63700	1300037
黑色金属冶炼和压延加工业	1237190	1307431	780570	157437	3111562
有色金属冶炼和压延加工业	66835	83713	34300	6675	154910
金属制品业	348113	416495	192726	26605	478804
通用设备制造业	211002	230264	109357	14593	605609
专用设备制造业	412689	343094	126887	18110	713554
汽车制造业	692376	905465	454763	73224	1111723
铁路、船舶、航空航天和其他运输设备制造业	83299	77419	23306	4332	147029
电气机械和器材制造业	190686	181439	75626	11557	170203
计算机、通信和其他电子设备制造业	751473	1002195	462292	68625	927515
仪器仪表制造业	159702	168865	46258	11808	232597
其他制造业	9078	14529	6987	592	22656
废弃资源综合利用业	14844	12943	2616	813	32031
电力、热力生产和供应业	2259421	3574582	1807549	183243	1784228
燃气生产和供应业	1125581	374727	88108	21013	1148308
水的生产和供应业	163495	112866	41722	14907	196517

以上工业企业主要经济指标（三）-2

单位：万元

流动负债合计	应付账款	非流动负债合计	所有者权益合计	实收资本	国家资本	集体资本	法人资本	个人资本	港澳台资本	外商资本
44882	2598	—	12347	15000	—	—	—	15000	—	—
1080157	216000	191910	643430	277056	15558	—	131920	61438	23012	44329
88894	7270	3908	193249	43094	—	—	12000	21194	—	9900
360458	91179	67761	247979	222115	50826	—	46386	59166	46089	19648
896114	293035	369273	666960	525968	38090	56520	226214	142906	42068	20110
2042175	156239	32803	641424	263293	—	100	77621	185572	—	—
153039	17013	772	83848	44242	—	—	15533	26569	—	2140
371310	58786	60128	362934	258932	5310	1203	101721	90859	4978	54861
597357	179922	5748	308299	165566	10460	800	68683	49383	1280	34960
679314	225797	28280	609939	305785	32362	650	152126	35930	43936	40781
1057149	415457	51382	882642	409016	22421	5799	112376	55595	4264	208562
145767	58952	1261	117803	39917	—	—	11176	19689	—	9052
154292	70566	6032	416861	179657	4200	2680	132697	34352	—	6728
879517	460120	47998	944506	622172	146443	—	131236	8760	114419	221314
218588	94954	14009	203191	62980	—	3500	31353	11463	801	15863
21559	4504	1097	12852	16342	—	—	6762	9580	—	—
25585	8449	6446	42560	22304	7503	—	7780	7021	—	—
1123542	449982	660686	890339	547316	363847	4095	177074	2300	—	—
1041015	726695	107292	592016	406829	13164	3440	376291	13249	684	-
70128	12431	126389	72491	33149	22279	—	180	7689	—	3000

4-3 年主营业务收入2000万元及

项目	营业收入	主营业务收入	营业成本	主营业务成本
石油、煤炭及其他燃料加工业	25254	25254	23287	23287
化学原料和化学制品制造业	1398035	1341072	1120284	1068884
医药制造业	63221	62807	37192	36821
橡胶和塑料制品业	675983	669522	586768	583584
非金属矿物制品业	1548999	1522747	1376292	1345856
黑色金属冶炼和压延加工业	5313123	5186410	5227471	5122512
有色金属冶炼和压延加工业	548136	544624	515479	511111
金属制品业	1340234	1268838	1267448	1203784
通用设备制造业	694895	612025	584910	506864
专用设备制造业	825143	817672	665363	661243
汽车制造业	1971711	1911488	1617429	1566829
铁路、船舶、航空航天和其他运输设备制造业	173825	173379	138453	138355
电气机械和器材制造业	569381	533265	494777	469731
计算机、通信和其他电子设备制造业	1280174	1198773	1115182	1077451
仪器仪表制造业	431831	412345	314615	299576
其他制造业	52495	52028	47772	47685
废弃资源综合利用业	55434	55384	32521	32482
电力、热力生产和供应业	1948885	1929783	1871985	1858577
燃气生产和供应业	868454	799752	716495	689335
水的生产和供应业	45187	43931	30416	29730

以上工业企业主要经济指标（三）-3

单位：万元

其他业务收入	其他业务利润	销售费用	管理费用	财务费用	利息收入	利息支出	资产减值损失
—	—	2	453	413	—	413	—
56963	671	73181	79289	13161	3248	13425	790
414	41	12488	10014	-1883	-2030	154	—
6461	688	31263	30929	13842	363	11606	1158
26252	5645	39331	72419	34521	-525	24657	1399
126713	7487	4386	38913	42722	1279	36695	—
3513	363	4245	8942	4319	-199	3826	—
71396	4367	15368	28945	9013	1114	9540	3
82871	4194	34641	43849	7129	-2103	9353	2000
7470	1313	46267	69524	7464	1216	6941	788
60223	10574	55373	133205	12063	-2281	14306	869
446	279	4972	12361	3711	241	4184	-12
36116	1395	6736	26548	2131	100	4313	1033
81401	40441	21008	121866	5740	2675	4032	10
19486	8	13216	29249	2561	201	3061	247
468	381	946	1406	241	2	152	-34
50	—	1362	5807	958	62	699	33
19102	-10437	1958	33459	32591	510	32805	168
68702	2002	9654	22463	12276	2399	15587	1830
1256	454	2318	5920	907	828	374	198

4-3 年主营业务收入2000万元及

项　　目	公允价值变动收益	投资收益	其他收益	营业利润
石油、煤炭及其他燃料加工业	—	—	—	1039
化学原料和化学制品制造业	-545	3759	1058	106984
医药制造业	—	4327	217	9225
橡胶和塑料制品业	—	59	48	7938
非金属矿物制品业	—	2051	6883	24945
黑色金属冶炼和压延加工业	—	1542	771	-2711
有色金属冶炼和压延加工业	—	—	—	13517
金属制品业	0	212	237	16923
通用设备制造业	—	1372	639	19888
专用设备制造业	53	617	1199	34965
汽车制造业	—	2718	1017	146060
铁路、船舶、航空航天和其他运输设备制造业	—	—	316	13786
电气机械和器材制造业	—	996	708	36884
计算机、通信和其他电子设备制造业	—	3473	4126	10651
仪器仪表制造业	—	—	—	68573
其他制造业	—	—	12	1846
废弃资源综合利用业	—	38	—	14261
电力、热力生产和供应业	—	715	13420	14508
燃气生产和供应业	8	16896	3389	123712
水的生产和供应业	—	1355	1086	5352

以上工业企业主要经济指标（三）-4

单位：万元

营业外收入	营业外支出	利润总额	亏损企业亏损总额	本年应付职工薪酬	从业人员平均人数（人）
—	0.3	1039	—	202	60
4803	5354	106432	13525	70084	7113
531	215	9540	—	7281	925
6691	2828	11800	15715	38694	6843
4869	1956	27859	45351	85927	13978
3220	2078	-1568	33893	160629	19572
475	204	13788	1233	20077	3653
1681	914	17690	4726	68170	7823
5787	4593	21083	18806	65137	7236
5339	2218	38086	14257	77438	8924
5299	7356	144002	25874	137704	20535
979	154	14612	—	17892	2897
1545	3312	35117	2097	42650	5873
6551	13273	3929	30470	270433	39673
6211	1937	72847	384	34386	4090
59	17	1888	8	3610	769
448	62	14647	-	3152	511
22987	5861	31634	13716	191803	11405
7386	1796	129303	1455	20184	2827
57	208	5200	1575	8086	714

4-4 分县（市、区）年主营业务收入2000万元

项　　　　目	总　计	安次区	广阳区	三河市
企业单位数（个）	1130	56	36	125
亏损企业	162	11	9	24
工业总产值（当年价）	23886290	2689826	1891915	3256279
工业销售产值（当年价）	22901377	2236534	1877733	3185660
出口交货值	1168516	181189	4816	101784
年初存货	2563791	157462	59842	344082
产成品	929713	49585	14865	128087
资产总计	26532148	2795075	2270082	4331060
流动资产合计	15260977	1405333	484295	2670123
应收账款	3793271	455467	119979	354333
存货	3038223	251772	65925	450017
固定资产原价	12360466	1607493	2579956	2101593
累计折旧	5641536	685886	1277276	1103793
负债合计	17357146	1743108	1532438	2942616
流动负债合计	14254850	757160	1055771	2635048
应付账款	4228889	257206	426613	664203
所有者权益合计	9174990	1051967	737644	1388442
实收资本	5311298	711514	396047	743594
国家资本	771599	16457	339874	54507
集体资本	81817	66414	260	98
法人资本	2317920	198135	10600	478295
个人资本	993038	38146	19969	119135
港澳台资本	366302	156584	—	5966

及以上工业企业主要经济指标（一）

单位：万元

大厂县	香河县	固安县	永清县	霸州市	文安县	大城县	开发区
68	133	88	77	185	151	90	121
14	22	7	9	35	3	5	23
939985	936071	1226982	957123	5412627	1755486	1088868	3731128
927908	871663	1182930	965651	5319328	1654396	1014554	3665019
33100	38401	126270	34419	218334	19837	27229	383137
154888	113797	237919	92654	482248	226517	67575	626807
70237	59762	45616	38497	154860	104183	29233	234787
981432	1125814	1873655	871270	3839950	2457693	707467	5278649
562858	655174	1153369	520411	2734657	1515128	455099	3104531
121663	210119	520876	178163	245115	273402	190237	1123918
187738	109981	270497	97462	624945	248663	72697	658525
481062	435397	617902	388098	1123278	910069	280997	1834623
195477	167478	168710	122620	770178	182096	79012	889008
683683	677477	1282348	537051	3168748	1679107	321078	2789491
668006	633213	1146411	468692	2396110	1616111	278514	2599813
175698	136127	513558	134794	283987	226081	92738	1317883
297748	448335	591307	334218	671201	778585	386388	2489156
273723	332636	376658	192743	563445	234412	166775	1319751
30930	—	137571	10529	8914	790	8539	163488
150	663	1300	—	4210	2535	2380	3808
141080	179356	131673	109061	256775	153681	75331	583933
56521	111305	93432	43910	278612	78306	79095	74608
—	10603	10530	28443	10	—	—	154165

4-4 分县（市、区）年主营业务收入2000 万元

项　　目	总　计	安次区	广阳区	三河市
外商资本	780562	235778	25343	85535
主营业务收入	23326617	2189127	1875292	3072296
主营业务成本	20774457	2075541	1798723	2661630
其他业务收入	742087	81274	14293	98974
其他业务利润	73637	41806	481	12464
销售费用	666900	28026	16182	86956
管理费用	922020	140706	33077	151199
财务费用	296843	39779	22016	82956
利息支出	306484	30227	21141	109601
投资收益	80136	3196	1977	37061
营业利润	810875	-60106	6478	130832
营业外收入	128272	16948	13206	10432
营业外支出	59956	14838	4879	11765
利润总额	879314	-57995	14805	129499
亏损企业亏损总额	314158	94474	8594	90594
本年应付职工薪酬	1625156	239527	189900	195848
从业人员平均人数（人）	209245	31564	13269	24747

及以上工业企业主要经济指标（二）

单位：万元

大厂县	香河县	固安县	永清县	霸州市	文安县	大城县	开发区
45042	30708	2152	—	14924	—	1430	339650
990810	827854	1243308	964837	5277481	1780013	1025555	4080043
880375	700289	1059965	845419	5085108	1643903	966971	3056535
17364	22745	21974	63878	156457	11566	42726	210836
2524	1036	3972	2909	11553	364	246	-3716
23562	21505	27443	25059	48571	7500	8888	373208
49517	38437	61401	39388	66118	27451	27830	286897
8814	15228	15915	8806	55167	20827	4982	22352
7948	14265	15687	6021	45165	19608	3287	33534
1882	2228	-68	272	1454	1345	55	30735
32005	45665	83021	44866	43040	83439	51310	350324
6785	13846	22822	1529	7970	4378	4586	25771
1583	1189	4253	4010	3502	1946	2098	9892
37206	58323	101590	42386	47507	85993	53798	366203
14052	9993	6087	5946	36201	731	1155	46331
61201	85797	125421	46991	223248	71798	38799	346626
8888	12842	18161	7104	31685	16454	7657	36874

4-5 分县（市、区）年主营业务收入2000万元

项　　目	总　计	安次区	广阳区	三河市
企业单位数（个）	54	5	9	12
亏损企业	8	1	2	1
工业总产值（当年价格）	3032318	74091	1559901	385841
工业销售产值（当年价格）	2982153	80114	1558903	382787
出口交货值	122306	1090	—	5403
年初存货	152400	27837	13702	31066
产成品	48802	1884	2719	16542
资产总计	4056108	180689	1945891	674568
流动资产合计	1229406	89320	253111	169222
应收账款	476531	34039	27077	48106
存货	206416	21603	13269	38674
固定资产原价	4103172	90923	2474277	1030495
累计折旧	2025976	24423	1230419	581032
负债合计	2638143	108735	1311043	401020
流动负债合计	1916437	87939	838872	237087
应付账款	831184	35705	341818	79756
所有者权益合计	1417964	71953	634847	273548
实收资本	967096	58814	340611	201366
国家资本	691837	10156	330074	41681
集体资本	4095	4095	—	—
法人资本	238640	44562	—	156660
个人资本	11021	—	440	3025
港澳台资本	7020	—	—	—

及以上国有控股工业企业主要经济指标（一）

单位：万元

大厂县	香河县	固安县	永清县	霸州市	文安县	大城县	开发区
5	1	5	2	3	—	1	10
1	—	1	1	—	—	—	2
32825	31556	74091	56031	147187	—	40583	195968
39150	30545	80114	57354	147166	—	40583	180566
—	—	1090	1577	—	—	—	19093
6606	2053	27837	2594	664	—	1375	34600
2566	97	1884	2212	84	—	—	12966
50876	49565	180689	22973	70368	—	29853	347915
30952	5802	89320	12683	39262	—	19907	200789
10359	2045	34039	369	14544	—	—	72050
5911	3581	21603	2252	885	—	1917	46864
30331	29327	90923	15522	36476	—	14798	190884
10826	1434	24423	7879	14660	—	5268	101747
17540	40066	108735	25294	51321	—	16491	139898
17254	31823	87939	21301	43229	—	13941	125038
12249	3456	35705	2709	19315	—	—	27090
33336	9500	71953	-2321	19047	—	13363	208017
33777	7800	58814	4077	10118	—	8539	156638
6000	—	10156	3026	3194	—	8539	151596
—	—	4095	—	—	—	—	—
27777	780	44562	—	1500	—	—	200
—	—	—	1051	5424	—	—	457
—	7020	—	—	—	—	—	—

4-5 分县（市、区）年主营业务收入2000 万元

项　　目	总　计	安次区	广阳区	三河市
外商资本	14483	—	10097	—
主营业务收入	2971328	76090	1558114	401916
主营业务成本	2803805	62938	1516085	346512
其他业务收入	98221	4152	13152	6567
其他业务利润	-4656	1383	457	279
销售费用	40234	2737	3505	4297
管理费用	91095	6771	13404	24521
财务费用	35166	276	19795	7106
利息支出	35065	902	19152	7348
投资收益	2343	—	1943	127
营业利润	57319	3659	7296	32697
营业外收入	18049	317	8970	1385
利润总额	68155	3712	11999	33553
亏损企业亏损总额	18829	174	1880	1400
本年应付职工薪酬	318596	7096	163465	39137
从业人员平均人数（人）	26488	973	9632	2331

以上国有工业控股企业主要经济指标（二）

单位：万元

大厂县	香河县	固安县	永清县	霸州市	文安县	大城县	开发区
—	—	—	—	—	—	—	4386
39150	30546	76090	57354	135935	—	—	216945
33328	25196	62938	53577	120600	—	38072	182232
1338	61	4152	602	11986	—	40583	6932
195	—	1383	—	1	—	—	-10662
1766	1240	2737	391	1746	—	—	16151
3258	1377	6771	3166	2025	—	1987	18739
-18	718	276	-38	183	—	231	3546
-6	718	902	7	249	—	—	3501
—	—	—	—	—	—	—	384
746	1873	3659	-2	7572	—	444	-2022
189	671	317	17	28	—	1	5437
870	2545	3712	-22	7598	—	401	1826
194	—	174	3830	—	—	—	11351
3751	1605	7096	3401	1445	—	635	25355
413	137	973	340	342	—	120	2523

4-6 分县（市、区）年主营业务收入2000 万元

项　　　目	总　计	安次区	广阳区	三河市
企业单位数（个）	6	1	1	—
亏损企业	—	—	—	—
工业总产值（当年价格）	63421	6790	21614	—
工业销售产值（当年价格）	63753	7155	21614	—
出口交货值	—	—	—	—
年初存货	9058	557	1314	—
产成品	7470	283	1314	—
资产总计	31649	6581	6540	—
流动资产合计	26988	3732	6350	—
应收账款	9636	2174	2247	—
存货	4878	481	781	—
固定资产原价	8470	2365	213	—
累计折旧	5329	1032	23	—
负债合计	15001	3057	5580	—
流动负债合计	14548	3057	5580	—
应付账款	-782	798	-1763	—
所有者权益合计	16648	3524	961	—
实收资本	7018	1000	260	—
国家资本	—	—	—	—
集体资本	3400	1000	260	—
法人资本	3618	—	—	—
个人资本	—	—	—	—
港澳台资本	—	—	—	—

以上集体工业企业主要经济指标（一）

单位：万元

大厂县	香河县	固安县	永清县	霸州市	文安县	大城县	开发区
—	—	—	—	2	—	2	—
—	—	—	—	-	—	—	—
—	—	—	—	15702	—	19315	—
—	—	—	—	15702	—	19283	—
—	—	—	—	-	—	-	—
—	—	—	—	1521	—	5666	—
—	—	—	—	757	—	5115	—
—	—	—	—	4973	—	13555	—
—	—	—	—	4581	—	12325	—
—	—	—	—	1294	—	3922	—
—	—	—	—	2649	—	968	—
—	—	—	—	1529	—	4363	—
—	—	—	—	1136	—	3137	—
—	—	—	—	3695	—	2669	—
—	—	—	—	3460	—	2451	—
—	—	—	—	1200	—	-1018	—
—	—	—	—	1278	—	10885	—
—	—	—	—	760	—	4998	—
—	—	—	—	—	—	—	—
—	—	—	—	760	—	1380	—
—	—	—	—	—	—	3618	—
—	—	—	—	—	—	—	—
—	—	—	—	—	—	—	—

4-6 分县（市、区）年主营业务收入2000万元

项　　目	总　计	安次区	广阳区	三河市
外商资本	—	—	—	—
主营业务收入	56587	7155	15710	—
主营业务成本	53078	5826	15483	—
其他业务收入	—	—	—	—
其他业务利润	—	—	—	—
销售费用	1107	939	110	—
管理费用	1311	714	108	—
财务费用	-40	-11	-32	—
利息支出	—	—	—	—
投资收益	—	—	—	—
营业利润	1006	-359	36	—
营业外收入	430	370	60	—
利润总额	1436	11	96	—
亏损企业亏损总额	—	—	—	—
本年应付职工薪酬	3579	824	99	—
从业人员平均人数(人)	596	182	35	—

及以上集体工业企业主要经济指标（二）

单位：万元

大厂县	香河县	固安县	永清县	霸州市	文安县	大城县	开发区
—	—	—	—	—	—	—	—
—	—	—	—	15341	—	18382	—
—	—	—	—	14728	—	17041	—
—	—	—	—	—	—	—	—
—	—	—	—	—	—	—	—
—	—	—	—	5	—	53	—
—	—	—	—	289	—	201	—
—	—	—	—	0.3	—	2	—
—	—	—	—	—	—	—	—
—	—	—	—	—	—	—	—
—	—	—	—	275	—	1054	—
—	—	—	—	0.2	—	—	—
—	—	—	—	276	—	1054	—
—	—	—	—	—	—	—	—
—	—	—	—	2120	—	537	—
—	—	—	—	185	—	194	—

4-7 年主营业务收入2000万元及以上

项目	计量单位	年初库存
能源合计	吨标准煤	—
1．原煤	吨	263771
2．洗精煤（用于炼焦）	吨	—
3．其它洗煤	吨	—
4．煤制品	吨	207126
5．焦炭	吨	29156
6．其它焦化产品	吨	—
7．焦炉煤气	万立方米	—
8．高炉煤气	万立方米	—
9．转炉煤气	万立方米	—
10．发生炉煤气	万立方米	0
11．天然气	万立方米	1174
12．液化天然气	吨	19
13．煤层气	万立方米	—
14．原油	吨	—
15．汽油	吨	1
16．煤油	吨	—
17．柴油	吨	2428
18．燃料油	吨	—
19．液化石油气	吨	—
20．炼厂干气	吨	—
21．石脑油	吨	—
22．润滑油	吨	6
23．石蜡	吨	18
24．溶剂油	吨	—
25．石油焦	吨	—
26．石油沥青	吨	2152
27．其它石油制品	吨	—
28．热力	百万千焦	—
29．电力	万千瓦时	—
30．煤矸石（用于燃料）	吨	—
31．城市生活垃圾（用于燃料）	吨	17238
32．生物燃料	吨标准煤	15181
33．余热余压	百万千焦	—
34．工业废料（用于燃料）	吨	—
35．其他燃料	吨标准煤	162

工业企业能源购进消费与库存

购进量	其中：购自省外	消费量合计	工业生产消费	非工业生产消费	年末库存
—	—	8785593	8720009	65584	—
5863948	5734398	5928734	5928726	8	188192
—	—	—	—	—	—
—	—	—	—	—	—
259085	258918	335999	335999	—	130212
1310262	1304689	1301786	1301786	—	37633
—	—	—	—	—	—
—	—	—	—	—	—
53250	0	345844	345844	—	—
—	—	23518	23518	—	—
—	—	—	—	—	—
90142	0	90645	89111	1534	671
11067	51	11014	10910	104	72
—	—	—	—	—	—
—	—	—	—	—	—
9279	220	9279	2723	6556	2
20	—	20	20	—	—
16564	2963	16329	12302	4027	2664
430	—	430	430	—	—
309	8	309	287	23	—
—	—	—	—	—	—
—	—	—	—	—	—
66	28	72	72	—	—
—	—	—	—	—	18
—	—	—	—	—	—
—	—	—	—	—	—
—	—	2152	2152	—	—
—	—	—	—	—	—
1495031	—	1494961	913309	581652	—
717014	—	969627	961334	8292	—
—	—	—	—	—	—
356620	—	371509	371509	—	13760
130897	8123	132739	132739	—	13334
—	—	654579	654579	—	—
—	—	—	—	—	—
2794	—	2841	2841	—	116

4-8 规模以上工业企业分行业能源消耗情况（一）

单位：吨标准煤

项　　　目	企业个数	综合能源消费量
合　　　计	1183	5981356
轻工业	337	344463
重工业	637	5422743
采矿业	—	—
煤炭开采和洗选业	—	—
石油和天然气开采业	—	—
黑色金属矿采选业	—	—
有色金属矿采选业	—	—
非金属矿采选业	—	—
开采辅助活动	—	—
其他采矿业	—	—
制造业	1145	3712554
农副食品加工业	50	75699
食品制造业	19	37226
酒、饮料和精制茶制造业	9	14754
烟草制品业	—	—
纺织业	8	6569
纺织服装、服饰业	4	122
皮革、毛皮、羽毛及其制品和制鞋业	3	843
木材加工和木、竹、藤、棕、草制品业	69	88950
家具制造业	76	19029
造纸和纸制品业	17	21196
印刷和记录媒介复制业	48	13276

4-8 规模以上工业企业分行业能源消耗情况（二）

单位：吨标准煤

项　　目	企业个数	综合能源消费量
文教、工美、体育和娱乐用品制造业	20	4301
石油加工、炼焦和核燃料加工业	3	758
化学原料和化学制品制造业	82	286305
医药制造业	9	3680
化学纤维制造业	—	—
橡胶和塑料制品业	70	46059
非金属矿物制品业	113	556921
黑色金属冶炼和压延加工业	72	2154129
有色金属冶炼和压延加工业	33	26684
金属制品业	88	160784
通用设备制造业	66	15458
专用设备制造业	52	10871
汽车制造业	108	67175
铁路、船舶、航空航天和其他运输设备制造业	14	7673
电气机械和器材制造业	61	18966
计算机、通信和其他电子设备制造业	26	69299
仪器仪表制造业	11	965
其他制造业	8	1440
废弃资源综合利用业	6	3421
金属制品、机械和设备修理业	—	—
电力、燃气及水的生产和供应业	38	2268802
电力、热力生产和供应业	14	2259313
燃气生产和供应业	19	3137
水的生产和供应业	5	6351

4-9 有关行业能源消费量

单位：吨

项　　目	合　计	农林牧渔水利业	建筑业	批发零售贸易餐饮业	运输邮电业	其他行业
煤炭	27	—	—	14	—	13
焦炭	—	—	—	—	—	—
焦炉煤气（万立方米）	997	1	12	306	—	678
天然气（万立方米）	26703	785	706	10164	1259	13790
液化天然气	11382	16	4038	146	7122	60
原油	32	—	—	—	—	32
汽油	93010	4344	5049	7446	26601	49570
煤油	86	11	35	7	—	34
柴油	108461	20502	57521	4149	44124	12164
燃料油	117	2	—	4	—	111
液化石油气	842	5	380	186	2	269
外购热力（百万千焦）	553602	766	100948	217310	7500	227078
电力（万千瓦时）	342594	18450	34198	34925	19786	235235

五、投资、建筑业

责任编辑：王　雷

5-1 全社会固定资产投资完成情况

单位：万元、%

项　　目	2018 年	2018 年比上年±%
一、投资完成额	—	6.8
#住宅占全市投资比重	27.0	-20.0
按城乡分		
1. 城镇投资占全市投资比重	80.0	7.9
建设项目投资占城镇投资比重	56.8	45.0
房地产投资占城镇投资比重	43.2	-19.3
2. 农村投资占全市投资比重	20.0	2.4
农村非农户投资占农村投资比重	90.8	2.4
农村个人投资占农村投资比重	9.2	1.7
二、本年资金来源	34167236	-33.0
1. 国家预算内资金	1150871	270.5
2. 国内贷款	8383169	-14.5
3. 利用外资	78222	569.2
4. 自筹资金	18598083	-38.3
5. 其他资金	1070186	-90.1
三、房屋面积（平方米）		
施工面积	45953120	-4.8
#住宅	32120241	-5.8
竣工面积	6789404	17.7
#住宅	3751383	-2.1

注：根据国家统计局要求，自 2018 年度起，固定资产投资数据只公布增速，不公布绝对值。

5-2 固定资产投资比重情况（不包括房地产）（一）

单位：%

项　　目	合计	国有企业	1、城镇	2、农村非农户
一、本年完成投资	100.0	23.2	71.4	28.6
#住宅	0.6	0.0	0.8	0.2
按登记注册类型分组				
内资企业	97.0	100.0	96.8	97.5
国有企业	23.9	100.0	31.3	5.5
集体企业	0.0	—	0.0	0.0
股份合作企业	0.1	—	0.1	0.0
联营企业	—	—	—	—
有限责任公司	18.4	—	22.4	8.4
股份有限公司	1.6	—	2.1	0.3
私营企业	52.3	—	40.8	80.8
其他企业	3.7	—	3.2	5.0
港澳台商投资企业	1.1	—	1.1	1.2
外商投资企业	1.3	—	1.9	0.0
个体经营	0.6	—	0.3	1.2
按隶属关系分组				
中央	9.1	32.7	12.7	0.1
地方	90.9	67.3	87.3	99.9
按建设性质分组				
新建	58.4	85.8	67.0	36.9
扩建	12.0	2.2	9.6	17.8
改建和技术改造	26.6	8.3	20.0	43.3
其他	3.0	3.6	3.4	2.0

5-2 固定资产投资比重情况（不包括房地产）（二）

单位：%

项　　目	合 计	国 有 企 业	1、城镇	2、农村非农户
按国民经济行业分组	100.0	23.2	71.4	28.6
农林牧渔业	2.4	1.9	1.0	6.1
采掘业	—	—	—	—
制造业	46.2	0.7	38.3	66.1
电力、燃气及水的生产和供应业	6.9	3.7	7.4	5.6
建筑业	0.2	—	0.1	0.3
交通运输、仓储和邮政业	13.2	40.2	17.6	2.2
信息传输、计算机服务和软件业	2.5	—	3.4	0.3
批发和零售业	1.1	—	1.4	0.4
住宿和餐饮业	0.4	—	0.0	1.3
金融业	0.1	—	0.1	—
房地产业	0.1	0.2	0.2	0.0
租赁和商务服务业	6.5	5.9	7.2	4.8
科学研究、技术服务和地质勘查业	2.6	0.0	2.8	2.2
水利、环境和公共设施管理业	11.0	36.4	13.8	4.1
居民服务和其他服务业	0.0	0.1	0.0	—
教育	0.0	0.0	0.0	—
卫生、社会保障和社会福利业	3.4	4.4	4.5	0.9
文化、体育和娱乐业	1.0	—	0.1	3.2
公共管理和社会组织	2.2	6.6	2.2	2.4
按构成分组				
建筑安装工程	70.6	81.1	77.9	52.3
设备工器具购置	21.9	5.7	14.7	39.9
其他费用	7.5	13.1	7.4	7.8

5-2 固定资产投资完成情况（不包括房地产）（三）

单位：万元

项　　　　目	合 计	国 有 企 业	1、城镇	2、农村非农户
二、本年新增固定资产	—	—	—	—
三、房屋建筑面积（平方米）				
本年施工面积	4999530	383185	3878751	1120779
#住宅	169198	66162	91800	77398
本年竣工面积	2244340	273845	1694446	549894
#住宅	145621	61274	73984	71637
本年竣工房屋价值	419654	80197	323263	96391
#住宅	42176	17770	23025	19151
四、项目个数				
施工项目个数	1133	300	763	370
本年新开工	73	5	55	18
本年投产项目个数	620	196	374	246
五、本年累计资金来源合计	10258882	2416066	7571071	2687811
上年末结余资金	230742	68989	212230	18512
本年资金来源小计	10028140	2347077	7358841	2669299
国家预算内资金	1150871	1137271	1125071	25800
国内贷款	595310	445700	588010	7300
利用外资	78222	—	58112	20110
自筹资金	7899002	589633	5308827	2590175
其他资金来源	297945	300	763	370

5-3 按登记注册类型分固定资产

项目	合计	内资企业	国有企业	集体企业
本年完成投资	100.0	97.0	23.2	0.0
按国民经济行业分组				
农林牧渔业	2.4	2.5	1.9	—
采掘业	—	—	—	—
制造业	46.2	46.4	0.7	51.0
电力、燃气及水的生产和供应业	6.9	6.2	3.7	—
建筑业	0.2	0.2	—	—
交通运输、仓储和邮政业	13.2	12.8	40.2	—
信息传输、计算机服务和软件业	2.5	2.6	—	—
批发和零售业	1.1	1.2	—	—
住宿和餐饮业	0.4	0.4	—	—
金融业	0.1	0.1	—	—
房地产业	0.1	0.1	0.2	49.0
租赁和商务服务业	6.5	6.7	5.9	—
科学研究、技术服务和地质勘查业	2.6	2.7	0.0	—
水利、环境和公共设施管理业	11.0	11.4	36.4	—
居民服务和其他服务业	0.0	0.0	0.1	—
教育	0.0	0.0	0.0	—
卫生、社会保障和社会福利业	3.4	3.5	4.4	—
文化、体育和娱乐业	1.0	1.0	—	—
公共管理和社会组织	2.2	2.3	6.6	—

投资比重情况（不包括房地产）（一）

单位：%

股份合作企业	联营企业	国有联营企业	有限责任公司	其他有限责任公司	股份有限公司
0.1	—	—	66.5	17.8	2.1
—	—	—	2.0	4.0	—
—	—	—	—	—	—
—	—	—	61.8	35.2	45.9
—	—	—	7.7	16.6	—
—	—	—	0.3	—	—
—	—	—	3.3	7.7	39.1
—	—	—	3.7	6.6	—
—	—	—	1.6	0.3	—
—	—	—	0.6	1.1	—
100.0	—	—	0.0	—	—
—	—	—	0.1	0.5	—
—	—	—	7.7	9.2	—
—	—	—	3.8	10.0	—
—	—	—	3.5	7.4	11.2
—	—	—	0.0	0.0	—
—	—	—	—	—	—
—	—	—	1.5	1.3	—
—	—	—	1.5	—	—
—	—	—	0.9	—	3.8

5-3 按登记注册类型分固定资产

项 目	私营企业	其他企业	港澳台商投资企业
本年完成投资	1.5	3.6	1.1
按国民经济行业分组			
农林牧渔业	1.9	18.7	—
采掘业	—	—	—
制造业	89.0	39.8	27.5
电力、燃气及水的生产和供应业	—	—	—
建筑业	—	—	—
交通运输、仓储和邮政业	2.0	—	72.5
信息传输、计算机服务和软件业	—	—	—
批发和零售业	2.8	0.2	—
住宿和餐饮业	—	—	—
金融业	—	—	—
房地产业	—	—	—
租赁和商务服务业	—	0.2	—
科学研究、技术服务和地质勘查业	1.8	0.7	—
水利、环境和公共设施管理业	1.2	0.9	—
居民服务和其他服务业	—	—	—
教育	—	—	—
卫生、社会保障和社会福利业	1.2	39.3	—
文化、体育和娱乐业	—	—	—
公共管理和社会组织	—	—	—

投资比重情况（不包括房地产）（二）

单位：%

独资企业	股份有限公司	其他企业	外商投资企业	合资经营企业	独资企业	股份有限公司	个体经营
0.7	—	—	1.3	0.3	1.0	—	0.6
—	—	—	—	—	—	—	—
—	—	—	—	—	—	—	—
38.4	—	—	27.4	100.0	5.3	—	100.0
—	—	—	68.8	—	89.8	—	—
—	—	—	—	—	—	—	—
61.6	—	—	—	—	—	—	—
—	—	—	3.8	—	4.9	—	—
—	—	—	—	—	—	—	—
—	—	—	—	—	—	—	—
—	—	—	—	—	—	—	—
—	—	—	—	—	—	—	—
—	—	—	—	—	—	—	—
—	—	—	—	—	—	—	—
—	—	—	—	—	—	—	—
—	—	—	—	—	—	—	—
—	—	—	—	—	—	—	—
—	—	—	—	—	—	—	—
—	—	—	—	—	—	—	—
—	—	—	—	—	—	—	—

5-4 按登记注册类型分城镇固定资产

项　　目	合 计	内资企业	国有企业	集体企业
本年完成投资	100.0	96.7	30.3	0.0
按国民经济行业分组				
农林牧渔业	1.0	1.0	0.9	—
采掘业	—	—	—	—
制造业	38.3	38.3	0.7	—
电力、燃气及水的生产和供应业	7.4	6.3	3.6	—
建筑业	0.1	0.1	—	—
交通运输、仓储和邮政业	17.6	17.5	43.1	—
信息传输、计算机服务和软件业	3.4	3.5	—	—
批发和零售业	1.4	1.5	—	—
住宿和餐饮业	0.0	0.0	—	—
金融业	0.1	0.0	—	—
房地产业	0.2	0.2	0.1	100.0
租赁和商务服务业	7.2	7.4	6.3	—
科学研究、技术服务和地质勘查业	2.8	2.9	0.1	—
水利、环境和公共设施管理业	13.8	14.3	34.5	—
居民服务和其他服务业	0.0	0.0	0.1	—
教育	0.0	0.0	0.0	—
卫生、社会保障和社会福利业	4.5	4.6	4.7	—
文化、体育和娱乐业	0.1	0.1	—	—
公共管理和社会组织	2.2	2.3	5.9	—

投资比重情况（不包括房地产）（一）

单位：%

联营企业	国有联营企业	其他联营企业	有限责任公司	股份有限公司
—	—	—	59.8	2.4
—	—	—	1.1	—
—	—	—	—	—
—	—	—	56.8	34.7
—	—	—	8.4	—
—	—	—	0.2	—
—	—	—	4.6	47.2
—	—	—	5.6	—
—	—	—	2.3	—
—	—	—	0.0	—
—	—	—	0.0	—
—	—	—	0.2	—
—	—	—	8.8	—
—	—	—	4.6	—
—	—	—	5.0	13.5
—	—	—	0.0	—
—	—	—	—	—
—	—	—	1.7	—
—	—	—	0.2	—
—	—	—	0.5	4.6

5-4 按登记注册类型分城镇固定资产

项目	私营企业	其他企业	港澳台商投资企业	独资企业	股份有限公司
本年完成投资	1.0	3.1	1.1	1.0	—
按国民经济行业分组					
农林牧渔业	0.7	—	—	—	—
采掘业	—	—	—	—	—
制造业	86.0	34.8	40.3	38.4	—
电力、燃气及水的生产和供应业	—	—	—	—	—
建筑业	—	—	—	—	—
交通运输、仓储和邮政业	—	—	59.7	61.6	—
信息传输、计算机服务和软件业	—	—	—	—	—
批发和零售业	5.0	0.4	—	—	—
住宿和餐饮业	—	—	—	—	—
金融业	—	—	—	—	—
房地产业	—	—	—	—	—
租赁和商务服务业	—	—	—	—	—
科学研究、技术服务和地质勘查业	3.6	—	—	—	—
水利、环境和公共设施管理业	2.4	1.5	—	—	—
居民服务和其他服务业	—	—	—	—	—
教育	—	—	—	—	—
卫生、社会保障和社会福利业	2.4	63.4	—	—	—
文化、体育和娱乐业	—	—	—	—	—
公共管理和社会组织	—	—	—	—	—

投资比重情况（不包括房地产）（二）

单位：%

其他企业	外商投资企业	合资经营企业	独资企业	股份有限公司	个体经营
—	1.9	0.4	1.4	—	0.3
—	—	—	—	—	—
—	—	—	—	—	—
—	27.4	100.0	5.3	—	100.0
—	68.8	—	89.8	—	—
—	—	—	—	—	—
—	—	—	—	—	—
—	3.8	—	4.9	—	—
—	—	—	—	—	—
—	—	—	—	—	—
—	—	—	—	—	—
—	—	—	—	—	—
—	—	—	—	—	—
—	—	—	—	—	—
—	—	—	—	—	—
—	—	—	—	—	—
—	—	—	—	—	—
—	—	—	—	—	—
—	—	—	—	—	—
—	—	—	—	—	—

5-5 按登记注册类型分房地产

项　　目	合 计	内 资 企 业	国 有 企 业	有限责任公 司	国有独资公 司
计划总投资	27156891	26757492	—	10616947	2804220
自开始建设累计完成投资	18873694	18578376	—	7289028	2025078
本年完成投资	6119246	6049018	—	2543491	984484
按构成分					
建筑工程	4579294	4544036	—	1908045	770912
安装工程	643013	642373	—	281144	149826
设备工器具购置	91520	91304	—	47422	4450
其他费用	805419	771305	—	306880	59296
其中：旧建筑物购置费	18507	18507	—	3097	—
其中：土地购置费	644433	618789	—	261766	55096
按工程用途分					
商品住宅	4719706	4676658	—	2253093	972550
其中：90 平方米以下	2625248	2615179	—	1326775	737581
其中：90-144 平方米	1567970	1543481	—	764417	213761
其中：144 平方米以上	526488	517998	—	161901	21208
其中：别墅、高档公寓	173453	173453	—	75839	—
办公楼	103174	103174	—	21264	—
商业营业用房	729039	726394	—	139892	11934
其他	567327	542792	—	129242	—
本年新增固定资产	2091895	2034807	—	723507	115040

开发企业投资、土地情况

单位：万元

其他有限责任公司	股份有限公司	私营企业	其他内资	港澳台商投资	合资经营	外商投资	合资经营	外资企业
7812727	2843754	13296791	—	111900	51900	287499	—	287499
5263950	1844733	9444615	—	111407	51900	183911	—	183911
1559007	490298	3015229	—	—	—	70228	—	70228
1137133	396850	2239141	—	—	—	35258	—	35258
131318	83545	277684	—	—	—	640	—	640
42972	9903	33979	—	—	—	216	—	216
247584	—	464425	—	—	—	34114	—	34114
3097	—	15410	—	—	—	—	—	—
206670	—	357023	—	—	—	25644	—	25644
1280543	393553	2030012	—	—	—	43048	—	43048
589194	252453	1035951	—	—	—	10069	—	10069
550656	75549	703515	—	—	—	24489	—	24489
140693	65551	290546	—	—	—	8490	—	8490
75839	14330	83284	—	—	—	—	—	—
21264	18863	63047	—	—	—	—	—	—
127958	60818	525684	—	—	—	2645	—	2645
129242	17064	396486	—	—	—	24535	—	24535
608467	15600	1295700	—	51900	51900	5188	—	5188

5-6 按登记注册类型分房地产

项　　目	合 计	内 资 企 业	国 有 企 业	有限责任公　司	国有独资公　司
企业个数	369	361	—	96	11
一、本年资金来源					
1. 上年末结余资金	2354255	2323658	—	765904	145405
2. 本年实际到位资金	6037518	5929737	—	2395681	828158
（1）国内贷款	1365710	1362213	—	503990	269780
其中：银行贷款	950490	946993	—	405340	269780
非银行金融机构贷款	415220	415220	—	98650	—
（2）自筹资金	2699490	2687002	—	1141243	514821
（3）定金及预收款	1258216	1189130	—	521927	20317
（4）个人按揭贷款	477724	455014	—	123633	23240
（5）其他资金来源	236378	236378	—	104888	—
二、本年各项应付款合计	1750610	1703375	—	633081	180640
其中：工程款	765648	745741	—	304316	54608
三、土地部分					
待开发土地面积	2203669	2186545	—	350546	—
本年购置土地面积	438488	438488	—	80803	—
本年土地成交价款	183666	183666	—	39570	—
其中：拆迁补偿费	46386	46386	—	—	—

开发企业资金情况

单位：万元、平方米

其他有限责任公司	股份有限公司	私营企业	其他内资	港澳台商投资	合资经营	外商投资	合资经营	外资企业
85	6	259	—	5	4	3	—	3
620499	9306	1548448	—	3580	—	27017	—	27017
1567523	544776	2989280	—	35694	—	72087	—	72087
234210	339860	518363	—	—	—	3497	—	3497
135560	112040	429613	—	—	—	3497	—	3497
98650	227820	88750	—	—	—	—	—	—
626422	191136	1354623	—	—	—	12488	—	12488
501610	11418	655785	—	35694	—	33392	—	33392
100393	—	331381	—	—	—	22710	—	22710
104888	2362	129128	—	—	—	—	—	—
452441	5329	1064965	—	40445	—	6790	—	6790
249708	77	441348	—	19907	—	—	—	—
350546	9749	1826250	—	17124	17124	—	—	—
80803	—	357685	—	—	—	—	—	—
39570	—	144096	—	—	—	—	—	—
—	—	46386	—	—	—	—	—	—

5-7 按登记注册类型分房地产

项　　目	合 计	内 资 企 业	国 有 企 业	有限责任 公　　司	国有独资 公　　司
一、房屋施工面积（平方米）	40953590	40526015	—	16369881	4332336
1．商品住宅	31951043	31676674	—	13278324	4080019
其中：90 平米以下住房	15838378	15715793	—	6406107	1987549
其中：144 平米以上住房	2876229	2826436	—	1272680	164605
其中：别墅、高档公寓	774845	774845	—	395909	—
2．办公楼	511255	511255	—	172790	—
3．商业营业用房	4064055	4005241	—	1111481	186836
4．其他房屋	4427237	4332845	—	1807286	65481
其中：新开工面积（平方米）	11417114	11417114	—	5390941	1189970
1．商品住宅	9079221	9079221	—	4500311	982322
其中：90 平米以下住房	3612995	3612995	—	1969638	525628
其中：144 平米以上住房	662689	662689	—	266065	1137
其中：别墅、高档公寓	452018	452018	—	395909	—
2．办公楼	106667	106667	—	39018	—
3．商业营业用房	1271649	1271649	—	480995	184146
4．其他房屋	959577	959577	—	370617	23502
二、房屋竣工面积（平方米）	4545064	4423226	—	2085821	525019
1．商品住宅	3605762	3485413	—	1731235	525019
其中：90 平米以下住房	1665303	1559551	—	913016	336838
其中：144 平米以上住房	171417	170589	—	—	—
其中：别墅、高档公寓	19006	19006	—	1400	—
2．办公楼	2160	2160	—	1320	—
3．商业营业用房	634378	634378	—	152951	—
4．其他房屋	302764	301275	—	200315	—
其中：不可销售面积（平方米）	363501	362012	—	237942	—
1．商品住宅	17816	17816	—	—	—
其中：90 平米以下住房	6682	6682	—	—	—
2．办公楼	—	—	—	—	—
3．商业营业用房	154011	154011	—	76524	—
4．其他房屋	191674	190185	—	161418	—
三、商品住宅竣工套数（套）					
1．商品住宅	39385	38052	—	21124	8532

开发企业施工、销售和空置情况（一）

其他有限责任公司	股份有限公司	私营企业	其他内资	港澳台商投资	合资经营	外商投资	合资经营	外资企业
12037545	3510858	20645276	—	97062	97062	330513	—	330513
9198305	2988712	15409638	—	97062	97062	177307	—	177307
4418558	1809296	7500390	—	97062	97062	25523	—	25523
1108075	178839	1374917	—	—	—	49793	—	49793
395909	130577	248359	—	—	—	—	—	—
172790	67512	270953	—	—	—	—	—	—
924645	257193	2636567	—	—	—	58814	—	58814
1741805	197441	2328118	—	—	—	94392	—	94392
4200971	317325	5708848	—	—	—	—	—	—
3517989	142870	4436040	—	—	—	—	—	—
1444010	142870	1500487	—	—	—	—	—	—
264928	—	396624	—	—	—	—	—	—
395909	—	56109	—	—	—	—	—	—
39018	51676	15973	—	—	—	—	—	—
296849	101996	688658	—	—	—	—	—	—
347115	20783	568177	—	—	—	—	—	—
1560802	47845	2289560	—	97062	97062	24776	—	24776
1206216	36231	1717947	—	97062	97062	23287	—	23287
576178	—	646535	—	97062	97062	8690	—	8690
—	—	170589	—	—	—	828	—	828
1400	—	17606	—	—	—	—	—	—
1320	840	—	—	—	—	—	—	—
152951	10774	470653	—	—	—	—	—	—
200315	—	100960	—	—	—	1489	—	1489
237942	—	124070	—	—	—	1489	—	1489
—	—	17816	—	—	—	—	—	—
—	—	6682	—	—	—	—	—	—
—	—	—	—	—	—	—	—	—
76524	—	77487	—	—	—	—	—	—
161418	—	28767	—	—	—	1489	—	1489
12592	306	16622	—	1103	1103	230	—	230

5-7 按登记注册类型分房地产

项　　目	合 计	内资企业	国有企业	有限责任公司	国有独资公司
其中：90 平米以下住房	22294	21079	—	12413	5179
其中：144 平米以上住房	1142	1138	—	—	—
其中：别墅、高档公寓	307	307	—	8	—
四、竣工房屋价值（万元）	1378198	1344010	—	668887	115040
1. 商品住宅	1082714	1048838	—	550445	115040
其中：90 平米以下住房	486763	455943	—	259587	78392
其中：144 平米以上住房	47197	47024	—	—	—
其中：别墅、高档公寓	10966	10966	—	1529	—
2. 办公楼	415	415	—	111	—
3. 商业营业用房	202279	202279	—	55475	—
4. 其他房屋	92790	92478	—	62856	—
五、出租房屋面积（平方米）	—	—	—	—	—
六、商品房销售面积（平方米）	8434121	8318351	—	4196447	2619152
1. 商品住宅	7814993	7712644	—	4041250	2551289
其中：90 平米以下住房	3296390	3237306	—	1805616	1231237
其中：144 平米以上住房	512804	497332	—	59414	—
其中：别墅、高档公寓	40823	40823	—	31196	—
2. 办公楼	35937	35937	—	19915	—
3. 商业营业用房	464887	451466	—	134298	67863
4. 其他房屋	118304	118304	—	984	—
其中：现房销售面积（平方米）	964544	942395	—	162795	—
1. 商品住宅	901821	892534	—	155601	—
其中：90 平米以下住房	243984	243984	—	52216	—
其中：144 平米以上住房	55588	46301	—	19067	—
其中：别墅、高档公寓	500	500	—	500	—
2. 办公楼	—	—	—	—	—
3. 商业营业用房	38579	25717	—	7194	—
4. 其他房屋	24144	24144	—	—	—
其中：期房销售面积（平方米）	7469577	7375956	—	4033652	2619152
1. 商品住宅	6913172	6820110	—	3885649	2551289
其中：90 平米以下住房	3052406	2993322	—	1753400	1231237

开发企业施工、销售和空置情况（二）

其他有限责任公司	股份有限公司	私营企业	其他内资	港澳台商投资	合资经营	外商投资	合资经营	外资企业
7234	—	8666	—	1103	1103	112	—	112
—	—	1138	—	—	—	4	—	4
8	—	299	—	—	—	—	—	—
553847	15600	659523	—	29000	29000	5188	—	5188
435405	13115	485278	—	29000	29000	4876	—	4876
181195	—	196356	—	29000	29000	1820	—	1820
—	—	47024	—	—	—	173	—	173
1529	—	9437	—	—	—	—	—	—
111	304	—	—	—	—	—	—	—
55475	2181	144623	—	—	—	—	—	—
62856	—	29622	—	—	—	312	—	312
—	—	—	—	—	—	—	—	—
1577295	125852	3996052	—	51221	51221	64549	—	64549
1489961	110980	3560414	—	51221	51221	51128	—	51128
574379	65031	1366659	—	51221	51221	7863	—	7863
59414	775	437143	—	—	—	15472	—	15472
31196	—	9627	—	—	—	—	—	—
19915	840	15182	—	—	—	—	—	—
66435	9569	307599	—	—	—	13421	—	13421
984	4463	112857	—	—	—	—	—	—
162795	8551	771049	—	—	—	22149	—	22149
155601	8551	728382	—	—	—	9287	—	9287
52216	—	191768	—	—	—	—	—	—
19067	—	27234	—	—	—	9287	—	9287
500	—	—	—	—	—	—	—	—
—	—	—	—	—	—	—	—	—
7194	—	18523	—	—	—	12862	—	12862
—	—	24144	—	—	—	—	—	—
1414500	117301	3225003	—	51221	51221	42400	—	42400
1334360	102429	2832032	—	51221	51221	41841	—	41841
522163	65031	1174891	—	51221	51221	7863	—	7863

5-7 按登记注册类型分房地产

项　　目	合计	内资企业	国有企业	有限责任公司	国有独资公司
其中：144平米以上住房	457216	451031	—	40347	—
其中：别墅、高档公寓	40323	40323	—	30696	—
2. 办公楼	35937	35937	—	19915	—
3. 商业营业用房	426308	425749	—	127104	67863
4. 其他房屋	94160	94160	—	984	—
七、商品房销售额（万元）	8915549	8742648	—	4689189	2985708
1. 商品住宅	8213790	8054288	—	4515087	2922748
其中：90平米以下住房	3937982	3835340	—	2091767	1486999
其中：144平米以上住房	639740	620112	—	99022	—
其中：别墅、高档公寓	61486	61486	—	31703	—
2. 办公楼	36728	36728	—	16312	—
3. 商业营业用房	569597	556198	—	157225	62960
4. 其他房屋	95434	95434	—	565	—
其中：现房销售额（万元）	781082	758837	—	183661	—
1. 商品住宅	716431	706820	—	174364	—
其中：90平米以下住房	208238	208238	—	58170	—
其中：144平米以上住房	55369	45758	—	23862	—
其中：别墅、高档公寓	500	500	—	500	—
2. 办公楼	—	—	—	—	—
3. 商业营业用房	31290	18656	—	9297	—
4. 其他房屋	33361	33361	—	—	—
其中：期房销售额（万元）	8134467	7983811	—	4505528	2985708
1. 商品住宅	7497359	7347468	—	4340723	2922748
其中：90平米以下住房	3729744	3627102	—	2033597	1486999
其中：144平米以上住房	584371	574354	—	75160	—
其中：别墅、高档公寓	60986	60986	—	31203	—
2. 办公楼	36728	36728	—	16312	—
3. 商业营业用房	538307	537542	—	147928	62960
4. 其他房屋	62073	62073	—	565	—
八、商品住宅销售套数（套）					

开发企业施工、销售和空置情况（三）

其他有限责任公司	股份有限公司	私营企业	其他内资	港澳台商投资	合资经营	外商投资	合资经营	外资企业
40347	775	409909	—	—	—	6185	—	6185
30696	—	9627	—	—	—	—	—	—
19915	840	15182	—	—	—	—	—	—
59241	9569	289076	—	—	—	559	—	559
984	4463	88713	—	—	—	—	—	—
1703481	123381	3930078	—	91954	91954	80947	—	80947
1592339	109937	3429264	—	91954	91954	67548	—	67548
604768	83309	1660264	—	91954	91954	10688	—	10688
99022	1425	519665	—	—	—	19628	—	19628
31703	—	29783	—	—	—	—	—	—
16312	304	20112	—	—	—	—	—	—
94265	7633	391340	—	—	—	13399	—	13399
565	5507	89362	—	—	—	—	—	—
183661	11773	563403	—	—	—	22245	—	22245
174364	11773	520683	—	—	—	9611	—	9611
58170	—	150068	—	—	—	—	—	—
23862	—	21896	—	—	—	9611	—	9611
500	—	—	—	—	—	—	—	—
—	—	—	—	—	—	—	—	—
9297	—	9359	—	—	—	12634	—	12634
—	—	33361	—	—	—	—	—	—
1519820	111608	3366675	—	91954	91954	58702	—	58702
1417975	98164	2908581	—	91954	91954	57937	—	57937
546598	83309	1510196	—	91954	91954	10688	—	10688
75160	1425	497769	—	—	—	10017	—	10017
31203	—	29783	—	—	—	—	—	—
16312	304	20112	—	—	—	—	—	—
84968	7633	381981	—	—	—	765	—	765
565	5507	56001	—	—	—	—	—	—

5-7 按登记注册类型分房地产

项　　目	合 计	内 资 企 业	国 有 企 业	有限责任 公　司	国有独资 公　司
商品住宅	81281	80297	—	43752	28638
其中：90 平米以下住房	40730	40050	—	22526	15723
其中：144 平米以上住房	3276	3208	—	373	—
其中：别墅、高档公寓	421	421	—	397	—
其中：现房销售套数（套）	8507	8477	—	1591	—
其中：90 平米以下住房	2801	2801	—	602	—
其中：144 平米以上住房	318	288	—	123	—
其中：别墅、高档公寓	10	10	—	10	—
其中：期房销售套数（套）	72774	71820	—	42161	28638
其中：90 平米以下住房	37929	37249	—	21924	15723
其中：144 平米以上住房	2958	2920	—	250	—
其中：别墅、高档公寓	411	411	—	387	—
九、待售面积（平方米）	1601198	1599409	—	925613	—
1. 商品住宅	1005667	1004728	—	466552	—
其中：90 平米以下住房	344023	344023	—	278766	—
其中：144 平米以上住房	70570	69631	—	22985	—
其中：别墅、高档公寓	9386	9386	—	9386	—
2. 办公楼	—	—	—	—	—
3. 商业营业用房	151290	150440	—	93502	—
4. 其他房屋	444241	444241	—	365559	—
其中：待售 1-3 年面积（平方米）	1026680	1026680	—	851033	—
商品住宅	571259	571259	—	447692	—
其中：90 平米以下住房	294484	294484	—	276652	—
其中：144 平米以上住房	23820	23820	—	10187	—
其中：别墅、高档公寓	9386	9386	—	9386	—
办公楼	—	—	—	—	—
商业营业用房	62107	62107	—	43368	—
其他房屋	393314	393314	—	359973	—
其中：待售 3 年以上面积（平方米）	349732	348882	—	69215	—
商品住宅	234441	234441	—	14397	—
其中：90 平米以下住房	—	—	—	—	—
其中：144 平米以上住房	15845	15845	—	12798	—
其中：别墅、高档公寓	—	—	—	—	—

开发企业施工、销售和空置情况（四）

其他有限责任公司	股份有限公司	私营企业	其他内资	港澳台商投资	合资经营	外商投资	合资经营	外资企业
15114	1222	35323	—	582	582	402	—	402
6803	829	16695	—	582	582	98	—	98
373	5	2830	—	—	—	68	—	68
397	—	24	—	—	—	—	—	—
1591	78	6808	—	—	—	30	—	30
602	—	2199	—	—	—	—	—	—
123	—	165	—	—	—	30	—	30
10	—	—	—	—	—	—	—	—
13523	1144	28515	—	582	582	372	—	372
6201	829	14496	—	582	582	98	—	98
250	5	2665	—	—	—	38	—	38
387	—	24	—	—	—	—	—	—
925613	19042	654754	—	—	—	1789	—	1789
466552	19042	519134	—	—	—	939	—	939
278766	—	65257	—	—	—	—	—	—
22985	—	46646	—	—	—	939	—	939
9386	—	—	—	—	—	—	—	—
—	—	—	—	—	—	—	—	—
93502	—	56938	—	—	—	850	—	850
365559	—	78682	—	—	—	—	—	—
851033	—	175647	—	—	—	—	—	—
447692	—	123567	—	—	—	—	—	—
276652	—	17832	—	—	—	—	—	—
10187	—	13633	—	—	—	—	—	—
9386	—	—	—	—	—	—	—	—
—	—	—	—	—	—	—	—	—
43368	—	18739	—	—	—	—	—	—
359973	—	33341	—	—	—	—	—	—
69215	—	279667	—	—	—	850	—	850
14397	—	220044	—	—	—	—	—	—
—	—	—	—	—	—	—	—	—
12798	—	3047	—	—	—	—	—	—
—	—	—	—	—	—	—	—	—

5-8 按登记注册类型分房地产

项　　目	合计	内资企业	国有企业	有限责任公司	国有独资公司
企业个数	369	360	—	140	2
一、年初存货	19360660	19018503	—	7957537	3887
二、期末资产负债					
流动资产合计	49456416	48114260	—	19904796	15779
其中：应收账款	1300027	1296435	—	461965	311
存货	20399489	19870265	—	8704801	9120
固定资产合计	55094633	53144955	—	21015086	160923
固定资产原价	664801	632300	—	165435	4454
累计折旧	209002	201920	—	59767	1718
其中：本年折旧	46849	44723	—	9954	134
在建工程	172210	86851	—	14348	—
资产总计	55094633	53144955	—	21015086	160923
负债合计	42331694	41211062	—	17170092	181520
所有者权益合计	12762939	11933892	—	3844995	-20597
其中：实收资本	5040155	4468674	—	1772247	6000
三、损益及分配					
营业收入	8442034	8344605	—	3106346	20208
其中：主营业务收入	8225961	8177755	—	3072293	18979
土地转让收入	1787	1787	—	1787	—
商品房屋销售收入	8176235	8128384	—	3048605	16524
房屋出租收入	10548	10467	—	4042	—
其他收入	32025	31752	—	14808	—

开发企业财务情况（一）

单位：个、万元

其他有限责任公司	股份有限公司	私营企业	其他内资	港澳台商投资	合资经营	外商投资	合资经营	外资企业
138	6	214	—	8	4	1	1	—
7953649	155873	10905093	—	313533	276058	28624	28624	—
19889016	5086463	23123001	—	1278141	360153	64014	64014	—
461654	17827	816643	—	3525	1444	68	68	—
8695682	162570	11002894	—	503472	316483	25751	25751	—
20854163	6234143	25895726	—	1844695	838730	104983	104983	—
160981	35721	431144	—	17625	16183	14876	14876	—
58049	10804	131348	—	2714	2642	4368	4368	—
9820	1075	33695	—	837	796	1289	1289	—
14348	19092	53411	—	85359	—	—	—	—
20854163	6234143	25895726	—	1844695	838730	104983	104983	—
16988571	5051532	18989439	—	1058690	523369	61941	61941	—
3865592	1182611	6906287	—	786005	315361	43042	43042	—
1766247	472701	2223726	—	569481	197824	2000	2000	—
3086138	42226	5196034	—	91513	5699	5915	5915	—
3053314	42226	5063236	—	42481	5699	5725	5725	—
1787	—	—	—	—	—	—	—	—
3032081	41707	5038072	—	42317	5535	5534	5534	—
4042	404	6021	—	82	82	—	—	—
14808	116	16829	—	83	83	191	191	—

5-8 按登记注册类型分房地产

项　　目	合计	内资企业	国有企业	有限责任公司	国有独资公司
营业成本	5470060	5414421	—	2021075	18308
其中:主营业务成本	5136988	5092764	—	1892258	17860
营业税金及附加	736390	710704	—	261134	519
其中：主营业务税金及附加	689738	685809	—	246206	236
其他业务利润	10455	10372	—	1976	1773
销售费用	209972	203576	—	69197	130
管理费用	255283	250648	—	76199	3004
财务费用	146459	146129	—	42300	3712
其中：利息收入	64205	63891	—	18159	6
利息支出	117873	117848	—	16953	3716
投资收益	47914	47878	—	2540	—
营业利润	1687984	1683240	—	631960	-5465
营业外收入	10002	9827	—	4642	6
营业外支出	67497	67283	—	16440	785
利润总额	1629430	1624689	—	620778	-6243
所得税费用	257654	257644	—	92461	1
应交增值税	209263	197642	—	72488	371
四、工资、福利费					
应付职工薪酬	286000	282966	—	63080	3061
五、资产减值损失	14632	14632	—	16365	—

开发企业财务情况（二）

单位：个、万元

其他有限责任公司	股份有限公司	私营企业	其他内资	港澳台商投资	合资经营	外商投资	合资经营	外资企业
2002766	37046	3356300	—	49971	1805	5668	5668	—
1874398	32108	3168398	—	40311	1805	3914	3914	—
260614	5388	444183	—	25352	2420	333	333	—
245970	4554	435049	—	3596	2420	333	333	—
204	—	8396	—	83	83	—	—	—
69067	2337	132043	—	5887	1983	509	509	—
73195	6089	168360	—	4210	1962	425	425	—
38588	-705	104534	—	137	-235	193	193	—
18154	38745	6987	—	305	236	9	9	—
13237	37659	63236	—	25	—	—	—	—
2540	4448	40891	—	36	36	—	—	—
637425	-3656	1054936	—	5958	-2237	-1214	-1214	—
4636	5	5179	—	163	18	13	13	—
15655	5217	45627	—	214	13	—	—	—
627022	-8868	1012778	—	5941	-2197	-1201	-1201	—
92460	-5396	170579	—	-355	—	365	365	—
72117	2543	122610	—	11499	10542	122	122	—
60019	27293	192593	—	2964	2181	70	70	—
16365	175	-1908	—	—	—	—	—	—

5-9 分县（市、区）全社会固定资产

项　　目	合 计	安次区	广阳区	三河市
全社会固定资产投资完成额	—	—	—	—
比上年增减百分比（%）	6.8	7.8	14.4	2.9
1．城镇固定资产投资	—	—	—	—
比上年增减百分比（%）	-29.5	-27.6	-12.7	-52.7
2．农村固定资产投资	—	—	—	—
比上年增减百分比（%）	-45.7	-23.7	18.6	-56.7
按隶属关系分：				
1．城镇项目完成投资额	—	—	—	—
按产业分（比重）				
第一产业	1.0	3.1	2.5	—
第二产业	45.8	46.8	12.0	35.9
第三产业	53.3	50.0	85.5	64.1
按构成分（比重）				
建筑工程	68.8	66.0	67.5	81.5
安装工程	9.1	9.7	7.4	5.0
设备工器具购置	14.0	13.6	7.8	8.8
其他	8.1	10.7	17.2	4.8

投资完成情况（一）

单位：%

大厂县	香河县	固安县	永清县	霸州市	文安县	大城县	廊坊开发区
—	—	—	—	—	—	—	—
-24.9	13.9	10.0	12.2	8.3	10.1	4.4	14.5
—	—	—	—	—	—	—	—
-38.1	-24.4	-15.0	20.7	-39.7	-35.4	-42.6	-7.3
—	—	—	—	—	—	—	—
76.5	-69.9	-7.3	-63.6	-45.1	-32.6	-52.7	—
—	—	—	—	—	—	—	—
—	3.9	—	—	—	—	0.8	—
63.9	30.8	60.8	31.6	89.7	84.7	80.1	15.1
36.1	65.4	39.2	68.4	10.3	15.3	19.1	84.9
66.2	69.0	97.7	77.2	52.5	50.2	50.8	57.9
26.9	11.9	0.1	2.2	21.7	10.2	9.6	10.7
4.4	13.1	0.2	14.0	23.1	30.0	23.3	25.4
2.6	6.0	2.0	6.7	2.7	9.6	16.4	6.0

5-9 分县（市、区）全社会固定资产

项　　目	合 计	安次区	广阳区	三河市
房屋建筑面积（平方米）				
施工面积	3878751	304921	15082	664252
# 住宅	91800	510	7460	23185
竣工面积	1694446	56597	10065	261743
# 住宅	73984	510	7460	23185
2. 房地产开发投资额	—	—	—	—
3. 农村非农户投资	—	—	—	—
按构成分（比重）				
建筑工程	43.1	—	—	88.6
安装工程	9.2	—	—	2.2
设备工器具购置	38.3	—	—	2.4
其他	9.4	—	—	6.7
本年新增固定资产	—	—	—	—
房屋建筑面积（平方米）				
施工面积	1120779	—	—	358777
# 住宅	77398	—	—	7370
竣工面积	549894	—	—	139497
# 住宅	71637	—	—	7370
4. 农村个人完成投资	—	—	—	—

投资完成情况（二）

单位：%

大厂县	香河县	固安县	永清县	霸州市	文安县	大城县	廊坊开发区
96826	498358	651545	429813	448316	300666	129242	267530
2000	6415	—	820	—	4700	29930	16780
52200	345450	185396	205440	179338	174177	72126	87914
2000	3715	—	820	—	4700	25094	6500
—	—	—	—	—	—	—	—
—	—	—	—	—	—	—	—
15.2	62.3	8.9	36.3	58.5	23.8	28.5	10.4
45.5	11.3	3.1	5.3	22.7	22.0	7.6	—
37.1	19.7	86.2	9.7	15.5	18.2	49.7	—
2.2	6.6	1.9	48.7	3.2	36.0	14.1	89.6
—	—	—	—	—	—	—	—
—	256006	—	63430	232946	88566	121054	—
—	9630	—	7280	1000	41007	11111	—
—	148048	—	34642	56124	76661	94922	—
—	8669	—	7280	500	38707	9111	—
—	—	—	—	—	—	—	—

5-10分县（市、区）房地产

项　　　目	合　计	安次区	广阳区	三河市
一、企业个数（个）	369	31	54	35
二、本年完成投资	6119246	597535	870044	395690
1．商品住宅	4719706	502462	501607	101350
其中：90平方米以下	2625248	272670	164005	93142
其中：90-144平方米	1567970	221265	210266	8008
其中：144平方米以上	526488	8527	127336	200
其中：别墅、高档公寓	173453	—	14544	—
2．办公楼	103174	48	48900	29444
3．商业营业用房	729039	34203	170333	160442
4．其他	567327	60822	149204	104454
三、本年新增固定资产	2091895	40360	6400	833919
四、房屋施工面积	40953590	4091494	3903622	3434425
#住宅	31951043	3230620	2188805	2076759
五、房屋竣工面积	4545064	78891	—	744943
#住宅	3605762	64171	—	388392
六、不可销售面积	363501	—	—	27990
七、竣工房屋价值	1378198	24860	—	223150
八、出租房屋面积	—	—	—	—
九、商品房销售面积	8434121	201558	284574	420113
#住宅	7814993	179999	236207	319496
现房销售面积	964544	36936	—	—
期房销售面积	7469577	164622	284574	420113
十、商品房销售额	8915549	256098	351538	747235
#住宅	8213790	235897	278573	574722
现房销售额	781082	47579	—	—
期房销售额	8134467	208519	351538	747235
十一、待售面积	1601198	62501	—	—

开发完成情况

单位：万元、平方米

大厂县	香河县	固安县	永清县	霸州市	文安县	大城县	廊坊开发区
17	55	47	49	37	8	18	18
753859	473980	1103897	581470	624856	69924	335463	312528
697454	380814	1014221	492147	432776	61338	250954	284583
540154	283953	687472	200528	237217	1528	15414	129165
137175	77981	193626	255365	185396	48574	198640	31674
20125	18880	133123	36254	10163	11236	36900	123744
3220	90	48836	34132	—	215	—	72416
—	19700	2365	—	—	—	1912	805
8916	34001	71850	61038	108998	474	56311	22473
47489	39465	15461	28285	83082	8112	26286	4667
39634	459098	228841	69447	322118	6600	85478	—
2889099	6721377	5851249	4065569	4060997	589804	1373388	3972566
2432103	5294490	5333064	3343027	3181117	543233	1079127	3248698
44699	1184292	759711	238681	1309422	26000	158425	—
31363	943564	733197	214438	1080932	26000	123705	—
—	162907	4130	14463	154011	—	—	—
19531	458778	206515	67447	322117	4600	51200	—
—	—	—	—	—	—	—	—
1191989	756697	2404623	447117	1444307	43505	1117900	121738
1191989	709157	2301891	409668	1330595	43505	977387	115099
—	119225	18996	7791	497114	—	283982	500
1191989	637472	2385627	439326	947193	43505	833918	121238
1109784	873042	3074533	354810	1359178	32873	532143	224315
1109784	823948	2926145	319291	1255356	32873	444695	212506
—	125209	12894	4971	427117	—	162812	500
1109784	747833	3061639	349839	932061	32873	369331	223815
998	922258	36767	184608	241884	40000	500	111682

5-11 建筑业企业

项　　目	企业单位数（个）	有工作量企业数	计算劳动生产率的平均人数（人）	签订合同额	本年新签合同额
总　　计	216	198	169257	18630525	7632452
#国有及国有控股企业	24	21	37479	10961040	4268317
一、按注册类型分组					
内资	216	198	169257	18630525	7632452
国有企业	7	7	1365	217732	29638
集体企业	9	8	1696	58654	32285
有限责任公司	60	55	42792	12003164	4805521
股份有限公司	2	1	97773	3088048	1210190
私营企业	138	127	25631	3262927	1554818
二、按建筑业行业中类分组					
房屋建筑业	98	92	120405	6276016	2485553
土木工程建筑业	47	42	37207	10987672	4399930
建筑安装业	32	29	5755	1107397	552122
建筑装饰业和其他建筑业	39	35	5890	259441	194847
三、按隶属关系分组					
中央	9	7	35272	10608412	4205056
地方	24	23	3442	411337	87918
其他	183	168	130543	7610777	3339478
四、按企业资质等级分组					
施工总承包	137	128	156969	17690282	6901257

生产及财务情况（一）-1

单位：万元

建筑业总产值	建筑工程产值	安装工程产值	其他产值	其中：装饰装修产值	其中：在外省完成的产值	竣工产值
6511908	4082315	1913036	516558	136916	3288084	2944306
2722138	1368010	1327658	26471	—	1612736	1198786
6511908	4082315	1913036	516558	136916	3288084	2944306
102569	92340	—	10229	—	—	25199
34042	32481	1259	302	—	—	32690
3358101	1504918	1783810	69373	7650	1664020	1717881
1528724	1137261	18345	373118	87837	1358769	515635
1488473	1315315	109622	63536	41429	265294	652902
2902820	2428644	82235	391941	106962	1580213	1154692
2805950	1419630	1354908	31413	—	1586190	1214843
611773	73285	449908	88579	1131	100983	444174
191366	160756	25985	4625	28824	20698	130598
2547623	1203723	1327658	16242	—	1607033	1155767
202453	188573	13243	638	1372	7966	67201
3761832	2690020	572135	499678	135544	1673085	1721339
5812784	3711719	1628479	472586	115863	3146250	2533598

5-11 建筑业企业

项　　目	钢材消耗（吨）	木材消耗（立方米）	水泥消耗（吨）	房屋建筑施工面积（平方米）	房屋建筑竣工面积（平方米）
总　　计	1841106	1244005	6554907	27984440	5123232
#国有及国有控股企业	339639	15694	1135573	1492851	74519
一、按注册类型分组					
内资	1841106	1244005	6554907	27984440	5123232
国有企业	110431	8125	315647	1492851	74519
集体企业	12043	10536	76416	436284	138679
有限责任公司	292569	22618	967757	1622625	294601
股份有限公司	966201	203289	4603157	16963420	2540886
私营企业	459862	999437	591930	7469260	2074547
二、按建筑业行业中类分组					
房屋建筑业	1565139	1227581	5449976	27115590	4924162
土木工程建筑业	235193	9911	1001398	77210	67209
建筑安装业	39522	3324	64820	762600	108741
建筑装饰业和其他建筑业	1251	3188	38712	29040	23120
三、按隶属关系分组					
中央	206511	4571	702085	—	—
地方	142375	13496	501602	1834990	230176
其他	1492220	1225938	5351220	26149450	4893056
四、按企业资质等级分组					
施工总承包	1826307	1238741	6457513	27809703	4974105

生产及财务情况（一）-2

单位：万元

竣工房屋价值	年初存货	流动资产合计	应收工程款	固定资产合计	固定资产原价
841501	3741841	9246356	2446096	—	1471358
9422	1677417	4000757	637222	—	1178565
				—	
841501	3741841	9246356	2446096	—	1471358
9422	4679	147274	47686	—	12367
26624	1747	10181	1397	—	3597
35063	1860179	4729080	944897	—	1209939
437274	232932	328704	270116	—	37088
333118	1642303	4031116	1182000	—	208367
814127	1733023	3091820	777201	—	208697
13482	1756375	5208301	1343157	—	1190288
10127	173241	712001	255990	—	51704
3765	79202	234233	69749	—	20668
—	1649330	3762113	560881	—	1142035
36167	31241	311491	133621	—	36165
805334	2061270	5172752	1751594	—	293158
832531	3572382	8666374	2275352	—	1374949

5-11 建筑业企业

项　　　目	累计折旧	本年折旧	在建工程	资产合计	流动负债合计
总　　计	983573	78146	20882	10540940	7288973
#国有及国有控股企业	835867	52396	6423	4510810	3521791
一、按注册类型分组					
内资	983573	78146	20882	10540940	7288973
国有企业	3675	1172	315	163053	143721
集体企业	1347	63	19	17507	10442
有限责任公司	852721	54121	8786	5270547	3984285
股份有限公司	14594	3206	—	358267	47214
私营企业	111236	19585	11762	4731566	3103310
二、按建筑业行业中类分组					
房屋建筑业	101601	17809	9159	3788852	2347067
土木工程建筑业	836821	56852	7006	5738217	4256178
建筑安装业	32618	2624	2371	763815	504855
建筑装饰业和其他建筑业	12533	863	2347	250057	180873
三、按隶属关系分组					
中央	813959	50409	6108	4240774	3315666
地方	20671	1970	333	345039	269530
其他	148943	25767	14441	5955128	3703776
四、按企业资质等级分组					
施工总承包	925616	72371	17237	9884809	6841909

生产及财务情况（一）-3

单位：万元

非流动负债合计	负债合计	所有者权益合计	实收资本	主营业务收入
153501	7554469	2986471	1595558	5902651
102902	3624748	886062	660632	2936126
153501	7554469	2986471	1595558	5902651
135	143856	19197	19463	107258
0	10558	6950	6233	46730
106631	4090971	1179576	769514	3689702
0	47214	311053	93600	436899
46735	3261870	1469696	706747	1622061
47642	2415941	1372911	483953	2032571
103525	4450151	1288066	971322	2942880
1803	506713	257101	91658	732292
531	181664	68393	48626	194908
102767	3418488	822286	607138	2751148
135	269666	75373	60136	297598
50599	3866316	2088813	928284	2853905
152254	7104319	2780491	1453887	5132411

5-11 建筑业企业

项　　目	主营业务成本	主营业务税金及附加	营业收入	其他业务利润收入	销售费用
总　　计	5356218	21774	5975023	14646	13384
#国有及国有控股企业	2763044	7010	2989075	13805	1868
一、按注册类型分组					
内资	5356218	21774	5975023	14646	13384
国有企业	101141	544	134089	619	—
集体企业	44737	466	46802	72	137
有限责任公司	3341362	10135	3718316	13265	5757
股份有限公司	402589	2128	436899	—	1592
私营企业	1466390	8501	1638918	690	5899
二、按建筑业行业中类分组					
房屋建筑业	1859306	10175	2072479	863	4002
土木工程建筑业	2764206	7447	2971836	13206	2839
建筑安装业	556283	2714	732951	576	5152
建筑装饰业和其他建筑业	176423	1438	197759	—	1392
三、按隶属关系分组					
中央	2593450	6038	2777266	13379	1844
地方	207670	1717	324504	501	148
其他	2555098	14019	2873253	766	11393
四、按企业资质等级分组					
施工总承包	4651261	18050	5196375	14069	9244

生产及财务情况（一）-4

单位：万元

管理费用	财务费用	营业利润	利润总额	应交所得税	应交增值税
262751	28780	266158	264764	67796	127437
155817	-6321	32251	36040	19325	58856
262751	28780	266158	264764	67796	127437
4863	685	4202	3663	3928	3544
1077	7	379	316	794	1360
181059	-2514	99798	103358	33108	66949
3780	1914	24896	24883	6222	13139
71972	28689	136883	132544	23745	42446
63647	30289	159398	155313	30314	52853
155467	-5748	36031	37993	21181	62956
32877	2226	66564	65453	13851	6691
10760	2014	4164	6006	2450	4938
146384	-7217	24127	29072	15128	52365
9757	926	13554	12381	6413	7920
106609	35070	228476	223311	46255	67153
229455	26773	243043	240171	60722	108360

5-11 建筑业企业

项　　目	企业单位数（个）	有工作量企业数（个）	直接从事生产经营的平均人数（人）	签订合同额	本年新签合同额
特级	3	3	125610	11602386	4777178
一级	15	12	10352	4592108	1393916
二级	60	58	14785	1040705	453723
三级及以下	59	55	6222	455083	276439
专业承包	78	69	12224	939637	730790
一级	16	13	6692	427820	279969
二级	33	31	3630	375578	349004
三级及以下	28	24	1672	130141	101817
五、按县（市、区）分组					
安次区	19	19	2247	153754	77060
广阳区	63	61	133975	11287771	4732728
三河市	23	14	11973	3601102	1162194
大厂县	9	9	1017	48871	48271
香河县	10	10	2897	1683344	679386
固安县	17	16	1864	199200	82840
永清县	10	10	2245	113138	34841
霸州市	22	19	3430	225626	129765
文安县	3	3	546	50867	14043
大城县	17	17	2864	56792	20016
廊坊开发区	23	20	6199	1210060	651309

生产及财务情况（二）-1

单位：万元

建筑业总产值	建筑工程产值	安装工程产值	其他产值	其中：装饰装修产值	其中：在外省完成的产值	竣工产值
3330600	1631934	1325548	373118	87837	2081145	1671525
1720377	1409620	258189	52569	1101	1036832	371208
457847	389550	37592	30705	18151	17152	305695
303960	280616	7150	16194	8775	11120	185170
698518	370596	283950	43971	20447	141389	410102
233632	171694	30261	31678	73	116805	147726
337948	135131	197655	5162	11969	22969	201208
124895	61729	56035	7131	8405	1615	60168
92829	48149	44338	342	10209	478	59495
3545656	1736512	1402792	406352	108937	1989300	1831973
1230240	1222115	8068	56	1997	963817	115233
49271	47940	640	691	—	—	18195
579661	563457	16204	—	933	182408	212144
41691	40432	1259	—	6600	—	32136
146891	139847	2447	4597	5440	—	124918
154938	146547	6430	1962	1735	—	51334
17461	17461	—	—	—	—	21211
30772	28385	695	1692	459	3719	19363
622498	91470	430162	100866	606	148362	458304

5-11 建筑业企业

项　　目	钢材消耗（吨）	木材消耗（立方米）	水泥消耗（吨）	房屋建筑施工面积（平方米）	房屋建筑竣工面积（平方米）
特级	1113292	252174	4643617	19671747	3398198
一级	427369	23565	1166399	2283510	234383
二级	244125	934951	368068	4513845	937674
三级及以下	41521	28051	279429	1340601	403850
专业承包	14798	5263	97393	174737	149127
一级	3880	70	13525	12000	12000
二级	9577	2037	15884	147297	127627
三级及以下	1321	3156	67939	—	—
五、按县（市、区）分组					
安次区	7190	60	26587	89818	18904
广阳区	1143594	234388	5190941	20426702	3014965
三河市	288504	20266	744093	806163	69224
大厂县	5338	1019	95953	76280	57546
香河县	162100	51014	57896	3124870	890412
固安县	50801	873262	203071	567236	175501
永清县	17007	10774	17657	1140630	198431
霸州市	86797	21751	54770	912824	286220
文安县	14724	6072	40799	142248	110710
大城县	16043	14804	16466	310649	207302
廊坊开发区	49008	10595	106674	387020	94017

生产及财务情况（二）-2

单位：万元

竣工房屋价值	年初存货	流动资产合计	应收工程款	固定资产合计	固定资产原价
588852	1722577	3987945	785972	—	936787
29787	416170	2160258	418417	—	312080
150245	182010	1122928	286512	—	81766
63649	1251625	1395243	784452	—	44315
8970	169459	579982	170744	—	96409
2600	125887	279577	67803	—	51641
5370	31300	175617	34688	—	25615
—	12272	124788	68254	—	19154
3426	18689	498091	87986	—	16977
497921	1664087	4174674	1006567	—	1022011
14508	275604	1145319	130903	—	261133
8679	3799	50709	26800	—	9637
155792	1262830	894552	97734	—	19385
44756	230588	1144440	745917	—	9619
23541	30925	218459	23570	—	8714
48473	43942	238895	72057	—	32816
21211	281	17190	5428	—	3102
9744	3588	38872	21694	—	14306
13451	207507	825155	227440	—	73658

5-11 建筑业企业

项目	累计折旧	本年折旧	在建工程	资产合计
特级	673038	30733	3812	4827209
一级	196220	32880	7850	2396453
二级	38861	5853	3137	1226128
三级及以下	17497	2904	2439	1435020
专业承包	57957	5776	3645	656131
一级	34290	2577	781	300319
二级	12532	1673	550	216085
三级及以下	11135	1526	2314	139727
五、按县（市、区）分组				
安次区	8507	870	836	511413
广阳区	723351	37386	6173	4638419
三河市	163075	29787	5999	1344290
大厂县	5385	426	—	58011
香河县	10730	1913	812	1386594
固安县	5220	1067	332	1164749
永清县	3876	261	1185	225518
霸州市	11780	1027	1338	264183
文安县	826	16	18	19828
大城县	4941	656	2098	51707
廊坊开发区	45884	4736	2091	876230

生产及财务情况（二）-3

单位：万元

流动负债合计	非流动负债合计	负债合计	所有者权益合计	实收资本	主营业务收入
3240787	141445	3382232	1444977	627593	2692206
1564008	4867	1667929	728524	443174	1531023
832105	5776	847279	378849	235490	606295
1205010	165	1206879	228141	147630	302888
447064	1247	450151	205980	141671	770240
239825	1052	240878	59441	37916	316248
112320	34	114143	101941	71969	322588
94919	161	95130	44598	31786	131404
103965	—	193977	317435	235971	155707
3199860	100801	3310058	1328361	810618	2947224
1065862	5397	1080429	263861	172730	1036309
36972	—	37840	20171	10989	69094
843470	42500	886020	500574	50818	618027
1025770	2000	1027770	136979	98125	108307
191440	1546	193010	32508	19864	48378
179843	473	180921	83262	60644	183244
13334	90	13424	6404	6323	15804
12800	31	14620	37087	23048	33637
615656	664	616400	259830	106427	686920

5-11 建筑业企业

项目	主营业务成本	主营业务税金及附加	营业收入	其他业务利润收入	销售费用
特级	2516918	6017	2716724	13535	5033
一级	1358155	5886	1567244	429	3004
二级	503163	4216	606681	106	748
三级及以下	273025	1931	305726	—	460
专业承包	704958	3724	778648	576	4140
一级	294543	1520	317098	—	65
二级	293418	1725	327009	58	2498
三级及以下	116996	479	134541	518	1577
五、按县（市、区）分组					
安次区	75588	361	155709	2	95
广阳区	2747326	9076	3000734	13808	4490
三河市	976884	4435	1048763	—	2497
大厂县	60429	286	69365	—	1289
香河县	563424	2873	618202	170	1662
固安县	41399	301	48378	—	116
永清县	96648	377	108325	18	—
霸州市	166838	785	183244	—	144
文安县	15043	150	15876	72	—
大城县	30479	559	38000	—	87
廊坊开发区	582160	2572	688428	576	3005

生产及财务情况（二）-4

单位：万元

管理费用	财务费用	营业利润	利润总额	应交所得税	应交增值税
125896	-4936	139080	141618	20558	43740
75774	22194	78429	76807	20462	37840
17628	6936	6216	5105	11311	16787
10158	2579	19318	16640	8392	9994
33296	2007	23115	24593	7074	19077
13846	829	4600	6425	2046	8618
13654	-334	12288	12039	3013	8015
5796	1512	6227	6129	2015	2444
7454	2196	5218	4428	2977	2370
128155	-5059	80170	80587	33345	62726
54534	18222	-7486	-4804	2983	31584
1034	976	5205	5254	1898	1548
25241	5182	101045	101063	3370	11942
3531	1016	6797	6763	6463	4037
1663	3121	1800	1426	662	1271
1705	1126	12569	10072	3677	3963
434	20	229	208	217	355
1208	91	2086	1794	571	894
37793	1889	58527	57973	11635	6748

六、国内贸易及物价

责任编辑： 李　艳　吴　东

6-1 社会消费品零售总额

单位：万元

项　　目	2018年	2018年比上年±%
社会消费品零售总额	10430316.3	9.0
一、按销售单位所在地分		
1．城镇	5595288.4	9.9
其中：城区	2542064.5	7.2
2．乡村	4835027.9	7.9
二、按县（市、区）分		
安次区	681285.8	8.3
广阳区	1871703.8	0.2
三河市	1956762.0	9.4
大厂县	240521.0	8.2
香河县	930942.4	9.0
固安县	585973.7	1.4
永清县	547776.2	8.2
霸州市	1486572.1	9.1
文安县	784769.3	8.5
大城县	810908.4	8.7

6-2 限额以上批发零售贸易业

项　　目	法　人 企业数 （个）	从业人员 期末人数 （人）	商　品 购进额	进　口
总　　计	341	21706	7170077.7	67622.7
一、批发业	91	5761	4412600.3	7753.6
1．按登记注册类型分				
内资企业	89	4710	2372251.9	7753.6
国有企业	2	660	323546.3	0
有限责任公司	23	1086	773585.8	1216.0
股份有限公司	1	525	162210.3	0
私营企业	63	2439	1112909.5	6537.6
外商投资企业	2	1051	2040348.4	0
外资企业	1	228	2040348.4	0
2．按批发行业小类分				
农、林、牧产品批发	1	57	174564.8	0
食品、饮料及烟草制品批发	11	1014	458606.4	0
纺织、服装及日用品批发	6	213	35051.9	75.2
文化、体育用品及器材批发	1	12	7851.9	0
医药及医疗器材批发	8	1200	226359.1	0
矿产品、建材及化工产品批发	43	2713	3373103.2	5136.2
机械设备、五金交电及电子产品批发	17	491	81749.7	1127.4
贸易经纪与代理	4	61	55313.3	1414.8
其他批发	0	0	0	0

品购进、库存、销售总额（一）

单位：万元

商品销售额	批发额		零售额	期末商品库存额	年末零售营业面积（平方米）
		出口			
8810311.5	5369575.2	117595.7	3440736.3	532717.2	1109953.0
5545370.3	5215174.7	117595.7	330195.6	293212.9	384939.0
3023939.8	2881744.2	117595.7	142195.6	227518.0	69764.0
455600.8	455063.3	0	537.5	28601.4	2266.0
1137334.1	1132839.9	45813.5	4494.2	89464.1	12215.0
166852.5	65523.2	0	101329.3	3458.4	350.0
1264152.4	1228317.8	71782.2	35834.6	105994.1	54933.0
2521430.5	2333430.5	0	188000.0	65694.9	315175.0
2137750.8	2137750.8	0	0	44237.2	0
166961.3	166961.3	0	0	21851.0	0
607766.4	591131.9	0	16634.5	38206.2	13436.0
37396.9	32665.6	4025.4	4731.3	3359.1	10490.0
8003.9	8003.9	0	0	2420.5	0
604494.1	604281.4	0	212.7	46484.4	620.0
3973923.5	3670664.0	59274.4	303259.5	160643.7	354188.0
91131.3	85773.7	0	5357.6	19527.1	5770.0
55692.9	55692.9	54295.9	0	720.9	435.0
0	0	0	0	0	0

6-2 限额以上批发零售贸易业

项　　　目	法　人 企业数 （个）	从业人员 期末人数 （人）	商　品 购进额	进　口
二、零售业	250	15945	2757477.4	59869.1
1. 按登记注册类型分				
内资企业	248	15787	2698727.7	59869.1
国有企业	1	7	3427.9	0
集体企业	2	33	866.8	0
股份合作企业				
有限责任公司	63	5164	1512312.4	58906.3
股份有限公司				
私营企业	182	10583	1182120.6	962.8
其他企业				
港、澳、台商投资企业	1	92	49209.0	0
2. 按零售行业小类分				
综合零售	41	6293	316196.2	0
食品、饮料及烟草制品专门零售	6	424	7375.4	0
纺织、服装及日用品专门零售	5	389	22507.0	0
文化、体育用品及器材专门零售	11	256	40810.2	0
医药及医疗器材专门零售	14	1537	84974.4	0
汽车、摩托车、燃料及零配件专门零售	127	5237	1166759.9	58906.3
家用电器及电子产品专门零售	29	1566	198777.1	0
五金、家具及室内装修材料专门零售	9	149	23812.5	962.8
货摊、无店铺及其他零售业	8	94	896264.7	0

商品购进、库存、销售总额（二）

单位：万元

商品销售额	批发额	出口	零售额	期末商品库存额	年末零售营业面积（平方米）
3264941.2	154400.5	0	3110540.7	239504.3	725014.0
3189090.3	154400.5	0	3034689.8	229340.1	717009.0
3691.3			3691.3	45.5	996.0
2138.0	0	0	2138.0	69.3	2766.0
1760978.7	113897.0	0	1647081.7	69284.1	308108.0
1422282.3	40503.5	0	1381778.8	159941.2	405139.0
67565.6	0	0	67565.6	8900.7	5183.0
478979.9	4715.2	0	474264.7	36886.9	318928.0
12300.7	1455.9	0	10844.8	326.1	1800.0
29199.0	0	0	29199.0	1318.5	31573.0
40857.5	0	0	40857.5	3717.2	11597.0
103164.6	3424.6	0	99740.0	14713.1	21780.0
1327112.9	23851.6	0	1303261.3	142574.9	227292.0
235955.3	18956.1	0	216999.2	37287.3	67194.0
27821.1	6913.7	0	20907.4	1969.8	41380.0
1009550.2	95083.4	0	914466.8	710.5	3470.0

6-3 限额以上批发和零售业

项　　目	法　人企业数（个）	执行《2006年企业会计准则》企业数（个）	年初存货	流动资产合计	应收帐款
总　　计	341	144	492150.4	2849193.6	437461.7
一、批发业	91	37	289859.2	1907572.2	316459.2
1. 按登记注册类型分					
内资企业	89	35	236255.1	1376556.9	263883.2
国有企业	2	1	22231.3	129734.4	0
有限责任公司	23	11	77247.4	528398.8	147871.2
股份有限公司	1	1	3349.3	59253.5	0
私营企业	63	22	133427.1	659170.2	116012.0
外商投资企业	2	2	53604.1	531015.3	52576.0
外资企业	1	1	33103.3	254589.1	52573.1
2. 按批发行业小类分					
农、林、牧产品批发	1	1	11168.3	41682.4	32.5
食品、饮料及烟草制品批发	11	5	36375.6	188491.6	14182.9
纺织、服装及日用品批发	6	2	3396.0	16946.4	3855.2
文化、体育用品及器材批发	1	1	1405.2	2469.3	548.7
医药及医疗器材批发	8	5	54441.8	387367.0	140561.3
矿产品、建材及化工产品批发	43	22	159556.9	1153024.5	131219.9
机械设备、五金交电及电子产品批发	17	0	23417.2	107297.9	24208.6
贸易经纪与代理	4	1	98.2	10293.1	1850.1

业主要财务状况（一）-1

单位：万元

存货	固定资产合计	固定资产原价	累计折旧	本年折旧	资产总计	流动负债合计	应付帐款	非流动负债合计
517913.8	251194.3	415473.2	161208.8	29131.1	3527657.8	2509887.2	614696.8	249089.6
294076.3	96228.8	182920.2	83689.0	14318.8	2279588.6	1618056.9	462547.8	185701.6
228381.3	72614.8	140655.1	66228.1	12259.3	1625427.0	1184797.0	278723.0	144817.6
24506.6	5676.6	21633.4	15956.8	942.4	136537.5	22230.5	5082.8	278.4
84300.6	20133.8	27059.1	6925.3	1380.0	610276.1	449464.9	126922.6	28127.3
3433.2	13792.6	30908.7	15303.9	948.7	97393.4	33675.6	4020.0	63628.3
116140.9	33011.8	61053.9	28042.1	8988.2	781220.0	679426.0	142697.6	52783.6
65695.0	23614.0	42265.1	17460.9	2059.5	654161.6	433259.9	183824.8	40884.0
44237.2	6377.9	8223.3	1845.4	341.7	274324.1	233637.4	183492.7	0
19892.9	2257.8	3287.3	1029.5	146.3	51439.3	44725.3	606.1	0
43517.9	13047.2	33733.3	20686.1	1713.3	207159.2	64251.0	7681.7	462.2
6718.5	122.8	902.0	779.2	54.7	17070.7	14703.2	8149.4	0
1223.3	0.8	25.7	24.9	0.8	2470.1	1561.1	1426.3	0
42862.3	5482.2	8287.1	2804.9	612.5	438976.2	346932.4	120376.3	23862.8
156811.7	67607.7	125768.4	55158.3	11435.9	1434414.1	1042174.5	263718.0	157295.9
22524.0	7667.1	10659.4	2992.3	340.1	117621.8	94349.5	56919.3	4080.7
525.7	43.2	257.0	213.8	15.2	10437.2	9359.9	3670.7	0

6-3 限额以上批发和零售业

项　　目	负债合计	所有者权益合计	实收资本	国家资本	集体资本	法人资本
总　　计	2759916.7	767741.1	446161.7	51624.3	3565.0	206828.5
一、批发业	1802748.3	476840.3	222699.5	43598.4	50.0	78642.9
1. 按登记注册类型分						
内资企业	1328604.4	296822.6	201508.0	43598.4	50.0	78642.9
国有企业	22798.7	113738.8	3740.7	3740.7	0	0
有限责任公司	477592.2	132683.9	101139.3	39857.7	50.0	49016.0
股份有限公司	97303.9	89.5	0	0	0	0
私营企业	730909.6	50310.4	96628.0	0	0	29626.9
外商投资企业	474143.9	180017.7	21191.5	0	0	0
外资企业	233637.4	40686.7	21191.5	0	0	0
2. 按批发行业小类分						
农畜产品批发	44725.3	6714.0	3048.0	0	0	0
食品、饮料及烟草制品批发	64713.2	142446.0	16446.1	0	50.0	5300.0
纺织、服装及日用品批发	14703.2	2367.5	1900.0	0	0	300.0
文化、体育用品及器材批发	1561.1	909.0	860.0	0	0	-
医药及医疗器材批发	370795.2	68181.0	46426.4	1400.0	0	41700.0
矿产品、建材及化工产品批发	1198170.4	236243.7	131984.6	30000.0	0	21660.9
机械设备、五金交电及电子产品批发	98720.0	18901.8	20594.4	92.3	0	8806.5
贸易经纪与代理	9359.9	1077.3	1440.0	0	0	875.5

企业主要财务状况（一）-2

单位：万元

个人资本	港澳台资本	外商资本	营业收入	主营业务收入	营业成本	主营业务成本	营业税金及附加	主营业务税金及附加	其他业务利润
155402.4	4550.0	24191.5	7899625.4	7800250.1	7242110.3	7204114.4	65951.5	64285.8	54581.8
78216.7	1000.0	21191.5	4986377.3	4966017.5	4649810.3	4633729.0	59404.7	58388.9	4058.9
78216.7	1000.0	0	2711147.8	2699460.9	2445681.3	2436244.1	57343.2	56646.5	4058.9
0	0	0	390146.6	389723.6	276863.5	276816.2	54873.3	54572.1	375.7
12215.6	0	0	1004906.2	1004535.0	959501.2	959476.1	1402.5	1254.9	3111.6
0	0	0	163729.2	156735.0	147805.0	141722.0	184.9	16.3	0
66001.1	1000.0	0	1152365.8	1148467.3	1061511.6	1058229.8	882.5	803.2	571.6
0	0	21191.5	2275229.5	2266556.6	2204129.0	2197484.9	2061.5	1742.4	0
0	0	21191.5	1943409.9	1943376.9	1919102.4	1919102.4	1474.4	1474.4	0
0	0	0	152707.9	152707.9	150376.4	150376.4	154.7	7.1	0
2038.0	0	0	524809.1	524318.3	396222.0	396174.7	55225.9	54924.7	815.5
1600.0	0	0	34405.4	34405.4	32480.2	32480.2	29.3	29.3	0.4
860.0	0	0	6881.1	6881.1	6765.7	6765.7	1.0	1.0	0
3326.4	0	0	527046.0	523514.5	464171.3	461064.8	783.0	783.0	118.4
59132.2	0	21191.5	3599477.3	3583144.3	3468933.7	3456006.2	3032.1	2466.3	453.6
10695.6	1000.0	0	84744.3	84739.8	77506.5	77506.5	166.3	165.1	2575.4
564.5	0	0	56306.2	56306.2	53354.5	53354.5	12.4	12.4	95.6

6-3 限额以上批发和零售业

项　　目	销售费用	管理费用	财务费用
总　　计	276843.8	133097.2	36135.5
一、批发业	77117.6	52481.7	18494.1
1. 按登记注册类型分			
内资企业	57001.1	39969.5	15721.4
国有企业	5829.5	14350.1	-2653.8
有限责任公司	21071.7	10685.6	5021.5
股份有限公司	12513.4	-2335.6	127.2
私营企业	17586.5	17269.4	13226.5
外商投资企业	20116.5	12512.2	2772.7
外资企业	4463.5	8357.3	2698.5
2. 按批发行业小类分			
农畜产品批发	1076.0	390.2	0
食品、饮料及烟草制品批发	12892.0	16094.2	-2472.6
纺织、服装及日用品批发	769.9	803.6	438.2
文化、体育用品及器材批发	62.9	42.7	4.6
医药及医疗器材批发	10126.8	7944.7	5310.5
矿产品、建材及化工产品批发	47406.1	23727.8	14975.2
机械设备、五金交电及电子产品批发	2415.8	2816.7	361.4
贸易经纪与代理	2368.1	661.8	-123.2

企业主要财务状况（一）-3

单位：万元

利息收入	利息支出	营业利润	营业外收入	利润总额	所得税费用	应付职工薪酬	应交增值税	从事批发和零售业活动的从业人员平均人数（人）
11840.4	34907.4	116412.6	8653.8	121672.9	21203.0	132080.6	55250.0	21665
10916.5	25804.3	102363.6	2045.9	102034.2	15845.7	51937.5	23915.2	5670
9781.7	22077.6	67282.3	2020.9	67852.5	13979.1	38398.3	23387.7	4765
2656.2	0	40895.1	2.4	40892.3	10223.2	13291.1	17037.6	664
5731.2	9630.1	13185.4	499.1	13447.1	1724.6	9273.8	1153.6	1099
0	0	5434.9	2.5	5144.2	0	4239.4	151.2	525
1394.3	12447.5	7766.9	1516.9	8368.9	2031.3	11594.0	5045.3	2477
1134.8	3726.7	35081.3	25.0	34181.7	1866.6	13539.2	527.5	905
1134.4	3652.1	9451.6	22.3	9115.4	1866.6	5865.0	-1938.5	82
2.5	0	1097.3	69.3	1164.5	405.7	669.4	-1984.2	53
2982.0	13.7	47651.8	150.7	47506.5	10790.8	15748.1	19416.2	1060
0	108.0	-116.5	5.1	-132.5	14.6	963.9	126.4	213
0	4.3	4.2	0	4.2	1.1	46.0	8.0	12
5405.3	9205.4	9007.7	93.1	9016.2	995.4	7215.7	972.3	1166
2513.7	16212.1	43150.0	1570.7	42895.3	3584.7	24402.3	5387.3	2575
22.2	260.5	1536.1	110.5	1563.6	45.1	2515.3	-74.4	527
-9.2	0.3	33.0	46.5	16.4	8.3	376.8	63.6	64

6-3 限额以上批发和零售业

项目	法人企业数（个）	执行《2006年企业会计准则》企业数（个）	年初存货	流动资产合计	应收帐款
二、零售业	250	107	202291.2	941621.4	121002.5
1．按登记注册类型分					
内资企业	248	107	198421.6	927552.2	119805.8
国有企业	1	1	36.3	16.7	-36.3
集体企业	2	0	275.1	1498.5	284.4
股份合作企业					
有限责任公司	63	32	66020.1	272814.5	48565.9
股份有限公司					
私营企业	182	74	132090.1	653222.5	70991.8
其他企业					
港、澳、台商投资企业	1	0	3869.6	11515.7	639.0
2．按零售行业小类分					
综合零售	41	25	28303.5	168926.6	7313.6
食品、饮料及烟草制品专门零售	6	-	421.4	6466.7	1372.1
纺织、服装及日用品专门零售	5	2	874.0	117068.4	8795.8
文化、体育用品及器材专门零售	11	2	2698.2	40675.4	9106.7
医药及医疗器材专门零售	14	6	11298.8	33535.8	9658.0
汽车、摩托车、燃料及零配件专门零售	127	54	116604.5	401899.7	40777.3
家用电器及电子产品专门零售	29	12	37616.7	115890.8	17376.3
五金、家具及室内装修材料专门零售	9	2	1851.1	10711.4	1835.4
货摊、无店铺及其他零售业	8	4	2623.0	46446.6	24767.3

企业主要财务状况（二）-1

单位：万元

存货	固定资产合计	固定资产原价	累计折旧	本年折旧	资产总计	流动负债合计	应付帐款	非流动负债合计
223837.5	154965.5	232553.0	77519.8	14812.3	1248069.2	891830.3	152149.0	63388.0
215326.3	152992.2	229940.4	76880.5	14628.7	1230641.4	882115.5	146702.1	63388.0
37.9	0	0	0	0	12.5	0	0	0
60.0	163.8	401.2	237.4	34.0	1662.3	1456.1	1267.3	0
61578.7	61293.3	89789.0	28494.7	7912.5	369160.1	294362.8	70560.8	5482.7
153649.7	91535.1	139750.2	48148.4	6682.2	859806.5	586296.6	74874.0	57905.3
7422.0	1353.2	1966.0	612.8	157.1	13384.3	8363.3	5342.6	0
27293.2	73731.1	108734.9	35003.8	3443.8	316720.4	227259.7	45602.2	837.6
895.8	2399.3	3096.7	697.4	109.0	13670.0	7652.0	3212.3	0
1297.2	12856.9	17276.2	4419.3	892.7	139170.9	63050.2	10517.1	49128.7
3082.4	3962.9	8017.2	4054.3	217.9	51158.3	20632.9	10104.8	0
16775.8	1305.9	2398.9	1092.9	393.6	39702.7	20182.4	7567.7	1463.8
133457.3	53640.7	81421.2	27713.9	8058.0	495969.4	409151.2	41515.4	6979.1
38127.9	4666.9	7999.6	3332.7	913.3	131260.5	89251.4	11259.8	1078.8
2265.6	242.7	356.2	112.5	62.3	10981.4	4679.4	2103.5	3900.0
642.3	2159.1	3252.1	1093.0	721.7	49435.6	49971.1	20266.2	0

6-3 限额以上批发和零售业

项　　目	负债合计	所有者权益合计	实收资本	国家资本	集体资本	法人资本
二、零售业	957168.4	290900.8	223462.2	8025.9	3515.0	128185.6
1. 按登记注册类型分						
内资企业	947453.6	283187.8	216962.2	8025.9	3515.0	128185.6
国有企业	12.5					
集体企业	1456.1	206.2	76.0	0	76.0	0
股份合作企业						
有限责任公司	307313.1	61847.0	56576.2	5025.9	2451.0	38278.8
股份有限公司						
私营企业	638671.9	221134.6	160310.0	3000.0	988.0	89906.8
其他企业						
港、澳、台商投资企业	8363.3	5021.0	3500.0	0	0	0
2. 按零售行业小类分						
综合零售	235647.3	81073.1	60575.0	6485.9	2039.0	35750.0
食品、饮料及烟草制品专门零售	7652.0	6018.0	5182.5	0	0	3482.5
纺织、服装及日用品专门零售	112178.9	26992.0	24550.0	0	0	22000.0
文化、体育用品及器材专门零售	20632.9	30525.4	2380.0	0	0	1000.0
医药及医疗器材专门零售	21646.2	18056.5	7529.9	0	0	2168.9
汽车、摩托车、燃料及零配件专门零售	410612.7	85356.7	94980.5	1540.0	1476.0	49938.1
家用电器及电子产品专门零售	90247.9	41012.6	21318.2	0	0	6910.0
五金、家具及室内装修材料专门零售	8579.4	2402.0	3836.6	0	0	3836.6
货摊、无店铺及其他零售业	49971.1	-535.5	3109.5	0	0	3099.5

企业主要财务状况（二）-2

单位：万元

个人资本	港澳台资本	外商资本	营业收入	主营业务收入	营业成本	主营业务成本	营业税金及附加	主营业务税金及附加	其他业务利润
77185.7	3550.0	3000.0	2913248.1	2834232.6	2592300.0	2570385.4	6546.8	5896.9	50522.9
77185.7	50.0	0	2845505.3	2768985.2	2529917.6	2509230.2	6458.7	5808.8	50522.9
0	0	0	3182.2	3182.2	2955.1	2955.1	6.6	6.6	0
0	0	0	2158.1	1841.2	1931.8	1636.7	5.7	5.7	316.9
10820.5	0	0	1554451.0	1530033.9	1379700.9	1377928.1	3198.5	2619.8	19778.7
66365.2	50.0	0	1285714.0	1233927.9	1145329.8	1126710.3	3247.9	3176.7	30427.3
0	3500.0	0	60577.9	58082.5	55840.3	54613.1	87.9	87.9	0
16250.1	50.0	0	464030.8	409782.5	376939.8	359329.7	2338.5	1736.9	31291.5
1700.0	0	0	10021.9	10021.9	9348.9	9348.9	13.8	13.8	6.6
2550.0	0	0	32953.2	24822.2	21742.5	21738.4	323.3	323.3	4686.0
1380.0	0	0	37601.4	36785.9	23889.1	23804.9	225.7	225.2	731.3
5361.0	0	0	90811.9	88982.3	71450.5	71450.5	367.2	365.0	1821.7
35526.4	3500.0	3000.0	1168806.7	1159645.4	1094735.3	1091227.2	1734.1	1694.7	8546.5
14408.2	0	0	209657.1	204827.3	182037.3	181329.2	416.9	414.7	3439.3
0	0	0	23624.0	23624.0	20766.2	20766.2	44.6	40.6	0
10.0	0	0	875741.1	875741.1	791390.4	791390.4	1082.7	1082.7	0

6-3 限额以上批发和零售业

项　　　目	销售费用	管理费用	财务费用
二、零售业	199726.2	80615.5	17641.4
1. 按登记注册类型分			
内资企业	196171.8	79185.5	17646.9
国有企业	141.2	7.4	2.2
集体企业	58.6	123.4	0.1
股份合作企业			
有限责任公司	131541.4	21240.5	4389.6
股份有限公司			
私营企业	64430.6	57814.2	13255.0
其他企业			
港、澳、台商投资企业	2957.6	1112.1	-17.5
2. 按零售行业小类分			
综合零售	46811.3	29173.4	3921.5
食品、饮料及烟草制品专门零售	236.1	512.2	0.4
纺织、服装及日用品专门零售	854.1	7324.1	2874.3
文化、体育用品及器材专门零售	2379.1	3107.1	-77.6
医药及医疗器材专门零售	11573.9	4021.7	132.8
汽车、摩托车、燃料及零配件专门零售	43520.9	25822.7	6555.0
家用电器及电子产品专门零售	11553.4	7313.2	3414.7
五金、家具及室内装修材料专门零售	490.1	1442.7	500.7
货摊、无店铺及其他零售业	82307.3	1898.4	319.6

企业主要财务状况（二）-3

单位：万元

利息收入	利息支出	营业利润	营业外收入	利润总额	所得税费用	应付职工薪酬	应交增值税	从事批发和零售业活动的从业人员平均人数（人）
923.9	9103.1	14049.0	6607.9	19638.7	5357.3	80143.1	31334.8	15995
890.9	9103.1	13755.6	6539.5	19335.3	5141.7	78125.0	30925.7	15840
—	—	69.6	—	69.6	—	1.5	46.3	7
—	0.1	38.3	—	37.7	3.7	130.7	29.2	33
679.6	1431.8	13021.3	1216.5	13681.2	1744.0	26959.0	14092.4	5073
211.3	7671.2	626.4	5323.0	5546.8	3394.0	51033.8	16757.8	10727
33.0	—	597.5	67.9	611.3	215.6	1667.3	407.2	89
396.9	783.6	5173.2	5033.7	9907.5	2229.6	25945.6	6014.7	6253
0.1	—	-82.9	263.6	176.0	10.2	2555.9	98.7	500
60.0	2926.0	210.1	28.3	186.1	51.3	1905.7	517.6	396
107.6	22.3	4864.8	33.4	4897.5	29.1	3766.2	113.3	415
-18.0	128.6	3199.0	49.0	3022.9	722.3	5799.4	2894.3	1485
334.3	2534.7	-3576.6	1141.3	-3253.9	1616.9	32325.5	10739.4	5049
43.2	2144.2	5140.8	36.7	5581.2	477.7	7198.7	1539.3	1587
-0.2	282.7	378.4	—	378.4	27.8	595.0	316.3	148
—	281.0	-1257.8	21.9	-1257.0	192.4	51.1	9101.2	162

6-4 分县（市、区）限额以上批发和

项　　目	合　计	安次区	广阳区	三河市
法人企业数（个）	341	32	62	53
从业人员期末人数（人）	21706	1906	9079	3016
商品购进额	7170077.7	518707.1	1541443.4	424785.2
其中：进口	67622.7	—	—	—
商品销售额	8810311.5	594441.5	2348945.8	457825.4
其中：批发额	5369575.2	—	1127932.3	134441.7
其中：出口	117595.7	—	—	—
零售额	3440736.3	416536.7	1221013.5	323383.7
期末商品库存额	532717.2	62003.0	162141.8	36602.1
年末零售营业面积（平方米）	1109953.0	91726.0	532874.0	176097.0

零售业企业购进、库存、销售情况

单位：万元

大厂县	香河县	固安县	永清县	霸州市	文安县	大城县	开发区
17	22	22	25	45	17	12	34
455	924	878	861	1534	405	327	2321
252360.0	95596.1	595581.9	44511.6	543164.1	120497.6	97104.1	2936326.6
—	—	—	—	—	—	—	27794.8
248473.7	112601.5	660366.0	58687.4	624131.3	138374.9	102554.8	3463909.2
214182.7	36150.2	188944.9	20430.4	397792.6	—	—	2951712.7
—	—	—	—	—	—	—	—
—	76451.3	471421.1	38257.0	226338.7	31896.0	88950.8	512196.5
22476.7	12080.9	14932.2	4920.3	37161.4	29850.5	3689.4	146858.9
22899.0	81928.0	64697.0	14411.0	46844.0	27052.0	18320.0	33105.0

6-5 分县（市、区）限额以上

项　　　目	合　计	安次区	广阳区	三河市
法人企业数（个）	341	32	62	53
其中：执行《2006年企业会计准则》企业数（个）	144	9	42	26
年初存货	492150.4	47918.7	159197.5	28786.6
流动资产合计	2849193.6	225724.6	943597.9	181014.3
其中：应收帐款	437461.7	19175.6	90302.9	23881.4
存货	517913.8	57117.9	157258.8	33460.2
固定资产合计	251194.3	36899.5	84768.9	42091.8
固定资产原价	415473.2	54247.0	168766.4	59164.7
累计折旧	161208.8	17347.5	80995.1	17072.9
其中：本年折旧	29131.1	3289.0	10373.4	2962.1
资产总计	3527657.8	342976.4	1217332.6	244957.2
流动负债合计	2509887.2	241681.7	653202.2	171501.4
其中：应付帐款	614696.8	29827.0	87735.2	34782.5
非流动负债合计	249089.6	44708.9	135735.7	21346.5
负债合计	2759916.7	285090.6	788937.9	193055.3
所有者权益合计	767741.1	57885.8	428394.7	51901.9
其中：实收资本	446161.7	59880.8	86369.5	66042.3
国家资本	51624.3	—	9928.4	—
集体资本	3565.0	—	1126.0	—
法人资本	206828.5	13857.8	32529.0	46803.0
个人资本	155402.4	38483.0	42786.1	19097.0
港澳台资本	4550.0	—	—	—
外商资本	24191.5	—	—	—

批发和零售业企业财务状况（一）

单位：万元

大厂县	香河县	固安县	永清县	霸州市	文安县	大城县	开发区
17	22	22	25	45	17	12	34
3	6	10	2	12	12	—	19
5138.7	9359.2	14386.8	7070.4	39877.4	44177.8	4185.8	132051.5
48738.1	20898.3	108039.8	33643.0	225426.8	199260.2	34814.4	828036.2
7546.2	—	21644.5	12401.3	38786.6	20565.2	4253.8	196844.9
16439.1	—	13633.2	7583.1	41226.1	40824.5	7979.4	135178.3
1450.3	—	11776.4	4557.9	10754.6	11863.9	5458.7	34019.8
2975.7	—	14996.6	6434.6	19356.0	21587.6	8669.7	49720.5
1525.4	—	3220.2	1876.7	8601.4	9657.1	3211.0	15700.7
269.0	—	937.6	599.0	1547.8	6426.9	938.6	3276.9
51646.7	36358.1	123436.3	44705.8	247602.6	215423.7	43156.8	960061.6
23372.5	23384.3	113412.3	35180.6	223164.7	226897.6	34361.2	763728.7
1977.9	4926.3	19095.7	9911.5	57999.9	19940.5	3509.4	344990.9
—	—	—	—	92.1	8761.6	—	34431.5
23385.0	27284.3	113521.6	35180.6	223256.8	243209.2	34411.7	792583.7
28261.7	9073.8	9914.7	9525.2	24345.8	-27785.5	8745.1	167477.9
27864.6	8863.5	17593.1	9370.6	46363.7	14658.4	4620.6	104534.6
—	—	—	—	—	—	—	—
—	—	—	—	—	—	—	—
2560.0	7293.5	1970.5	-	20444.8	12892.4	2045.0	60720.9
5304.6	1570.0	4622.6	3159.0	23913.0	—	1987.6	13164.5
—	—	—	—	—	—	—	—
—	—	—	—	—	—	—	—

6-5 分县（市、区）限额以上

项　　目	合　计	安次区	广阳区	三河市
营业收入	7899625.4	533898.0	2098156.3	428159.5
其中：主营业务收入	7800250.1	528731.8	2031441.8	413769.4
营业成本	7242110.3	494903.8	1740190.5	383167.4
其中：主营业务成本	7204114.4	493589.5	1708868.2	382406.3
税金及附加	65951.5	597.2	58550.2	1313.6
其中：主营业务税金及附加	64285.8	596.0	57183.9	1280.6
其他业务利润	54581.8	1865.6	31147.4	-
销售费用	276843.8	19291.7	99567.4	24922.7
管理费用	133097.2	15261.1	56503.8	16290.6
财务费用	36135.5	5143.8	5191.4	5171.0
其中：利息收入	11840.4	259.1	2946.9	54.9
利息支出	34907.4	5037.0	3300.1	3900.5
营业利润	116412.6	-651.6	101034.6	-3798.9
营业外收入	8653.8	1231.6	613.7	3281.5
利润总额	121672.9	487.1	100096.0	-477.8
所得税费用	21203.0	1928.8	13337.8	576.8
应付职工薪酬	132080.6	12013.1	61835.7	14729.9
应交增值税	55250.0	2868.7	28786.0	3594.0
从事批发和零售业活动的从业人员平均人数（人）	21665	1921	9279	2807

批发和零售业企业财务状况（二）

单位：万元

大厂县	香河县	固安县	永清县	霸州市	文安县	大城县	开发区
215301.6	99270.7	578132.4	47902.2	553678.8	130231.1	93966.9	3120927.9
215086.2	97726.0	575802.7	47873.7	547744.3	129451.3	93091.6	3119531.3
209413.0	85885.5	526916.9	44565.9	534456.3	125744.9	89150.1	3007716.0
209413.0	85885.5	526916.9	44565.9	531200.8	125744.9	88069.1	3007454.3
164.7	192.8	611.7	66.8	266.4	213.5	177.2	3797.4
163.4	188.8	611.7	65.3	266.4	197.2	170.8	3561.7
—	—	—	944.3	—	—	—	3979.4
3028.1	5588.7	45876.1	1039.9	9578.8	822.0	1969.4	65159.0
2518.2	4117.9	3844.9	1919.5	6280.8	1818.1	1921.0	22621.3
294.5	1198.5	640.4	793.3	3144.1	5006.7	114.4	9437.4
-24.7	-5.7	281.3	0.4	482.6	924.8	5.0	6915.8
172.5	—	-177.8	—	2329.6	4787.5	—	14389.7
-128.7	2704.2	171.8	-42.2	-877.4	-3165.4	668.8	20497.4
—	—	379.7	282.0	409.7	576.2	48.5	459.9
18.3	3879.9	473.3	174.1	-1058.2	-2832.8	669.9	20243.1
74.7	139.8	233.7	210.4	474.9	26.3	57.2	4142.6
1713.8	3752.2	3218.1	4363.1	6321.4	1730.8	1193.1	21209.4
468.3	2003.5	5261.9	297.5	4390.4	222.6	380.5	6976.6
462	944	896	907	1565	440	302	2142

6-6 限额以上住宿

项目	法人企业数（个）	从业人员期末人数（人）	营业额	客房收入
总计	65	5293	101797.3	28283.8
一、住宿业	33	3692	80209.6	25729.6
1．按登记注册类型分				
内资企业	33	3692	80209.6	25729.6
国有企业	3	324	3453.0	1320.1
集体企业	1	84	1232.1	539.1
有限责任公司	7	1123	26467.1	9112.8
股份有限公司	1	5	392.8	330.2
私营企业	21	2156	48664.6	14427.4
2．按住宿行业小类分				
旅游饭店	20	2023	45670.8	13602.2
一般旅馆	12	1634	33866.5	12014.4
其他住宿业	1	35	672.3	113.0
二、餐饮业	32	1601	21587.7	2554.2
1．按登记注册类型分				
内资企业	32	1601	21587.7	2554.2
有限责任公司	7	263	4113.6	—
股份有限公司	1	—	—	—
私营企业	24	1338	17474.1	2554.2
2．按餐饮行业小类分				
正餐服务	31	1584	21026.4	2554.2
快餐服务	1	17	561.3	—

和餐饮业经营情况

单位：万元

餐费收入	商品销售收入	其他收入	客房数（间）	床位数（个）	餐位数（位）	年末餐饮营业面积（平方米）
55393.8	2286.5	15833.2	16334	26705	49316	201702.0
37624.1	1785.5	15070.4	13297	22249	34711	147490.0
37624.1	1785.5	15070.4	13297	22249	34711	147490.0
2122.7	1.1	9.1	510	889	1940	21045.0
693.0	—	—	83	166	260	360.0
8747.6	610.3	7996.4	1348	2042	4095	43868.0
51.6	11.0	—	113	168	—	2495.0
26009.2	1163.1	7064.9	11243	18984	28416	79722.0
22798.5	387.9	8882.2	11328	19400	31574	96042.0
14822.0	1347.5	5682.6	1834	2619	3117	51198.0
3.6	50.1	505.6	135	230	20	250.0
17769.7	721.1	104.9	3037	4456	14605	54212.0
17769.7	721.1	104.9	3037	4456	14605	54212.0
3997.7	33.1	—	—	—	1903	10115.0
—	—	—	—	—	—	2000.0
13772.0	688.0	104.9	3037	4456	12702	42097.0
—	—	—	—	—	—	—
17209.6	721.1	104.9	3037	4456	14565	53498.0
560.1	—	—	—	—	40	714.0

6-7 限额以上住宿和

项　　目	法人企业数（个）	执行《2006年企业会计准则》企业数（个）	年初存货	流动资产合计	应收帐款
总　　计	65	38	8416.3	267421.8	23884.0
一、住宿业	33	19	7268.2	248805.9	22924.6
1．按登记注册类型分					
内资企业	33	19	7268.2	248805.9	22924.6
有限责任公司	7	5	1271.1	112777.8	1440.7
股份有限公司	1	—	11.3	925.9	1.0
私营企业	21	10	5130.6	127990.4	20861.9
2．按国民经济行业分组					
旅游饭店	20	13	2679.3	50192.1	19936.5
一般旅馆	12	6	4588.9	198542.1	2984.9
其他住宿业	1	—	—	71.7	3.2
二、餐饮业	32	19	1148.1	18615.9	959.4
1．按登记注册类型分					
内资企业	32	19	1148.1	18615.9	959.4
有限责任公司	7	5	22.3	2544.6	78.3
股份有限公司	1	1	—	—	—
私营企业	24	13	1125.8	16071.3	881.1
2．按餐饮行业小类分					
正餐服务	31	19	1069.8	18321.6	959.3
快餐服务	1	—	78.3	294.3	0.1

餐饮业财务状况（一）

单位：万元

存货	固定资产合计	固定资产原价	累计折旧	本年折旧	资产总计	流动负债合计	应付帐款	非流动负债合计
10302.3	113323.1	197336.5	83939.3	9373.6	421356.2	320791.8	10369.0	75832.6
8821.8	101765.0	180807.7	78968.6	6386.4	387572.9	294193.5	8744.0	74185.1
8821.8	101765.0	180807.7	78968.6	6386.4	387572.9	294193.5	8744.0	74185.1
1300.1	49525.0	99722.6	50123.5	2755.0	171547.4	31187.0	3688.7	49500.0
—	3.3	16.5	13.2	2.4	948.7	—	—	—
6672.0	44517.2	65780.6	21263.4	3395.4	191905.4	243003.7	3764.5	24609.8
3733.2	73575.9	131128.3	57478.3	4104.9	139721.4	136344.4	6856.6	24673.1
5088.6	26571.1	46013.8	19442.7	2141.4	244978.4	156059.8	1887.4	49512.0
—	1618.0	3665.6	2047.6	140.1	2873.1	1789.3	—	—
1480.5	11558.1	16528.8	4970.7	2987.2	33783.3	26598.3	1625.0	1647.5
1480.5	11558.1	16528.8	4970.7	2987.2	33783.3	26598.3	1625.0	1647.5
447.3	1544.0	1776.1	232.1	59.7	5356.3	3298.1	82.6	—
1033.2	10014.1	14752.7	4738.6	2927.5	28427.0	23300.2	1542.4	1647.5
1371.6	11558.1	16522.1	4964.0	2985.8	33482.3	26597.3	1624.0	1647.5
108.9	-	6.7	6.7	1.4	301.0	1.0	1.0	—

6-7 限额以上住宿和

项　　　目	负债合计	所有者权益合计	实收资本	国家资本	法人资本
总　　计	398407.7	22948.5	104655.6	21167.7	74622.1
一、住宿业	370161.9	17411.0	98501.4	21167.7	71612.1
1. 按登记注册类型分					
内资企业	370161.9	17411.0	98501.4	21167.7	71612.1
有限责任公司	80687.0	90860.4	59888.0	8588.0	51280.0
股份有限公司	841.3	107.4	107.4	—	107.4
私营企业	268555.5	-76650.1	24164.5	—	19044.7
2. 按国民经济行业分组					
旅游饭店	161959.5	-22238.1	41322.7	21167.7	15641.4
一般旅馆	206413.1	38565.3	56175.4	—	54967.4
其他住宿业	1789.3	1083.8	1003.3	—	1003.3
二、餐饮业	28245.8	5537.5	6154.2	—	3010.0
1. 按登记注册类型分					
内资企业	28245.8	5537.5	6154.2	—	3010.0
有限责任公司	3298.1	2058.2	895.0	—	395.0
股份有限公司					
私营企业	24947.7	3479.3	5259.2	—	2615.0
2. 按餐饮行业小类分					
正餐服务	28244.8	5237.5	5854.2	—	3010.0
快餐服务	1.0	300.0	300.0	—	—

餐饮业财务状况（二）

单位：万元

个人资本	港澳台资本	外商资本	营业收入	主营业务收入	营业成本	主营业务成本	税金及附加	主营业务税金及附加	其他业务利润
8284.0	—	—	99980.3	98659.3	52232.4	52139.3	1386.1	591.6	1940.8
5139.8	—	—	78731.7	77415.0	41074.7	40981.6	1147.0	354.5	1117.2
5139.8	—	—	78731.7	77415.0	41074.7	40981.6	1147.0	354.5	1117.2
20.0	—	—	26640.9	26132.7	19126.3	19093.6	743.6	64.7	—
—	—	—	391.1	391.1	373.5	373.5	1.2	1.2	—
5119.8	-	-	46649.1	45840.6	19128.3	19067.9	367.5	253.9	—
3931.8	—	—	45708.2	44566.5	25799.6	25797.6	1005.7	213.2	1117.2
1208.0	—	—	32351.2	32176.2	15080.9	14989.8	97.2	97.2	—
—	—	—	672.3	672.3	194.2	194.2	44.1	44.1	—
3144.2	—	—	21248.6	21244.3	11157.7	11157.7	239.1	237.1	823.6
3144.2	—	—	21248.6	21244.3	11157.7	11157.7	239.1	237.1	823.6
500.0	—	—	4026.2	4021.9	2079.8	2079.8	18.2	18.2	—
2644.2	—	—	17222.4	17222.4	9077.9	9077.9	220.9	218.9	823.6
2844.2	—	—	20687.3	20683.0	10989.5	10989.5	237.1	235.1	823.6
300.0	—	—	561.3	561.3	168.2	168.2	2.0	2.0	—

.6-7 限额以上住宿和

项　　目	销售费用	管理费用	财务费用	利息收入
总　计	32506.4	17700.4	1432.8	28.3
一、住宿业	26200.1	14668.5	1356.7	27.0
1. 按登记注册类型分				
内资企业	26200.1	14668.5	1356.7	27.0
有限责任公司	2692.2	4978.2	151.9	23.2
股份有限公司	0.9	12.9	0.5	0.5
私营企业	21404.8	7670.9	1075.6	0.3
2. 按国民经济行业分组				
旅游饭店	9880.4	9875.7	1129.2	15.1
一般旅馆	16302.1	4554.3	227.6	11.8
其他住宿业	17.6	238.5	-0.1	0.1
二、餐饮业	6306.3	3031.9	76.1	1.3
1. 按登记注册类型分				
内资企业	6306.3	3031.9	76.1	1.3
有限责任公司	1263.0	400.2	23.6	—
股份有限公司				
私营企业	5043.3	2631.7	52.5	1.3
2. 按餐饮行业小类分				
正餐服务	6116.1	3031.5	75.7	1.3
快餐服务	190.2	0.4	0.4	—

餐饮业财务状况（三）

单位：万元

利息支出	营业利润	营业外收入	利润总额	所得税费用	应付职工薪酬	应交增值税	从事住宿和餐饮业活动的从业人员平均人数（人）
964.2	-5704.9	3076.9	-2896.3	1354.8	27312.1	1637.6	5160
941.8	-5904.2	2983.6	-3144.9	1254.1	23058.1	1391.6	3678
941.8	-5904.2	2983.6	-3144.9	1254.1	23058.1	1391.6	3678
154.4	-1031.5	2684.8	1539.2	266.5	8824.6	440.1	1127
—	2.1	—	2.1	—	—	11.7	8
787.4	-3358.0	123.0	-3339.0	954.3	12296.5	887.6	2136
787.4	-1928.0	2892.6	844.3	1229.4	12979.0	1092.5	2032
154.4	-4154.2	90.6	-4165.2	24.7	10079.1	299.1	1619
—	178.0	0.4	176.0	—	—	—	27
22.4	199.3	93.3	248.6	100.7	4254.0	246.0	1482
22.4	199.3	93.3	248.6	100.7	4254.0	246.0	1482
22.0	240.6	51.2	277.5	34.3	464.1	-59.3	208
0.4	-41.3	42.1	-28.9	66.4	3789.9	305.3	1274
22.0	-0.4	93.3	48.9	100.7	4254.0	229.2	1465
0.4	199.7	—	199.7	—	—	16.8	17

6-8 分县（市、区）限额以上

项　　目	合　计	安次区	广阳区	三河市
法人企业数（个）	65	4	21	17
从业人员期末人数（人）	5293	296	1541	1377
营业额	101797.3	5057.6	26937.2	20234.1
其中：客房收入	28283.8	—	7031.3	7301.2
餐费收入	55393.8	3164.6	13884.4	9219.5
商品销售收入	2286.5	—	162.9	461.5
其他收入	15833.2	78.0	5858.6	—
客房数（间）	16334	—	1240	1536
床位数（个）	26705	—	2027	2435
餐位数（位）	49316	1680	5864	10013
年末餐饮营业面积（平方米）	201702.0	16541.0	52991.0	59511.0

住宿和餐饮业企业经营状况

单位：万元

大厂县	香河县	永清县	固安县	霸州市	文安县	大城县	开发区
1	3	—	9	3	-	4	3
231	334	—	292	120	-	188	914
3712.3	3609.8	—	15868.9	1714.8	-	2888.0	21774.6
1420.5	1842.2	—		580.4	—	—	—
826.8	1734.2	—	12731.4	371.1	—	2065.6	11396.2
208.9	—	—	197.4	—	—	—	—
1256.1	—	—	—	763.3	—	—	—
191	2880	—	—	230	—	—	—
375	4089	—	—	443	—	—	—
600	3646	—	1681	218	—	24425	1189
6000.0	20520.0	—	16280.0	8800.0	—	12500.0	8559.0

6-9 分县（市、区）限额以上住宿

项　　　目	合　计	安次区	广阳区	三河市
法人企业数（个）	65	4	21	17
其中：执行《2006 年企业会计准则》企业数（个）	38	—	16	10
年初存货	8416.3	20.7	2290.7	1270.6
流动资产合计	267421.8	2040.9	20553.2	120073.2
其中：应收帐款	23884.0	608.8	921.4	8693.4
存货	10302.3	—	2433.0	1906.6
固定资产合计	113323.1	—	35349.9	49384.3
固定资产原价	197336.5	—	78024.4	73758.0
累计折旧	83939.3	—	42600.4	24373.7
其中：本年折旧	9373.6	—	4045.1	2119.7
资产总计	421356.2	2683.5	64524.3	182010.7
流动负债合计	320791.8	2348.7	51271.0	43940.4
其中：应付帐款	10369.0	939.0	2238.1	3920.8
非流动负债合计	75832.6	—	—	—
负债合计	398407.7	2424.0	52225.8	112980.2
所有者权益合计	22948.5	259.5	12298.5	69030.5
其中：实收资本	104655.6	974.1	19208.6	65651.5
国家资本	21167.7	—	—	—
集体资本	581.8	—	—	—
法人资本	74622.1	—	3455.0	—
个人资本	8284.0	—	2410.0	3530.0
港澳台资本	—	—	—	—
外商资本	—	—	—	—

和餐饮业企业财务状况（一）

单位：万元

大厂县	香河县	永清县	固安县	霸州市	文安县	大城县	开发区
1	3	—	9	3	—	4	3
1	—	—	4	—	—	—	—
182.0	192.6	—	75.7	46.4	—	—	4312.1
7474.1	6649.3	—	14557.4	966.6	—	1151.2	93955.9
123.2	40.9	—	10801.3	74.3	—	399.3	—
178.4	507.9	—	493.3	43.4	—	—	—
4982.6	—	—	2346.0	180.2	—	911.8	—
10663.2	—	—	3521.2	1378.9	—	1182.2	11223.6
5680.6	—	—	1175.2	1198.7	—	270.4	6828.2
358.7	—	—	351.4	26.4	—	74.4	1203.6
14479.8	24970.7	—	18828.9	1168.3	—	2279.5	110410.5
807.1	17551.4	—	52587.7	1358.7	—	1448.2	149478.6
55.2	-	—	1946.2	—	—	172.8	—
-	6692.7	—	—	—	—	—	—
807.1	24244.1	—	53441.0	1358.7	—	1448.2	149478.6
13672.7	726.6	—	-34612.1	-190.4	—	831.3	-39068.1
7600.0	4016.7	—	1372.4	543.8	—	630.5	4658.0
7600.0	—	—	—	—	—	—	—
—	—	—	—	—	—	—	—
—	3755.0	—	622.4		—	300.0	4650.0
—	261.7	—	750.0	443.8	—	—	—
—	—	—	—	—	—	—	—
—	—	—	—	—	—	—	—

6-9 分县（市、区）限额以上住宿

项　　　目	合　计	安次区	广阳区	三河市
营业收入	99980.3	4896.3	27229.6	20468.5
其中：主营业务收入	98659.3	4796.3	27204.0	19692.7
营业成本	52232.4	2627.7	18352.1	9153.6
其中：主营业务成本	52139.3	2627.7	18350.5	9122.5
税金及附加	1386.1	7.4	712.8	149.6
其中：主营业务税金及附加	591.6	7.4	219.2	149.6
其他业务利润	1940.8	—	—	—
销售费用	32506.4	985.5	5225.3	8125.8
管理费用	17700.4	1189.1	4627.8	3713.8
财务费用	1432.8	—	210.7	494.0
其中：利息收入	28.3	—	3.2	11.7
利息支出	964.2	—	—	—
营业利润	-5704.9	83.0	-1747.6	-1081.6
营业外收入	3076.9	—	2834.0	92.4
利润总额	-2896.3	85.0	941.5	-995.5
所得税费用	1354.8	6.2	49.3	39.4
应付职工薪酬	27312.1	1273.2	7009.6	6772.3
应交增值税	1637.6	43.2	326.4	418.0
从事住宿和餐饮业活动的从业人员平均人数（人）	5160	308	1441	1434

和餐饮业企业财务状况（二）

单位：万元

大厂县	香河县	永清县	固安县	霸州市	文安县	大城县	开发区
3913.7	3527.8	—	15061.0	1659.3	—	2888.0	20336.1
3501.8	3520.1	—	15061.0	1659.3	—	2888.0	20336.1
1646.0	925.2	—	8700.6	456.8	—	1885.7	8484.7
1646.0	924.8	—	8640.6	456.8	—	1885.7	8484.7
193.0	126.6	—	107.3	5.9	—	10.2	73.3
5.7	—	—	107.3	5.9	—	10.2	73.3
—	—	—	—	—	—	—	—
137.4	2453.8	—	835.6	729.8	—		14013.2
1962.7	2120.6	—	1168.0	300.4	—	412.5	2205.5
-6.8	508.4	—	181.4	3.0	—	0.7	41.3
12.3	-0.7	—	0.4	-	—	—	—
—	—	—	160.9	-	—	—	—
-83.6	-2857.3	—	3939.9	163.2	—	578.9	-4699.8
71.6	—	—	57.1	-	—	—	—
-13.0	-2860.3	—	3911.9	163.2	—	578.9	-4708.0
266.5	—	—	948.4	39.7	—	—	—
1758.8	1419.6	—	1776.0	500.5	—	519.5	6282.6
112.1	—	—	624.6	53.7	—	18.8	17.1
234	222	—	337	128	—	171	885

6-10 限额以上批发和零售业类值情况

单位：万元

项　　目	2018 年	2018 年 比上年±%
总　　计	3404088.7	3.5
粮油、食品类	299295.6	25.3
饮料类	15570.7	3.2
烟酒类	59335.4	-6
服装、鞋帽、针纺织品类	136493.5	-2.2
化妆品类	26397.8	-6.1
金银珠宝类	60845.8	7.5
日用品类	402651.4	26.7
五金、电料类	1388.2	-26.3
体育、娱乐用品类	16691.6	-53.1
书报杂志类	29523.9	13.7
电子出版物及音像制品类	248.6	-9.8
家用电器和音像器材类	354924.6	101.9
中西药品类	97953.2	15.9
文化办公用品类	40461.6	-19.3
家具类	67627.3	-10
通讯器材类	138350.3	-35.5
煤炭及制品类	0	0
石油及制品类	431132.4	12.6
建筑及装潢材料类	2444.5	-45.7
机电产品及设备类	110.4	47
汽车类	1208596.2	-10.5
其他类	14045.7	157.9

6-11 年成交额超亿元商品市场一览表

市场名称	年末出租摊位数（个）	成交额（万元）	年末营业面积（平方米）
廊坊市兴安市场	360	19000	39960
廊坊北方农贸批发市场	510	220312	40000
红星美凯龙（廊坊市凯宏家居广场有限公司）	325	17940	85018
廊坊市安次区隆福市场	204	10156	79920
廊坊市钢材交易市场有限公司	120	20580	15944
固安县京南刘园农副产品批发市场	460	35250	40000
固安县方城农副产品批发市场	920	19800	25000
河北省香河家具城	4500	2800000	3000000
大城县平舒市场	2685	25580	20540
大城县东阜市场	785	40260	50000
文安县芦阜庄钢材市场	354	61260	219000
文安县小王东机床市场	1076	51028	660000
霸州市益津市场	480	137470	40000
霸州胜芳镇星光商城	165	27390	15000
霸州宾鹏钢木家具城	280	96010	20000

6-12 物价指数（一）

分类名称	以上年价格为100		
	全市	城市	农村
一、居民消费价格总指数	102.5	102.7	102.4
非食品价格指数	102.7	102.8	102.6
服务价格指数	103.3	104.9	101.7
扣除鲜菜鲜果总指数	102.3	102.6	102.0
消费品价格指数	102.1	101.3	102.8
（一）食品烟酒	101.6	101.9	101.4
1.食品	101.9	102.2	101.7
(1)粮食	99.0	100.0	98.6
(2)薯类	114.8	117.8	112.7
(3)豆类	100.8	100.5	101.0
(4)食用油	99.1	101.3	97.8
(5)菜	110.4	107.9	113.0
(6)畜肉类	96.7	97.6	96.0
(7)禽肉类	99.9	102.0	96.7
(8)水产品	102.7	103.9	100.3
(9)蛋类	113.0	113.1	113.0
(10)奶类	99.6	100.6	98.1
(11)干鲜瓜果类	104.7	102.4	106.9
(12)糖果糕点类	100.7	100.9	100.6
(13)调味品	106.1	105.7	106.4
(14)其他食品类	102.5	103.4	101.9
2.茶及饮料	101.7	101.9	101.5

6-12 物价指数（二）

分 类 名 称	以上年价格为100		
	全市	城市	农村
3. 烟酒	102.0	104.0	101.0
4. 在外餐饮	100.3	100.4	100.1
（二）衣着	101.5	100.5	102.7
1. 服装	101.3	100.5	102.3
2. 服装材料	102.2	105.1	100.0
3. 其他衣着及配件	101.2	101.8	99.6
4. 衣着加工服务费	116.1	104.8	127.1
5. 鞋类	101.2	99.8	102.8
（三）居住	103.2	103.0	103.4
1. 租赁房房租	102.2	102.5	101.1
2. 住房保养维修及管理	100.7	100.9	100.5
3. 水电燃料	106.8	102.4	110.0
4. 自有住房	102.4	103.6	100.8
（四）生活用品及服务	100.5	100.8	100.3
1. 家具及室内装饰品	101.0	101.0	101.0
2. 家用器具	99.8	99.6	100.0
3. 家用纺织品	100.6	101.8	99.5
4. 家庭日用杂品	99.9	100.8	99.2
5. 个人护理用品	102.3	102.1	102.9
6. 家庭服务	100.6	99.9	101.3
（五）交通和通信	100.1	99.6	100.5

6-12 物价指数（三）

分类名称	以上年价格为100		
	全市	城市	农村
1. 交通	100.7	100.0	101.4
2. 通信	98.8	98.8	98.8
（六）教育文化和娱乐	101.2	100.6	101.7
1. 教育	101.4	100.0	102.2
2. 文化娱乐	100.8	101.2	100.2
（七）医疗保健	110.6	117.4	105.3
1. 药品及医疗器具	110.9	105.2	116.3
2. 医疗服务	110.4	125.3	100.0
（八）其他用品和服务	104.3	99.9	108.0
1. 其他用品类	100.0	100.0	100.0
2. 其他服务类	107.7	99.8	113.0
商品零售价格指数	101.3	100.7	102.4
（一）食品	101.8	101.8	101.9
1. 粮食	99.4	100.0	98.7
2. 薯类	115.6	117.8	112.7
3. 豆类	100.7	100.5	101.0
4. 食用油	99.5	101.3	97.7
5. 菜	110.2	107.9	113.3
6. 畜肉类	97.4	98.0	96.5
7. 禽肉类	100.2	102.0	96.7
8. 水产品	102.6	103.9	100.3
9. 蛋类	113.1	113.1	113.0

6-12 物价指数（四）

分类名称	以上年价格为100		
	全市	城市	农村
10. 奶类	99.8	100.6	97.8
11. 干鲜瓜果类	104.1	102.4	107.0
12. 糖果糕点类	100.6	100.9	100.1
13. 调味品	106.0	105.4	106.8
14. 其他食品类	102.7	103.4	102.0
15. 在外餐饮	100.3	100.4	100.1
（二）饮料、烟酒	102.4	103.1	101.0
1. 茶及饮料	102.3	102.5	101.7
2. 烟草	101.1	101.3	100.7
3. 酒类	104.2	105.7	101.3
（三）服装、鞋帽	101.2	100.5	102.4
1. 服装	101.3	100.6	102.4
2. 鞋帽袜	101.1	100.2	102.7
3. 其他衣着配件	98.6	98.1	100.0
（四）纺织品	101.5	102.6	99.4
1. 服装材料	103.0	105.1	100.0
2. 床上用品	101.3	102.3	99.4
（五）家用电器及音像器材	99.0	98.8	99.5
1. 家庭设备	99.7	99.5	100.1
2. 文娱用耐用消费品	97.2	96.9	97.9
3. 专业音像器材	97.7	97.7	97.8
（六）文化办公用品	98.0	98.1	97.9

6-12 物价指数（五）

分类名称	以上年价格为100		
	全市	城市	农村
纸张文具	100.5	100.0	101.3
台式计算机	94.4	94.4	94.4
笔记本平板	98.2	98.2	98.2
电脑附件	96.7	93.2	100.0
打印复印机	100.7	100.7	100.7
教学设备	100.0	100.0	100.0
（七）日用品	99.8	99.6	100.2
1.日用百货	98.5	98.4	98.5
2.厨具餐具茶具	99.9	99.6	100.3
3.清洗用品	102.4	102.2	102.8
4.其他日用品	100.2	99.8	100.8
（八）体育娱乐用品	100.0	99.9	100.0
1.体育户外用品	100.4	100.7	100.0
2.娱乐用品	99.9	99.8	100.0
（九）交通、通信用品	94.7	94.4	95.6
1.交通运输机械	94.2	93.9	95.1
2.通信器材	96.4	96.5	96.3
（十）家具	101.1	101.1	101.1
柜	102.1	102.1	102.1
床	103.3	103.3	103.3

6 - 12 物价指数（六）

分　类　名　称	以上年价格为 100		
	全市	城市	农村
桌	102.0	102.0	102.0
椅	100.9	100.9	100.9
沙　发	97.2	97.2	97.2
其他家具	100.5	100.5	100.5
（十一）化妆品	102.4	102.5	102.2
清洁化妆品	100.6	100.0	101.6
护肤化妆品	103.8	105.1	101.4
彩妆化妆品	101.2	100.0	102.6
清洁类护理用品	103.7	102.6	105.0
护发美发用品	100.0	100.1	100.0
（十二）金银饰品	100.1	100.0	100.4
金 饰 品	101.0	101.8	98.7
银 饰 品	98.4	95.0	108.6
铂金饰品	99.1	98.8	100.0
（十三）中西药品及医疗保健用品	111.0	105.2	117.4
1.医疗卫生器具	101.6	100.0	102.9
2.中药	115.1	109.5	120.4
3.西药	113.0	105.8	119.5
4.保健器具及用品	101.6	102.0	100.0
（十四）书报杂志及电子出版物	103.6	104.5	102.8
1.教材及参考书	103.1	102.6	103.4
2.书报杂志	103.2	106.0	100.0

6-12 物价指数（七）

分 类 名 称	以上年价格为 100		
	全市	城市	农村
3. 计算机办公软件	106.5	106.5	106.5
（十五）燃料	110.4	109.6	111.8
1. 煤炭及制品	111.6	111.3	111.7
2. 石油及制品	110.0	109.5	111.8
（十六）建筑材料及五金电料	101.3	101.3	101.3
1. 建筑装璜材料	101.6	101.6	101.6
2. 五金水暖	100.3	100.4	100.2
农业生产资料价格指数	104.4	—	—
（一）农用手工工具	100.0	—	—
（二）饲料	105.0	—	—
混合饲料	102.8	—	—
其他饲料	109.5	—	—
（三）仔畜幼禽及产品畜	106.5	—	—
仔 畜	87.0	—	—
幼 禽	100.0	—	—
产 品 畜	143.9	—	—
（四）半机械化农具	102.7	—	—
（五）机械化农具	104.0	—	—
（六）化学肥料	109.0	—	—
氮 肥	112.4	—	—
磷 肥	110.0	—	—
钾 肥	107.2	—	—

6-12 物价指数（八）

分　类　名　称	以上年价格为100		
	全市	城市	农村
复合肥料	107.1	—	—
（七）农药及农药器械	101.0	—	—
1.化学农药	101.1	—	—
2.农药器械	100.0	—	—
（八）农机用油	109.7	—	—
农用柴油	114.3	—	—
润 滑 油	100.0	—	—
（九）其他农用生产资料	101.2	—	—
农用种子	101.6	—	—
农用薄膜	101.1	—	—
未列名的其他农用生产资料	100.0	—	—
（十）农业生产服务	97.6	—	—
排 灌 费	100.0	—	—
机械作业费	95.3	—	—
农业用电	100.0	—	—
农业用工	100.0	—	—

6-13 工业生产者出厂价格指数（一）

指　　　标	2018年
总指数	103.9
其中：轻工业	99.6
以农产品为原料	99.1
以非农产品为原料	100.6
重工业	105.2
原材料	98.8
加工	106.7
其中：生产资料	105.3
原材料	98.7
加工	106.7
生活资料	98.1
食品	97.6
衣着	101.0
一般日用品	96.6
耐用消费品	100.2
按工业行业大类分	
农副食品加工业	99.2
食品制造业	92.6
酒、饮料和精制茶制造业	100.6
纺织业	106.7
纺织服装、服饰业	98.7
皮革、毛皮、羽毛及其制品和制鞋业	102.5
木材加工和木、竹、藤、棕、草制品业	101.6
家具制造业	99.9

6-13 工业生产者出厂价格指数（二）

指　　　标	2018年
造纸和纸制品业	102.0
印刷和记录媒介复制业	99.8
文教、工美、体育和娱乐用品制造业	101.0
石油加工、炼焦和核燃料加工业	103.2
化学原料和化学制品制造业	98.3
医药制造业	100.0
橡胶和塑料制品业	103.4
非金属矿物制品业	112.6
黑色金属冶炼和压延加工业	110.2
有色金属冶炼和压延加工业	102.5
金属制品业	108.9
通用设备制造业	101.9
专用设备制造业	99.8
汽车制造业	99.5
铁路、船舶、航空航天和其他运输设备制造业	99.8
电气机械和器材制造业	99.7
计算机、通信和其他电子设备制造业	100.4
仪器仪表制造业	108.6
其他制造业	98.4
电力、热力生产和供应业	98.3
燃气生产和供应业	103.1
水的生产和供应业	115.9

6-14 固定资产投资价格指数

指　　标	2018 年	2017 年
固定资产投资	106.3	106.9
建筑安装、装饰工程	108.0	109.6
1. 人工费	104.2	102.7
工程管理人员	104.3	102.9
工程技术人员	103.0	102.6
普通工人	104.7	102.7
2. 材料费	109.8	112.6
钢材	110.9	121.8
木材	111.5	103.7
水泥	113.7	106.3
地方建筑材料	109.6	106.0
化工材料	103.8	103.0
电料	103.4	103.7
其他材料	103.1	101.8
3. 机械费	101.1	100.5
设备、工器具购置	101.3	100.5
其他费用	99.7	99.9

七、服务业

责任编辑：贾　静

7-1 规模以上服务业企业分行业主要经济指标（一）

单位：万元、人

行业大类	单位个数（个）	年初存货	流动资产合计	货币资金	应收账款	存货
总计	421	5383313	15636512	964601	2061119	6320821
道路运输业	45	6669	221489	34013	56866	6695
多式联运和运输代理业	3	56	2801	870	1385	52
装卸搬运和仓储业	16	126129	289986	16419	12182	125100
邮政业	4	927	8343	275	4485	898
电信、广播电视和卫星传输服务	7	3224	33120	5729	17280	2453
互联网和相关服务	4	914	16269	4963	7503	651
软件和信息技术服务业	22	71840	1309081	57141	349401	60076
物业管理	86	3389	689969	99415	95273	3246
房地产中介服务	6	68	4196	2609	321	45
房地产租赁经营	3	10	18997	5382	1097	40
租赁业	2	219	1547	736	233	223
商务服务业	77	1910230	7461862	425283	969210	2258179
研究和试验发展	5	3623	23398	527	8698	3571
专业技术服务业	63	122340	468383	58521	144360	131200
科技推广和应用服务业	10	2826	56395	13328	19444	2555
公共设施管理业	14	7759	25532	1549	11634	10961
土地管理业	3	3078055	4675999	137108	313939	3665089
居民服务业	6	30377	127187	56311	2530	27863
机动车、电子产品和日用产品修理业	3	2234	5931	1790	928	2205
其他服务业	5	213	10133	887	2882	174
教育	5	0	3453	510	0	4
卫生	9	11089	136550	30129	37955	13010
新闻和出版业	2	0	1991	1953	14	8
广播、电视、电影和录音制作业	11	585	18090	3946	2768	6059
文化艺术业	1	0	10174	37	9	5
体育	5	510	14771	4416	682	430
娱乐业	4	28	866	756	40	29

7-1 规模以上服务业企业

行业大类	可供出售金融资产	持有至到期投资	长期股权投资
总计	6684	510	1580010
道路运输业	0	0	19440
多式联运和运输代理业	0	0	5032
装卸搬运和仓储业	110	0	900
邮政业	0	0	0
电信、广播电视和卫星传输服务	0	0	0
互联网和相关服务	0	0	280
软件和信息技术服务业	0	0	10488
物业管理	4947	0	62208
房地产中介服务	0	0	0
房地产租赁经营	0	0	0
租赁业	0	0	0
商务服务业	50	0	1216674
研究和试验发展	547	0	37693
专业技术服务业	700	0	8791
科技推广和应用服务业	0	0	250
公共设施管理业	0	0	361
土地管理业	330	510	195876
居民服务业	0	0	885
机动车、电子产品和日用产品修理业	0	0	0
其他服务业	0	0	87
教育	0	0	350
卫生	0	0	19
新闻和出版业	0	0	0
广播、电视、电影和录音制作业	0	0	3287
文化艺术业	0	0	0
体育	0	0	17390
娱乐业	0	0	0

分行业主要经济指标（二）

单位：万元、人

固定资产原价	房屋和构筑物	机器设备	运输工具	电子设备
3865327	1301906	847788	184817	70243
258244	24497	2028	133002	3532
3206	215	3	2919	17
114939	87339	7813	1156	998
24986	18095	2753	2873	1246
1138487	53000	519998	3056	6560
16897	0	190	106	329
289175	152135	95920	994	39515
15104	7960	2391	1560	1337
2094	1132	0	0	692
70094	64730	3686	1608	54
132	0	1	79	34
1177797	410300	32552	10287	3918
48576	13624	22216	599	1078
90365	18564	53562	7616	3819
58725	50803	6374	709	306
20494	1278	3513	11797	368
53633	49057	1428	1621	700
13022	4322	884	328	13
1911	979	622	176	0
2839	0	2425	280	26
8627	1880	3098	2180	655
397267	301363	72819	1450	3715
5030	609	4198	0	223
26061	20021	4362	29	831
246	0	226	0	20
16486	10430	3622	300	236
10894	9573	1105	96	25

7-1 规模以上服务业企业

行业大类	累计折旧	本年折旧	无形资产
总计	1460472	271291	372552
道路运输业	137729	30046	13740
多式联运和运输代理业	1594	545	0
装卸搬运和仓储业	37684	3612	8357
邮政业	12949	1695	516
电信、广播电视和卫星传输服务	704915	104282	8474
互联网和相关服务	9995	2367	1862
软件和信息技术服务业	65740	18794	14909
物业管理	6673	2619	1830
房地产中介服务	790	267	0
房地产租赁经营	17357	3673	35702
租赁业	99	8	0
商务服务业	246049	50650	112831
研究和试验发展	14821	2435	4755
专业技术服务业	57284	5924	6388
科技推广和应用服务业	16880	3106	621
公共设施管理业	8100	1930	0
土地管理业	16198	13637	21871
居民服务业	3873	509	904
机动车、电子产品和日用产品修理业	1036	112	4
其他服务业	928	367	0
教育	5123	558	1288
卫生	65921	20437	35374
新闻和出版业	4573	258	0
广播、电视、电影和录音制作业	7031	2281	20964
文化艺术业	223	16	1317
体育	10505	827	80579
娱乐业	6403	339	267

分行业主要经济指标（三）

单位：万元、人

		资产	流动负债	
土地使用权	软件使用权			应付账款
229334	12256	21407316	13879205	1586341
11253	4	439278	262949	117907
0	0	9446	6763	1490
8356	1	419265	262100	66032
516	0	21191	22682	5120
8148	274	446777	200297	88563
0	1812	26126	9618	5020
11634	3211	1847774	1291881	29040
1043	725	734733	533243	15644
0	0	5772	13996	82
35702	0	120304	81486	2231
0	0	1571	3867	0
63590	1113	10523246	6440394	355445
2776	1980	169128	128678	8963
4875	874	522643	288911	85500
583	16	120361	84477	24046
0	0	74949	57565	6741
21689	44	4948207	3344981	707383
904	0	156532	45028	2366
0	4	7048	5342	192
0	0	12400	9910	850
1288	0	9837	7441	-605
32900	2158	528668	213792	58969
0	0	2858	-1	-1
20959	5	79195	17100	1937
1293	23	15272	15444	115
1569	3	160322	513231	3090
257	10	4413	18032	219

7-1 规模以上服务业企业

行业大类	负债	所有者权益	实收资本
总计	17672048	3735268	2850978
道路运输业	345750	93528	79356
多式联运和运输代理业	6763	2683	2500
装卸搬运和仓储业	295707	123558	122433
邮政业	24765	-3574	250
电信、广播电视和卫星传输服务	225047	221730	428
互联网和相关服务	9681	16445	10137
软件和信息技术服务业	1729088	118686	109030
物业管理	717059	17675	24123
房地产中介服务	13996	-8224	700
房地产租赁经营	102536	17768	12100
租赁业	3867	-2296	60
商务服务业	8283115	2240131	2072360
研究和试验发展	144364	24764	32396
专业技术服务业	302879	219765	81143
科技推广和应用服务业	85017	35344	22300
公共设施管理业	57666	17283	12197
土地管理业	4113356	834851	85000
居民服务业	50517	106014	58040
机动车、电子产品和日用产品修理业	5424	1624	2000
其他服务业	10174	2227	650
教育	7441	2397	68471
卫生	568688	-40020	28956
新闻和出版业	1952	906	382
广播、电视、电影和录音制作业	18985	60211	5416
文化艺术业	15444	-172	510
体育	513231	-352909	18342
娱乐业	19540	-15126	1700

分行业主要经济指标（四）

单位：万元、人

营业收入	主营业务收入	营业成本	主营业务成本
5476545	5382321	3641698	3558521
191210	168860	184089	155441
6236	6236	5944	5944
87857	87296	80315	79998
42788	41928	42427	42414
442372	438369	265053	250222
23706	23706	14668	14668
1877092	1876349	1468763	1468622
387820	361863	308782	290013
16694	16694	0	0
15680	15331	4504	4504
15912	15912	15941	15941
1086198	1065533	412482	408760
27029	24777	14071	13667
330454	326158	228127	219703
64048	64048	50585	50585
36840	36828	34298	34152
254413	250798	105290	105290
42358	34739	11571	5441
2750	2750	1983	1983
16322	16317	15180	15177
4770	4770	3542	3542
298969	298793	266051	266011
2079	2079	1966	1966
27530	27191	20752	20740
719	719	397	397
171738	171314	82467	80888
2964	2964	2453	2453

7-1 规模以上服务业企业

行业大类	税金及附加	销售费用	管理费用
总计	38271	244865	818838
道路运输业	1500	5396	23230
多式联运和运输代理业	23	20	291
装卸搬运和仓储业	1374	1624	10094
邮政业	189	0	3698
电信、广播电视和卫星传输服务	1032	53430	19551
互联网和相关服务	131	1228	5095
软件和信息技术服务业	8877	44398	239814
物业管理	2258	2068	55229
房地产中介服务	119	16183	2142
房地产租赁经营	766	1011	2684
租赁业	12	99	135
商务服务业	14278	67069	130839
研究和试验发展	121	1668	15494
专业技术服务业	1532	21224	45026
科技推广和应用服务业	363	2029	10803
公共设施管理业	233	497	3220
土地管理业	1100	12797	65593
居民服务业	227	6224	1307
机动车、电子产品和日用产品修理业	4	36	783
其他服务业	51	0	1029
教育	12	2	1078
卫生	43	3887	36133
新闻和出版业	0	360	1262
广播、电视、电影和录音制作业	486	1986	4457
文化艺术业	2	535	2
体育	2717	484	139067
娱乐业	822	611	783

分行业主要经济指标（五）

单位：万元、人

财务费用	资产减值损失	公允价值变动收益	投资收益	资产处置收益(损失以“-”号记)	其他收益
195372	35919	-91	52224	-3323	9040
6527	0	0	3008	0	1
167	0	0	315	0	0
1217	-103	0	0	-1	8693
4	167	0	0	0	573
-217	3003	0	0	-132	-5698
132	338	0	455	5	0
19991	2894	0	8663	-4	1279
9279	-2806	0	267	-9	165
15	0	0	22	0	0
1428	5	0	0	0	1
5	33	0	0	0	0
138170	11146	0	24253	3	1063
669	0	0	5806	0	11
839	7637	0	-630	38	28
-67	-171	0	6	0	16
2208	25	0	0	0	0
8280	13719	0	1531	1	190
-248	0	-91	7788	0	0
93	0	0	0	0	0
104	-42	0	0	0	0
110	0	0	0	0	0
6315	13	0	87	0	1036
-7	0	0	0	0	0
23	10	0	2	0	12
3	0	0	0	0	0
326	-227	0	651	-3227	1664
7	279	0	0	2	7

7-1 规模以上服务业企业

行业大类	营业利润	营业外收入	营业外支出
总计	552213	50092	59325
道路运输业	-26523	25158	1850
多式联运和运输代理业	104	5	0
装卸搬运和仓储业	2028	1575	122
邮政业	-3124	885	129
电信、广播电视和卫星传输服务	94690	364	350
互联网和相关服务	2574	423	375
软件和信息技术服务业	102293	1934	454
物业管理	13293	3661	441
房地产中介服务	-1743	311	17
房地产租赁经营	5283	34	353
租赁业	-313	48	58
商务服务业	337531	2626	45079
研究和试验发展	824	1522	1354
专业技术服务业	25597	1691	201
科技推广和应用服务业	529	589	42
公共设施管理业	-3640	2138	638
土地管理业	49358	617	1666
居民服务业	23806	313	38
机动车、电子产品和日用产品修理业	-149	0	2
其他服务业	0	2	4
教育	27	15	22
卫生	-12351	188	3175
新闻和出版业	-1502	4357	2873
广播、电视、电影和录音制作业	-169	1310	21
文化艺术业	-219	77	2
体育	-54009	171	32
娱乐业	-1981	80	30

分行业主要经济指标（六）

单位：万元、人

利润总额	所得税费用	行政事业性收费	材料和燃料费	经营租赁费	运输费
542979	156818	852	145832	26828	14971
-3215	431	35	18312	926	6741
109	10	0	855	0	1483
3481	1410	20	70	827	1919
-2368	12	0	1434	999	2045
94703	3830	150	1133	13092	105
2622	299	3	118	408	4
103774	-9472	11	2836	957	114
16513	9658	1	6341	120	68
-1449	62	0	0	226	0
4964	489	457	156	0	0
-324	0	0	145	0	49
295078	122158	43	2805	3737	839
992	590	0	3244	673	312
27087	6317	20	10506	2647	1095
1077	555	13	1057	113	14
-2140	533	0	1933	530	118
48309	12741	0	0	0	0
24081	6276	0	35	0	5
-151	2	0	194	0	0
-2	57	0	314	33	8
20	1	0	267	17	0
-15338	627	0	93805	284	44
-18	0	0	0	0	0
1119	226	100	0	909	1
-145	0	0	0	0	0
-53870	6	0	245	0	9
-1931	1	0	27	331	0

7-1 规模以上服务业企业

行业大类	研发、试验检验费	水电费	邮政通信费
总计	11364	75408	824
道路运输业	1	501	99
多式联运和运输代理业	0	3	1
装卸搬运和仓储业	486	502	48
邮政业	0	481	162
电信、广播电视和卫星传输服务	0	16953	63
互联网和相关服务	1052	152	6
软件和信息技术服务业	4453	26521	27
物业管理	50	20629	25
房地产中介服务	0	97	7
房地产租赁经营	0	239	13
租赁业	0	0	0
商务服务业	215	3096	91
研究和试验发展	210	347	27
专业技术服务业	4022	1286	123
科技推广和应用服务业	710	643	12
公共设施管理业	89	189	15
土地管理业	0	49	0
居民服务业	0	116	3
机动车、电子产品和日用产品修理业	0	65	4
其他服务业	0	1	1
教育	0	94	3
卫生	77	2228	50
新闻和出版业	0	104	0
广播、电视、电影和录音制作业	0	581	13
文化艺术业	0	33	0
体育	0	275	23
娱乐业	0	226	12

分行业主要经济指标（七）

单位：万元、人

应付职工薪酬（本年贷方累计发生额）	社会保险和住房公积金	应交增值税	平均用工人数
1174619	126079	143522	90555
42879	6777	4285	5957
1371	33	157	145
12646	2676	1084	839
10476	2312	409	1343
54519	12985	31851	3424
4032	734	1140	602
475898	42480	34675	7668
144433	7248	12793	29351
14666	209	824	2468
1152	202	523	168
510	138	70	75
101585	16034	39262	14041
11453	2227	219	621
70711	9672	8942	7736
11952	1812	1076	1218
13056	318	432	4599
51033	8079	2678	693
4397	142	219	699
403	85	176	111
3911	190	463	1934
1517	164	78	265
60025	9435	0	5247
755	158	3	115
1934	312	811	262
350	40	20	72
77410	1410	1279	634
1546	206	55	268

7-2 分县（市、区）规模以上服务业企业

项目	总计	安次区	广阳区	三河市
企业单位数	421	44	80	93
年初存货	5383313	496598	35005	106227
流动资产合计	15636512	1445619	602591	1040228
货币资金;千元	964601	158544	103424	433711
应收账款;千元	2061119	21897	146475	120895
存货;千元	6320821	581087	38035	113138
可供出售金融资产	6684	330	750	0
持有至到期投资	510	510	0	0
长期股权投资	1580010	345453	7653	510740
固定资产原价	3865327	87023	1254362	647051
房屋和构筑物	1301906	61809	119160	449862
机器设备	847788	9208	516546	63492
运输工具	184817	7747	39638	46404
电子设备	70243	1462	12077	8665
累计折旧	1460472	28415	784152	175474
本年折旧	271291	7769	115474	37748
无形资产	372552	19911	24477	89604
土地使用权	229334	19742	17616	70247
软件使用权	12256	31	6225	1638
资产	21407316	2041391	1255472	2326770
流动负债	13879205	806369	752736	741275
应付账款	1586341	68063	213780	119947
负债	17672048	1457230	920719	1258213
所有者权益	3735268	584161	334754	1068557
实收资本	2850978	165353	82682	859058
营业收入	5476545	257081	960492	654911
主营业务收入	5382321	248389	954787	635130

主要经济指标（一）

单位：万元、人

大厂县	香河县	固安县	永清县	霸州市	文安县	大城县	开发区
15	33	25	14	42	13	11	51
49227	17723	3168308	296468	829533	247337	2939	133950
74866	757148	5356471	638581	1317928	402662	8978	3991441
3258	32658	57451	11305	16011	16097	2191	129951
8522	37024	1013951	4448	167691	77410	2480	460328
58400	10863	3815771	287002	995937	296191	2939	121458
0	0	0	0	0	0	0	5604
0	0	0	0	0	0	0	0
927	600	1000	35581	280	5311	0	672466
105774	796362	55168	30575	95575	113119	14724	665594
83414	97871	43248	2466	46732	95849	1041	300456
10703	15237	7510	2721	11456	2579	644	207691
9710	1594	405	2115	20242	9218	8588	39158
1199	468	2194	165	192	251	105	43467
20552	141713	16762	10404	28014	19230	3459	232296
5386	31081	14113	1804	8543	5957	1148	42269
21567	23594	88703	28854	12419	11917	0	51503
21503	23249	9648	0	7965	11841	0	47522
2	332	49	1	267	14	0	3698
186354	1523817	5554931	784045	1437212	518086	24083	5755156
122711	1816307	3716366	511048	1174796	222365	19062	3996170
5457	48828	753998	35449	88613	80153	4000	168054
129073	1876949	4897601	723467	1282054	366329	19064	4741349
57280	-353133	657331	60578	155157	151757	5019	1013807
58031	55825	266378	40155	68828	113356	2434	1138878
35705	127874	788394	115118	128347	83600	11684	2313341
34706	113648	774978	114805	127654	82594	11672	2283959

7-2 分县（市、区）规模以上服务业企业

项目	总计	安次区	广阳区	三河市
营业成本	3641698	78755	728638	481836
主营业务成本	3558521	77122	708108	470069
税金及附加	38271	1739	5122	4123
销售费用	244865	6857	42778	38620
管理费用	818838	27676	96420	84242
财务费用	195372	12983	13587	17997
资产减值损失	35919	4	9208	2320
公允价值变动收益	-91	0	0	0
投资收益	52224	12396	-778	9353
资产处置收益(损失以“-”号记)	-3323	-1	-125	29
其他收益	9040	1	-4269	6247
营业利润	552213	141464	59569	34234
营业外收入	50092	3308	8682	13137
营业外支出	59325	17245	6115	6272
利润总额	542979	127527	62136	41100
所得税费用	156818	35546	10835	16328
行政事业性收费	852	458	163	127
材料和燃料费	145832	1459	77079	41685
经营租赁费	26828	812	6383	4467
运输费	14971	47	7097	5581
研发、试验检验费	11364	0	2751	2930
水电费	75408	890	16832	21680
邮政通信费	824	71	360	144
应付职工薪酬（本年贷方累计发生额）	1174619	30600	220730	153864
社会保险和住房公积金	126079	3145	31617	12520
应交增值税	143522	2205	38575	8161
平均用工人数	90555	4107	28215	22401

主要经济指标（二）

单位：万元、人

大厂县	香河县	固安县	永清县	霸州市	文安县	大城县	开发区
28293	49090	225085	94596	101992	27594	7579	1818240
28193	48770	215312	94592	101808	27320	7485	1779742
753	6367	4907	136	352	975	37	13760
4259	22827	30804	427	11478	8068	1632	77116
7218	45106	219541	7213	18170	10179	2635	300438
59	53701	-108	6705	3744	852	128	85728
0	-8	22706	1381	-8	127	25	165
0	0	0	0	0	0	0	-91
31	60	4	-49	1	0	0	31205
-2	0	-3226	0	0	5	0	-3
57	0	2870	0	2917	0	0	1218
-4790	-49150	285107	4611	-4604	35810	-262	50224
3075	3099	317	358	205	902	417	16592
30	561	2410	53	5728	658	0	20255
-1745	-46612	283014	4916	-10127	36055	155	46561
199	1270	83534	4450	-1175	10564	101	-4834
0	31	34	0	1	1	0	37
306	7385	807	323	3051	665	798	12276
6	2369	87	45	454	19	22	12163
2	92	2	29	35	0	16	2071
1961	1984	0	0	64	0	0	1674
269	1425	244	185	1245	75	10	32553
10	24	52	1	40	1	15	106
6835	28536	127241	8995	14715	10007	3951	569147
733	3220	9797	463	1170	1008	249	62155
767	3090	35855	111	1032	3273	-263	50718
1140	4965	1893	2767	3581	1928	1414	18144

八、对外经济

责任编辑：李艳　吕艳霞

8-1 对外贸易出口分类完成情况

单位：万美元

出口商品种类	2018 年	2017 年	2018 年比上年±%
海关统计实际出口	266833	225706	18.2
按商品种类分			
1. 活动物、动物产品	4344	3905	11.2
2. 植物产品	536	645	-16.8
3. 食品、饮料、酒、醋、烟	2836	2216	28.0
4. 矿产品	100	33	206.0
5. 化学工业及其相关工业	16248	14377	13.0
6. 塑料及其制品、橡胶及其制品	5668	6280	-9.7
7. 革、毛皮及制品、箱包	1318	1083	21.6
8. 木及制品、木炭、软木	595	673	-11.7
9. 木浆、废纸、纸、纸板	77	66	16.8
10. 纺织原料及纺织制品	13212	11741	12.5
11. 鞋帽伞、羽毛品	417	450	-7.4
12. 矿物材料制品、陶瓷品	10943	9805	11.6
13. 珠宝、贵金属及制品	264	283	-6.9
14. 贱金属及其制品	38803	33425	16.1
15. 机电、音像设备及其零件	61398	45078	36.2
16. 车辆、航空器、船舶及其零件	30877	24265	27.3
17. 光学、医疗等仪器	12236	12011	1.9
18. 杂项制品	66851	59333	12.7
19. 艺术品收藏品及古物	1	0	714.6
20. 特殊交易及未分类商品	110	37	195.1
“一达通”出口	2365	12183	-80.6
海关统计实际进口	437502	308274	41.9

8-2 外国和港澳台地区

项　　目	新批合同			
	项目个数（个）	项目总投资	合同外资额	外方技术投资
合　计	23	44596	19263	0
#国有企业与客商兴办合资合作企业	0	0	0	0
#投资总额500万美元以上项目	9	45638	19809	0
#世界500强	0	0	0	0
#开发区合计	9	28262	11606	0
1.国家级开发区	4	22305	8367	0
2.省级开发区	5	5957	3239	0
一、按投资方式分组				
港、澳、台投资经济	9	26553	11921	0
港澳台合资经营企业	2	1149	393	0
港澳台合作经营企业	0	0	0	0
港澳台商独资经营企业	7	25404	11528	0
外商投资经济	14	18043	7342	0
中外合资经营企业	1	330	193	0
中外合作经营企业	0	0	0	0
外资企业	13	17713	7149	0
外商投资股份公司	0	0	0	0
二、按国民经济行业分组				
第一产业	0	0	0	0
#农、林、牧、渔业	0	0	0	0
农业	0	0	0	0

直接投资情况（一）-1

单位：万美元

新注册三资企业				期末实有三资企业个数(个)			
注册户数(户)	投资总额	注册资本	客商注册资本		开工在建	投产企业	当年
24	37775	15926	15352	538	57	226	0
0	0	0	0	21	2	9	0
9	37073	15312	14764	222	25	121	0
0	0	0	0	18	0	16	0
9	21162	8792	8610	262	17	149	0
4	16605	6409	6227	165	8	110	0
5	4557	2383	2383	97	9	39	0
9	21053	9087	8517	190	24	57	0
2	1149	597	393	59	6	19	0
0	0	0	0	8	0	2	0
7	19904	8490	8124	123	18	36	0
15	16722	6839	6835	348	33	169	0
1	14	14	10	100	6	52	0
0	0	0	0	10	1	3	0
14	16708	6825	6825	235	26	111	0
0	0	0	0	3	0	3	0
0	0	0	0	6	0	1	0
0	0	0	0	8	0	1	0
0	0	0	0	4	0	0	0

8-2 外国和港澳台地区

项目	外商直接投资合计	现金	利润再投资
合计	99107	61007	2110
#国有企业与客商兴办合资合作企业	2121	2110	2110
#投资总额500万美元以上项目	95537	60932	2110
#世界500强	750	0	0
#开发区合计	71801	55960	2110
1.国家级开发区	63738	51997	2110
2.省级开发区	8063	3963	0
一、按投资方式分组			
港、澳、台投资经济	31232	5451	0
港澳台合资经营企业	9809	0	0
港澳台合作经营企业	0	0	0
港澳台商独资经营企业	21423	5451	0
外商投资经济	67875	55556	2110
中外合资经营企业	18204	16631	2110
中外合作经营企业	0	0	0
外资企业	49593	38925	0
外商投资股份公司	78	0	0
二、按国民经济行业分组			
第一产业	0	0	0
#农、林、牧、渔业	0	0	0
农业	0	0	0

直接投资情况（一）-2

单位：万美元

实物	其它	投资性公司	外方股东贷款	外商其他投资	中方投资合计	现金	实物
0	0	0	4259	0	1407	1407	0
0	0	0	0	0	1407	1407	0
0	0	0	4259	0	1407	1407	0
0	0	0	0	0	0	0	0
0	0	0	1873	0	1407	1407	0
0	0	0	1100	0	1407	1407	0
0	0	0	773	0	0	0	0
0	0	0	1311	0	0	0	0
0	0	0	0	0	0	0	0
0	0	0	0	0	0	0	0
0	0	0	1311	0	0	0	0
0	0	0	2948	0	1407	1407	0
0	0	0	305	0	1407	1407	0
0	0	0	0	0	0	0	0
0	0	0	2643	0	0	0	0
0	0	0	0	0	0	0	0
0	0	0	0	0	0	0	0
0	0	0	0	0	0	0	0
0	0	0	0	0	0	0	0

8-2 外国和港澳台地区

项　　　目	新批合同			
	项目个数（个）	项目总投资	合同外资额	外方技术投资
第二产业	12	22019	9946	0
#工业	12	22019	9946	0
制造业	12	22019	9946	0
农副食品加工业	0	0	0	0
食品制造业	3	16100	5815	0
酒、饮料和精制茶制造业	0	0	0	0
纺织业	0	0	0	0
纺织服装、服饰业	0	0	0	0
皮革、毛皮、羽毛及其制品和制鞋业	0	0	0	0
木材加工和木、竹、藤、棕、草制品业	0	-1729	-1210	0
家具制造业	0	0	0	0
造纸和纸制品业	0	0	0	0
印刷和记录媒介复制业	0	0	0	0
文教、工美、体育和娱乐用品制造业	0	0	0	0
石油加工、炼焦和核燃料加工业	0	0	0	0
化学原料和化学制品制造业	0	0	0	0
医药制造业	0	0	0	0
橡胶和塑料制品业	1	816	408	0
非金属矿物制品业	1	4307	2154	0
黑色金属冶炼和压延加工业	0	0	0	0
有色金属冶炼和压延加工业	0	0	0	0
金属制品业	0	200	140	0

直接投资情况（二）-1

单位：万美元

新注册三资企业				期末实有三资企业个数（个）			
注册户数（户）	投资总额	注册资本	客商注册资本		开工在建	投产企业	当年
13	21847	9310	9102	390	34	199	0
13	21847	9310	9102	387	34	199	0
13	21847	9310	9102	378	33	195	0
0	0	0	0	20	1	11	0
3	14700	5464	5442	19	4	8	0
0	0	0	0	5	0	4	0
0	0	0	0	5	0	3	0
0	0	0	0	9	1	2	0
0	0	0	0	2	0	2	0
0	0	0	0	9	0	4	0
1	15	15	15	15	1	7	0
0	0	0	0	1	0	0	0
0	0	0	0	3	0	3	0
0	0	0	0	11	1	6	0
0	0	0	0	4	0	3	0
0	0	0	0	36	2	20	0
0	0	0	0	9	2	4	0
1	816	408	408	22	3	9	0
1	4307	2154	2154	20	1	10	0
0	0	0	0	3	1	2	0
0	0	0	0	3	0	2	0
0	0	0	0	20	0	12	0

8-2 外国和港澳台地区

项　　目	外商直接投资合计	现　金	利润再投资
第二产业	55284	40073	2110
#工业	55284	40073	2110
制造业	55284	40073	2110
农副食品加工业	3125	2575	0
食品制造业	729	0	0
酒、饮料和精制茶制造业	61	0	0
纺织业	0	0	0
纺织服装、服饰业	0	0	0
皮革、毛皮、羽毛及其制品和制鞋业	0	0	0
木材加工和木、竹、藤、棕、草制品业	300	50	0
家具制造业	0	0	0
造纸和纸制品业	0	0	0
印刷和记录媒介复制业	0	0	0
文教、工美、体育和娱乐用品制造业	10	0	0
石油加工、炼焦和核燃料加工业	93	0	0
化学原料和化学制品制造业	1417	0	0
医药制造业	0	0	0
橡胶和塑料制品业	237	0	0
非金属矿物制品业	20	20	0
黑色金属冶炼和压延加工业	0	0	0
有色金属冶炼和压延加工业	0	0	0
金属制品业	381	0	0

直接投资情况（二）-2

单位：万美元

实物	其它	投资性公司	外方股东贷款	外商其他投资	中方投资合计	现金	实物
0	0	0	2015	0	1407	1407	0
0	0	0	2015	0	1407	1407	0
0	0	0	2015	0	1407	1407	0
0	0	0	434	0	0	0	0
0	0	0	123	0	0	0	0
0	0	0	0	0	0	0	0
0	0	0	0	0	0	0	0
0	0	0	0	0	0	0	0
0	0	0	0	0	0	0	0
0	0	0	0	0	0	0	0
0	0	0	0	0	0	0	0
0	0	0	0	0	0	0	0
0	0	0	0	0	0	0	0
0	0	0	0	0	0	0	0
0	0	0	0	0	0	0	0
0	0	0	0	0	0	0	0
0	0	0	0	0	0	0	0
0	0	0	0	0	0	0	0
0	0	0	0	0	0	0	0
0	0	0	0	0	0	0	0
0	0	0	0	0	0	0	0
0	0	0	5	0	0	0	0

8-2 外国和港澳台地区

项　　目	新批合同			
	项目个数（个）	项目总投资	合同外资额	外方技术投资
通用设备制造业	3	221	210	0
专用设备制造业	3	1738	853	0
汽车制造业	0	0	0	0
铁路、船舶、航空航天和其他运输设备制造业	0	0	0	0
电气机械和器材制造业	0	316	122	0
计算机、通信和其他电子设备制造业	1	50	50	0
计算机制造	0	0	0	0
通信设备制造	0	0	0	0
电子器件制造	0	0	0	0
电子元件制造	0	0	0	0
其他电子设备制造	0	0	0	0
仪器仪表制造业	0	0	0	0
其他制造业	0	0	0	0
金属制品、机械和设备修理业	0	0	0	0
电力、热力、燃气及水生产和供应业	0	0	0	0
电力、热力生产和供应业	0	0	0	0
燃气生产和供应业	0	0	0	0
水的生产和供应业	0	0	0	0
建筑业	0	0	0	0
第三产业	11	22577	9317	0
#批发和零售业	1	150	181	0

直接投资情况（三）-1

单位：万美元

新注册三资企业				期末实有三资企业个数（个）	开工在建	投产企业	
注册户数（户）	投资总额	注册资本	客商注册资本				当年
3	221	184	180	28	6	11	0
3	1738	1035	853	32	3	15	0
0	0	0	0	37	0	27	0
0	0	0	0	2	0	2	0
0	0	0	0	27	0	16	0
1	50	50	50	26	6	6	0
0	0	0	0	2	0	1	0
0	0	0	0	4	3	0	0
0	0	0	0	8	0	3	0
0	0	0	0	7	1	2	0
0	0	0	0	4	1	0	0
0	0	0	0	4	0	3	0
0	0	0	0	4	0	2	0
0	0	0	0	1	0	1	0
0	0	0	0	10	1	5	0
0	0	0	0	4	1	0	0
0	0	0	0	3	0	2	0
0	0	0	0	3	0	3	0
0	0	0	0	3	0	0	0
11	15928	6616	6250	142	23	26	0
1	150	120	120	34	1	2	0

8-2 外国和港澳台地区

项　　　　目	外商直接投资合计	现金	利润再投资
通用设备制造业	2538	2110	2110
专用设备制造业	4775	0	0
汽车制造业	4100	950	0
铁路、船舶、航空航天和其他运输设备制造业	94	0	0
电气机械和器材制造业	35327	34368	0
计算机、通信和其他电子设备制造业	14	0	0
计算机制造	0	0	0
通信设备制造	0	0	0
电子器件制造	14	0	0
电子元件制造	0	0	0
其他电子设备制造	0	0	0
仪器仪表制造业	2063	0	0
其他制造业	0	0	0
金属制品、机械和设备修理业	0	0	0
电力、热力、燃气及水生产和供应业	0	0	0
电力、热力生产和供应业	0	0	0
燃气生产和供应业	0	0	0
水的生产和供应业	0	0	0
建筑业	0	0	0
第三产业	43823	20934	0
#批发和零售业	0	0	0

直接投资情况（三）-2

单位：万美元

实物	其它	投资性公司	外方股东贷款	外商其他投资	中方投资合计	现金	实物
0	0	0	0	0	0	1407	1407
0	0	0	1153	0	0	0	0
0	0	0	300	0	0	0	0
0	0	0	0	0	0	0	0
0	0	0	0	0	0	0	0
0	0	0	0	0	0	0	0
0	0	0	0	0	0	0	0
0	0	0	0	0	0	0	0
0	0	0	0	0	0	0	0
0	0	0	0	0	0	0	0
0	0	0	0	0	0	0	0
0	0	0	0	0	0	0	0
0	0	0	0	0	0	0	0
0	0	0	0	0	0	0	0
0	0	0	0	0	0	0	0
0	0	0	0	0	0	0	0
0	0	0	0	0	0	0	0
0	0	0	0	0	0	0	0
0	0	0	0	0	0	0	0
0	0	6250	6250	0	0	0	142
0	0	0	0	0	0	0	0

8-2 外国和港澳台地区

项目	新批合同			
	项目个数（个）	项目总投资	合同外资额	外方技术投资
批发业	1	150	120	0
零售业	0	0	61	0
交通运输、仓储和邮政业	2	14839	5578	0
道路运输业	0	0	0	0
仓储业	2	14839	5578	0
住宿和餐饮业	1	10	10	0
餐饮业	1	10	10	0
信息传输、软件和信息技术服务业	4	135	135	0
互联网和相关服务	2	114	114	0
软件和信息技术服务业	2	21	21	0
金融业	0	0	0	0
其他金融业	0	0	0	0
房地产业	0	0	0	0
房地产开发经营	0	0	0	0
物业管理	0	0	0	0
其他房地产业	0	0	0	0
租赁和商务服务业	2	6289	2402	0
商务服务业	2	6289	2402	0
科学研究和技术服务业	1	1154	1011	0
专业技术服务业	1	1154	589	0
科技推广和应用服务业	0	0	0	0
居民服务、修理和其他服务业	0	0	0	0
其他服务业	0	0	0	0

直接投资情况（四）-1

单位：万美元

新注册三资企业				期末实有三资企业个数（个）			
注册户数（户）	投资总额	注册资本	客商注册资本		开工在建	投产企业	当年
1	150	120	120	25	1	1	0
0	0	0	0	9	0	1	0
2	14839	14839	5578	20	4	5	0
0	0	0	0	3	0	2	0
2	14839	14839	5578	17	4	3	0
1	10	10	10	4	1	0	0
1	10	10	10	4	1	0	0
4	135	135	135	11	5	1	0
2	114	114	114	3	2	0	0
2	21	21	21	8	3	1	0
0	0	0	0	2	0	1	0
0	0	0	0	1	0	1	0
0	0	0	0	26	2	8	0
0	0	0	0	23	2	7	0
0	0	0	0	2	0	1	0
0	0	0	0	1	0	0	0
2	789	789	402	19	3	2	0
2	789	789	402	19	3	2	0
1	5	5	5	11	4	3	0
1	5	5	5	7	3	1	0
0	0	0	0	2	1	0	0
0	0	0	0	3	0	1	0
0	0	0	0	2	0	0	0

8-2 外国和港澳台地区

项目	外商直接投资合计	现金	利润再投资
批发业	0	0	0
零售业	0	0	0
交通运输、仓储和邮政业	7879	5397	0
道路运输业	1221	983	0
仓储业	6658	4414	0
住宿和餐饮业	0	0	0
餐饮业	0	0	0
信息传输、软件和信息技术服务业	36	36	0
互联网和相关服务	0	0	0
软件和信息技术服务业	36	36	0
金融业	15293	14521	0
其他金融业	0	0	0
房地产业	19635	0	0
房地产开发经营	19635	0	0
物业管理	0	0	0
其他房地产业	0	0	0
租赁和商务服务业	4	4	0
商务服务业	4	4	0
科学研究和技术服务业	976	976	0
专业技术服务业	558	558	0
科技推广和应用服务业	0	0	0
居民服务、修理和其他服务业	0	0	0
其他服务业	0	0	0

直接投资情况（四）-2

单位：万美元

实物	其它	投资性公司	外方股东贷款	外商其他投资	中方投资合计	现金	实物
0	0	0	0	0	0	0	0
0	0	0	0	0	0	0	0
0	0	0	2244	0	0	0	0
0	0	0	0	0	0	0	0
0	0	0	2244	0	0	0	0
0	0	0	0	0	0	0	0
0	0	0	0	0	0	0	0
0	0	0	0	0	0	0	0
0	0	0	0	0	0	0	0
0	0	0	0	0	0	0	0
0	0	0	0	0	0	0	0
0	0	0	0	0	0	0	0
0	0	0	0	0	0	0	0
0	0	0	0	0	0	0	0
0	0	0	0	0	0	0	0
0	0	0	0	0	0	0	0
0	0	0	0	0	0	0	0
0	0	0	0	0	0	0	0
0	0	0	0	0	0	0	0
0	0	0	0	0	0	0	0
0	0	0	0	0	0	0	0
0	0	0	0	0	0	0	0
0	0	0	0	0	0	0	0

8-2 外国和港澳台地区

项目	新批合同			
	项目个数（个）	项目总投资	合同外资额	外方技术投资
教育	0	0	0	0
文化、体育和娱乐业	0	0	0	0
体育	0	0	0	0
娱乐业	0	0	0	0
三、按投资国别、地区分组				
1.亚洲	15	41644	17705	0
#香港	6	25795	11551	0
澳门	0	0	0	0
台湾	3	758	370	0
日本	1	214	150	0
马来西亚	0	0	0	0
菲律宾	0	0	0	0
新加坡	0	0	0	0
韩国	0	0	0	0
东南亚联盟	0	0	0	0
2.非洲	0	0	0	0
3.欧洲	0	0	0	0
#比利时	0	0	0	0
丹麦	0	0	0	0
英国	0	0	0	0
德国	0	0	0	0

直接投资情况（五）-1

单位：万美元

新注册三资企业				期末实有三资企业个数（个）			
注册户数（户）	投资总额	注册资本	客商注册资本		开工在建	投产企业	
							当年
0	0	0	0	2	0	0	0
0	0	0	0	4	2	0	0
0	0	0	0	3	1	2	0
0	0	0	0	2	0	2	0
0	0	0	0	1	1	0	0
16	35959	14720	14146	341	36	122	0
6	20295	8329	8147	165	18	52	0
3	758	758	370	25	6	5	0
1	14	14	10	46	4	23	0
0	0	0	0	4	0	2	0
0	0	0	0	1	0	0	0
0	0	0	0	0	0	0	0
0	0	0	0	0	0	0	0
0	0	0	0	0	0	0	0
0	0	0	0	0	0	0	0
0	0	0	0	0	0	0	0
0	0	0	0	0	0	0	0
0	0	0	0	0	0	0	0
0	0	0	0	0	0	0	0

8-2 外国和港澳台地区

项　　　　目	外商直接投资合计	现 金	利 润 再投资
教育	0	0	0
文化、体育和娱乐业	0	0	0
体育	0	0	0
娱乐业	0	0	0
三、按投资国别、地区分组	0	0	0
1.亚洲			
#香港	54419	24572	2110
澳门	31052	5447	0
台湾	0	0	0
日本	180	4	0
马来西亚	2337	2110	2110
菲律宾	0	0	0
新加坡	0	0	0
韩国	0	0	0
东南亚联盟	0	0	0
2.非洲	0	0	0
3.欧洲	0	0	0
#比利时	0	0	0
丹麦	0	0	0
英国	0	0	0
德国	0	0	0

直接投资情况（五）-2

单位：万美元

实　物	其它	投资性公司	外方股东贷款	外商其他投资	中方投资合计	现金	实物
0	0	0	0	0	0	0	0
0	0	0	0	0	0	0	0
0	0	0	0	0	0	0	0
0	0	0	0	0	0	0	0
0	0	0	0	0	0	0	0
0	0	0	3697	0	1407	1407	0
0	0	0	1311	0	0	0	0
0	0	0	0	0	0	0	0
0	0	0	0	0	1407	1407	0
0	0	0	0	0	0	0	0
0	0	0	0	0	0	0	0
0	0	0	0	0	0	0	0
0	0	0	0	0	0	0	0
0	0	0	0	0	0	0	0
0	0	0	0	0	0	0	0
0	0	0	0	0	0	0	0
0	0	0	0	0	0	0	0
0	0	0	0	0	0	0	0
0	0	0	0	0	0	0	0

8-2 外国和港澳台地区

项目	新批合同			
	项目个数（个）	项目总投资	合同外资额	外方技术投资
法国	0	0	0	0
意大利	0	0	0	0
卢森堡	0	0	0	0
荷兰	0	0	422	0
西班牙	0	0	0	0
瑞士	1	816	408	0
欧盟	2	3224	1882	0
4.拉丁美洲	0	0	0	0
#开曼群岛	0	0	0	0
英属维尔京群岛	0	0	0	0
5.北美洲	5	-1088	-732	0
#加拿大	1	14	75	0
美国	4	-1102	-807	0
6.大洋洲	0	0	0	0
#澳大利亚	0	0	0	0
四、高新技术产业	2	3439	2737	0
五、并购	0	0	0	0
被并购公司为非上市公司	0	0	0	0
其他	22	40289	15705	0
合同外资1000万美元以上项目	5	40716	17365	0
省级工业聚集区	0	0	0	0

直接投资情况（六）-1

单位：万美元

新注册三资企业				期末实有三资企业个数（个）			
注册户数（户）	投资总额	注册资本	客商注册资本		开工在建	投产企业	当年
0	0	0	0	3	1	2	0
0	0	0	0	5	0	3	0
0	0	0	0	1	0	1	0
0	0	0	0	7	0	6	0
0	0	0	0	3	0	2	0
1	816	408	408	3	1	1	0
2	675	503	503	68	4	46	0
0	0	0	0	44	2	26	0
0	0	0	0	4	0	2	0
0	0	0	0	40	2	24	0
5	325	295	295	68	13	28	0
1	14	14	14	11	2	7	0
4	311	281	281	57	11	21	0
0	0	0	0	8	0	4	0
0	0	0	0	7	0	3	0
2	1723	1020	838	132	12	74	0
0	0	0	0	5	1	3	0
0	0	0	0	5	1	3	0
23	33468	13772	13198	316	45	116	0
5	33816	13166	13166	116	14	59	0
0	0	0	0	5	0	2	0

8-2 外国和港澳台地区

项目	外商直接投资合计	现金	利润再投资
法国	606	0	0
意大利	0	0	0
卢森堡	0	0	0
荷兰	696	418	0
西班牙	33	0	0
瑞士	0	0	0
欧盟	7029	1926	0
4.拉丁美洲	36748	34353	0
#开曼群岛	11	0	0
英属维尔京群岛	36737	34353	0
5.北美洲	911	156	0
#加拿大	144	0	0
美国	767	156	0
6.大洋洲	0	0	0
#澳大利亚	0	0	0
四、高新技术产业	7656	950	0
五、并购	935	0	0
被并购公司为非上市公司	935	0	0
其他	48942	45501	2110
合同外资 1000 万美元以上项目	82489	60374	2110
省级工业聚集区	505	0	0

直接投资情况（六）-2

单位：万美元

实物	其它	投资性公司	外方股东贷款	外商其他投资	中方投资合计	现金	实物
0	0	0	0	0	0	0	0
0	0	0	0	0	0	0	0
0	0	0	0	0	0	0	0
0	0	0	0	0	0	0	0
0	0	0	0	0	0	0	0
0	0	0	0	0	0	0	0
0	0	0	0	0	0	0	0
0	0	0	128	0	0	0	0
0	0	0	0	0	0	0	0
0	0	0	128	0	0	0	0
0	0	0	434	0	0	0	0
0	0	0	0	0	0	0	0
0	0	0	434	0	0	0	0
0	0	0	0	0	0	0	0
0	0	0	0	0	0	0	0
0	0	0	423	0	0	0	0
0	0	0	0	0	0	0	0
0	0	0	0	0	0	0	0
0	0	0	715	0	1407	1407	0
0	0	0	3778	0	1407	1407	0
0	0	0	0	0	0	0	0

8-3 外国和港澳台地区直接

项　　目	期末投产企业个数（个）	亏损企业	总产值（当年价格）
合　　计	226	92	4055942.5
#国有企业与客商兴办合资合作企业	9	3	402234.4
#以原有企业为依托的合资合作企业	37	13	320170.9
一、按投资方式分组			
港、澳、台投资经济	57	25	1209943.7
与港澳台合资经营企业	19	10	224134.2
与港澳台合作经营企业	2	1	9556.9
港澳台商独资经营企业	36	14	976252.6
外商投资经济	169	67	2845998.8
中外合资经营企业	52	18	895379.8
中外合作经营企业	3	2	795.2
外资企业	111	46	1924373.1
外商投资股份公司	3	1	25450.7
二、按三次产业分组			
第一产业	1	0	5409.9
第二产业	199	79	4031226.1
第三产业	26	13	19306.5
三、按国民经济行业分组			
农、林、牧、渔业	1	0	5409.9
畜牧业	1	0	5409.9

投资企业主要经济指标（一）-1

单位：万元

劳动情况				资产负债		
全部从业人员平均人数（人）	外方及港澳台人员	期末从业人员劳动报酬	外方及港澳台人员	所有者权益	实收资本（万美元）	中方
3901.2	25.7	347225.3	16834.9	3374254.7	293570.0	52020.6
197.1	1.9	17767.6	707.8	258766.9	30412.4	16607.5
579.6	1.1	37635.6	170.6	231456.2	37698.2	19323.6
1345.3	6	125636	8425.9	1146039.2	113216.0	21418.8
256.4	0.9	16635.3	113.5	193463.7	39311.8	21337.9
9.1	0	464.2	0	1981.6	474.7	30.9
1079.8	5.1	108536.5	8312.4	950593.9	73429.5	50
2555.9	19.7	221589.3	8409	2228215.5	180354.0	30601.8
819.4	5.1	59878	2194	544183.9	46702.0	21993.3
30.1	0.1	449.7	0	18877.7	2113.4	1576
1631.2	14.5	156357.8	6215	1637516.4	130016.6	5866.5
75.2	0	4903.8	0	27637.5	1522.0	1166
3.3	0	250.5	0	8625.2	80.0	0
3692.1	23.9	331665.8	16542.7	2879746.5	215562.4	33793.3
205.8	1.8	15309	292.2	485883	77927.6	18227.3
3.3	0	250.5	0	8625.2	80.0	0
3.3	0	250.5	0	8625.2	80.0	0

8-3 外国和港澳台地区直接

项　　目	外方	资产总额	
			流动资产
合　计	241549.4	7214442.9	4319091.6
#国有企业与客商兴办合资合作企业	13804.9	559461.8	483124.9
#以原有企业为依托的合资合作企业	18374.6	851010.1	625578.4
一、按投资方式分组			
港、澳、台投资经济	91797.2	2335730.8	1376966.5
与港澳台合资经营企业	17973.9	692194.1	446568.7
与港澳台合作经营企业	443.8	5650.1	2239.8
港澳台商独资经营企业	73379.5	1637886.6	928158
外商投资经济	149752.2	4878712.1	2942125.1
中外合资经营企业	24708.7	1321898	958594.9
中外合作经营企业	537.4	22517.3	20804.3
外资企业	124150.1	3493866.9	1933446.9
外商投资股份公司	356	40429.9	29279
二、按三次产业分组			
第一产业	80	11240.7	10749.7
第二产业	181769.1	5841841.3	3413893.6
第三产业	59700.3	1361360.9	894448.3
三、按国民经济行业分组			
农、林、牧、渔业	80	11240.7	10749.7
畜牧业	80	11240.7	10749.7

投资企业主要经济指标（一）-2

单位：万元

资产负债						
应收帐款	固定资产原值	无形资产			负债总额	流动负债
			场地使用权	产权及专有技术		
1245057.1	2624263.6	222844	65723.7	502	3840188.2	3495677.5
134928.6	94929.6	7631.9	372.8	0	300694.9	296946.4
115779.1	236225	17465.9	4690.2	41.3	619553.9	599392.4
295018.5	1112145.6	61785.2	29392.9	140.9	1189691.6	1033960.4
34293.4	240502.1	24893.7	17862.9	125.5	498730.4	454968.4
495.8	10055	481.7	203.1	0	3668.5	3668.5
260229.3	861588.5	36409.8	11326.9	15.4	687292.7	575323.5
950038.6	1512118	161058.8	36330.8	361.1	2650496.6	2461717.1
263514.2	428766.8	26548.5	15929.4	274.6	777714.1	680569.4
475.1	3976.7	0	0	0	3639.6	3639.6
680368	1073103.1	133647.2	20401.4	86.5	1856350.5	1764715.7
5681.3	6271.4	863.1	0	0	12792.4	12792.4
986.5	887.5	0	0	0	2615.5	2615.5
1159491.8	2354900.9	194424.7	49377.7	502	2962094.8	2724164.3
84578.8	268475.2	28419.3	16346	0	875477.9	768897.7
986.5	887.5	0	0	0	2615.5	2615.5
986.5	887.5	0	0	0	2615.5	2615.5

8-3 外国和港澳台地区直接

项　　目	资产负债		损益及分配	
	长期负债	其他负债	主营业务收入	出口销售收入（万美元）
合　计	210654.8	13475.5	6793951.3	62896.2
#国有企业与客商兴办合资合作企业	3748.5	0	484610.1	2250.3
#以原有企业为依托的合资合作企业	2981.2	4728.7	419350.6	5295
一、按投资方式分组				
港、澳、台投资经济	111545	4490.9	1764514.4	8438.3
与港澳台合资经营企业	14152.6	4490.9	240874.4	4556.5
与港澳台合作经营企业	0	0	9247.8	0
港澳台商独资经营企业	97392.4	0	1514392.2	3881.8
外商投资经济	99109.8	8984.6	5029436.9	54457.9
中外合资经营企业	78658.7	4728.5	986719.8	10656.4
中外合作经营企业	0	0	609.5	0
外资企业	20451.1	4256.1	4017067.7	41994.3
外商投资股份公司	0	0	25039.9	1807.2
二、按三次产业分组				
第一产业	0	0	5409.9	0
第二产业	117674.1	13357.1	4704138.1	61034.2
第三产业	92980.7	118.4	2084403.3	1862
三、按国民经济行业分组				
农、林、牧、渔业	0	0	5409.9	0
畜牧业	0	0	5409.9	0

投资企业主要经济指标（一）-3

单位：万元

损益及分配						
主营业务成本	主营业务税金及附加	三项费用				
		合计	营业费用	管理费用	财务费用	利息支出
7390106.8	46059.8	770303.7	418594.3	319283.2	32426.2	36294.1
321732.1	3742.5	45288.4	24804.9	24163.1	-3679.6	27.2
336863.2	4653.2	65792.7	22439.3	39448.9	3904.5	2859.5
3001402.4	16663	396396.8	288318.8	95751	12327	5798.4
182630.4	2584.7	38313	19025	16335.7	2952.3	2393.6
7759	845.7	493.7	0	506.1	-12.4	0
2811013	13232.6	357590.1	269293.8	78909.2	9387.1	3404.8
4388704.4	29396.8	373906.9	130275.5	223532.2	20099.2	30495.7
733974.5	5880.6	111194.3	47466.6	61673.3	2054.4	6901.6
426.9	14.9	412.8	232.5	180.3	0	0
3637536.4	23246.4	254629.4	80367.5	156558.8	17703.1	23428.2
16766.6	254.9	7670.4	2208.9	5119.8	341.7	165.9
612.1	0	427.6	141.3	318.9	-32.6	0
5371254.9	40884.7	714775.3	397072.4	292558.2	25144.7	28251.5
2018239.8	5175.1	55100.8	21380.6	26406.1	7314.1	8042.6
612.1	0	427.6	141.3	318.9	-32.6	0
612.1	0	427.6	141.3	318.9	-32.6	0

8-3 外国和港澳台地区直接

项　　目	损益及分配			
	利润总额	亏损企业亏损额	应交税金	进出口关税
合　计	391936.7	61773.2	112772.7	10951.1
#国有企业与客商兴办合资合作企业	40101	763.5	4287.5	236.4
#以原有企业为依托的合资合作企业	30936.6	9824.3	13872.6	1052.7
一、按投资方式分组				
港、澳、台投资经济	182738.8	14507.8	39498.3	2072.4
与港澳台合资经营企业	32244.6	4333.6	18398.2	247.1
与港澳台合作经营企业	237.9	1454.5	552.1	0
港澳台商独资经营企业	150256.3	8719.7	20548	1825.3
外商投资经济	209197.9	47265.4	73274.4	8878.7
中外合资经营企业	70956.2	8121.5	19610.4	1004.6
中外合作经营企业	-264.9	264.9	0	0
外资企业	137996.2	38314.2	53659.9	7864.3
外商投资股份公司	510.4	564.8	4.1	9.8
二、按三次产业分组				
第一产业	4392.9	0	0	0
第二产业	364116.1	56716.8	110048.2	10951.1
第三产业	23427.7	5056.4	2724.5	0
三、按国民经济行业分组				
农、林、牧、渔业	4392.9	0	0	0
畜牧业	4392.9	0	0	0

投资企业主要经济指标（一）-4

单位：万元

损益及分配				
净利润	利润转作投资	可供分配利润	外方应分利润	外方汇出利润
304203.5	5229.9	623316.5	258256.8	8258.6
32903.8	0	287.5	360.7	0
26284.4	5	16928	537.9	1987.9
144585.7	1471.9	157827.7	12634.8	2091.1
25453.4	0	12657.2	−274.4	0
−185.2	0	0	0	0
119317.5	1471.9	145170.5	12909.2	2091.1
159617.8	3758	465488.8	245622	6167.5
57386.3	5	−21037.4	3151.8	2345.7
−264.9	0	0	0	0
102142.9	3753	485416.6	242412.2	3821.8
353.5	0	1109.6	58	0
4392.9	0	7632.1	0	2600
279417.6	5229.9	619549.2	258256.8	5658.6
20393	0	−3864.8	0	0
4392.9	0	7632.1	0	2600
4392.9	0	7632.1	0	2600

8-3 外国和港澳台地区直接

项　　　　目	期末投产企业个数（个）	亏损企业	总产值（当年价格）
工业	199	79	4031226.1
制造业	195	77	3922233.4
农副食品加工业	11	5	229852
食品制造业	8	2	459489
酒、饮料和精制茶制造业	4	1	186996.8
饮料制造	2	1	96740.7
精制茶加工	2	0	90256.1
纺织业	3	2	5960.6
针织或钩针编织物及其制品制造	2	1	4479.5
家用纺织制成品制造	1	1	1481.1
纺织服装、服饰业	2	2	119.1
皮革、毛皮、羽毛及其制品和制鞋业	2	1	5397.5
木材加工和木、竹、藤、棕、草制品业	4	1	27903.5
家具制造业	7	4	14356.1
印刷和记录媒介复制业	3	3	1503.8
文教、工美、体育和娱乐用品制造业	6	0	14738.9
石油加工、炼焦和核燃料加工业	3	1	14775.1

投资企业主要经济指标（二）-1

单位：万元

劳动情况				资产负债		
全部从业人员平均人数（人）	外方及港澳台人员	期末从业人员劳动报酬	外方及港澳台人员	所有者权益	实收资本（万美元）	中方
36921	239	331665.8	16542.7	2879746.5	2155624	33793.3
36576	239	327037.4	16542.7	2847916.4	211823.7	33762.4
1641	5	11631	56.4	6725.8	8930.2	28.7
5901	35	50835.6	6990	307140.1	14698.0	494.3
900	0	2650.8	0	85603.5	10470.7	8359.6
516	0	22.6	0	50674.5	6412.9	6101.3
384	0	2628.2	0	34929	4057.8	2258.3
230	0	1058.7	0	4714.9	900.4	120
72	0	432.9	0	1015.9	300.4	120
158	0	625.8	0	3699	600.0	0
27	0	87.2	0	-1788.6	20.0	6
115	0	350.6	0	4248.8	328.0	0
393	0	4446	0	20377.4	1523.7	319.2
656	2	2811.4	50.4	20460.8	3664.8	777.1
42	1	446.4	135.1	9745.9	1529.4	66
627	1	3005.4	350	8488.2	605.0	268.7
99	6	1223.7	507.2	11574.1	575.0	127.9

8-3 外国和港澳台地区直接

项目	外方	资产总额	流动资产
工业	181769.1	5841841.3	3413893.6
制造业	178061.3	5626453.1	3315448.1
农副食品加工业	8901.5	91068.7	48470.6
食品制造业	14203.7	513606.9	250995
酒、饮料和精制茶制造业	2111.1	213801.3	46543.1
饮料制造	311.6	92153.7	29952.3
精制茶加工	1799.5	121647.6	16590.8
纺织业	780.4	5247.5	4659.1
针织或钩针编织物及其制品制造	180.4	1480.6	916
家用纺织制成品制造	600	3766.9	3743.1
纺织服装、服饰业	14	436.4	403.1
皮革、毛皮、羽毛及其制品和制鞋业	328	6453.9	2492.4
木材加工和木、竹、藤、棕、草制品业	1204.5	31503.4	24442.2
家具制造业	2887.7	199928.8	182690.1
印刷和记录媒介复制业	1463.4	11378.1	9841.3
文教、工美、体育和娱乐用品制造业	336.3	13690.6	10513.2
石油加工、炼焦和核燃料加工业	447.1	13978.8	11036.7

投资企业主要经济指标（二）-2

单位：万元

资产负债						
应收帐款	固定资产原值	无形资产	场地使用权	产权及专有技术	负债总额	流动负债
1159491.8	2354900.9	194424.7	49377.7	502	2962094.8	2724164.3
1106665.1	2296367.3	187120.7	49174.6	502	2778536.7	2543196.2
28394.5	78185.4	4819	3655.5	15.4	84342.9	84342.9
89209	373150	16786.5	6629.2	0	206466.8	203927.3
7924.6	220754.9	14565.9	14319.2	14.6	128197.8	118301.2
5879.6	94223	3032.1	2800	0	41479.2	39825
2045	126531.9	11533.8	11519.2	14.6	86718.6	78476.2
396.5	2574.8	0	0	0	532.6	532.6
306.4	2534	0	0	0	464.7	464.7
90.1	40.8	0	0	0	67.9	67.9
372.3	269.1	0	0	0	2225	36.8
-90	5758.6	1023.1	1023.1	0	2205.1	2205.1
5407.2	11383.1	470.4	0	0	11126	10830.3
586.3	13528	1671.4	118	0	179468	179468
6795.9	5371	0	0	0	1632.2	1632.2
1476.3	6104.8	391.4	391.3	0	5202.4	5202.4
3106.4	4033.9	370.6	202.9	0	2404.7	2404.7

8-3 外国和港澳台地区直接

项　　目	资产负债			
	长期负债	其他负债	主营业务收入	出口销售收入（万美元）
工业	117674.1	13357.1	4704138.1	61034.2
制造业	117671.7	11321.2	4596049	62859.6
农副食品加工业	0	0	238899.2	728.3
食品制造业	0	0	771468.5	302.6
酒、饮料和精制茶制造业	8069.6	1654.2	180632.1	0
饮料制造	0	1654.2	93258.6	0
精制茶加工	8069.6	0	87373.5	0
纺织业	0	0	6821.3	368.5
针织或钩针编织物及其制品制造	0	0	4536.2	34.1
家用纺织制成品制造	0	0	2285.1	334.4
纺织服装、服饰业	0	0	119.1	0
皮革、毛皮、羽毛及其制品和制鞋业	0	0	5397.5	0
木材加工和木、竹、藤、棕、草制品业	0	81.3	34771.3	1265.1
家具制造业	0	0	14597.5	103.4
印刷和记录媒介复制业	0	0	1652.6	0
文教、工美、体育和娱乐用品制造业	0	0	16085	1850.9
石油加工、炼焦和核燃料加工业	0	0	15604.7	0

投资企业主要经济指标（二）-3

单位：万元

损益及分配						
主营业务成本	主营业务税金及附加	三项费用				
		合计	营业费用	管理费用	财务费用	
						利息支出
5371254.9	40884.7	714775.3	397072.4	292558.2	25144.7	28251.5
5275107.4	39611	704472.2	396652	284356.4	23463.8	27011.8
213808.9	226.9	24028.4	8224.9	12221.8	3581.7	1299.9
498448.2	6524.7	213431.9	179352.4	34043.5	36	602.7
151559.4	11379.3	11591.4	3140.4	5324.6	3126.4	2640.9
70343.6	10926.9	6018.7	1900.3	3623.3	495.1	0
81215.8	452.4	5572.7	1240.1	1701.3	2631.3	2640.9
7133.9	91.7	1300.3	179.6	1199.8	-79.1	0
4291.5	36.9	340.7	21.8	319.8	-0.9	0
2842.4	54.8	959.6	157.8	880	-78.2	0
0	13.3	155.4	94.6	60.8	0	0
4795.8	27.8	463.8	103.2	359.7	0.9	0
22859.7	348.8	9620.1	8286	1338.5	-4.4	0
12202	76.5	4773.3	94.6	2445.9	2232.8	-0.1
1718	9.5	634.8	78.5	564.1	-7.8	-1.1
14234.2	75.9	1695.7	501.2	1119.8	74.7	0
11981.6	96.4	2362.1	1349	973.9	39.2	0.6

8-3 外国和港澳台地区直接

项　　目	利润总额	亏损企业亏损额	应交税金	进出口关税
工业	364116.1	56716.8	110048.2	10951.1
制造业	357315.9	54223	112540.3	10951.1
农副食品加工业	1700.6	6364	2623.2	0
食品制造业	62410	2014.6	14681.8	1416.3
酒、饮料和精制茶制造业	10616.3	276.9	18467.6	0
饮料制造	6568.3	276.9	17280.2	0
精制茶加工	4048	0	1187.4	0
纺织业	-2151.1	2153.5	727.9	0
针织或钩针编织物及其制品制造	-75.9	78.3	727.9	0
家用纺织制成品制造	-2075.2	2075.2	0	0
纺织服装、服饰业	-51.4	51.4	0	0
皮革、毛皮、羽毛及其制品和制鞋业	14.9	77	156	0
木材加工和木、竹、藤、棕、草制品业	2062	72.4	1016.8	0
家具制造业	-2276.1	2547.3	291.1	0
印刷和记录媒介复制业	-550.9	550.9	0.1	0
文教、工美、体育和娱乐用品制造业	224.2	0	152.8	6.8
石油加工、炼焦和核燃料加工业	1171.3	4.5	1249.7	0

投资企业主要经济指标（二）-4

单位：万元

损益及分配				
净利润	利润转作投资	可供分配利润	外方应分利润	外方汇出利润
279417.6	5229.9	619549.2	258256.8	5658.6
274690.9	5229.9	613425.5	258256.8	5658.6
-700.9	0	5235.8	5257.1	224.7
47881.8	0	110288.9	468.7	1022.9
8020.1	0	0	0	0
4877.2	0	0	0	0
3142.9	0	0	0	0
-2151.1	0	-1946.5	-778.6	0
-75.9	0	-1946.5	-778.6	0
-2075.2	0	0	0	0
-51.4	0	0	0	0
-8.1	0	-8.1	0	0
1624.9	0	4.7	0	0
-2331.1	0	0	0	0
-538.8	0	0	0	0
178.7	0	2685.6	10.6	0
932.3	0	2810.6	1139.3	0

8-3 外国和港澳台地区直接

项　　目	期末投产企业个数（个）	亏损企业	总产值（当年价格）
化学原料和化学制品制造业	20	8	458636.2
医药制造业	4	2	11791.4
化学纤维制造业	0	0	0
橡胶和塑料制品业	9	6	46073.7
非金属矿物制品业	10	2	145353.5
黑色金属冶炼和压延加工业	2	2	26389.2
有色金属冶炼和压延加工业	2	0	22014.9
金属制品业	12	4	98968.5
通用设备制造业	11	3	287389.2
专用设备制造业	15	7	404424.3
汽车制造业	27	10	1117531.8
铁路、船舶、航空航天和其他运输设备制造业	2	0	45399.9
电气机械和器材制造业	16	7	111268.9
计算机、通信和其他电子设备制造业	6	3	109547.5
仪器仪表制造业	3	1	56933
通用仪器仪表制造	1	0	49496.3
专用仪器仪表制造	1	1	2473.2
其他制造业	2	0	7188.5
金属制品、机械和设备修理业	1	0	12230.5
电力、热力、燃气及水生产和供应业	5	2	121223.2

投资企业主要经济指标（三）-1

单位：万元

劳动情况				资产负债		
全部从业人员平均人数（人）	外方及港澳台人员	期末从业人员劳动报酬	外方及港澳台人员	所有者权益	实收资本（万美元）	中方
3198	35	34705.7	1581.6	286940.2	12519.8	1205.9
289	2	1892	23.5	182918.5	2329.1	0
0	0	0	0	0	0	0
745	12	7355.6	702.8	19375.1	2818.1	56.4
2053	0	16565.4	0	125018	20179.5	9483.5
409	1	1982.4	0	12212.3	3647.4	2445
127	0	711.1	0	6110.6	608	253
2256	9	31673.3	245	89237.5	8364.9	148
1898	23	16484	622.9	204161.2	12441.2	3029.8
2262	10	30686.5	1346.7	308935.7	13473.7	496.9
7694	68	66816.5	3173.7	537046.3	28588.1	1784.9
824	0	5512.9	0	41947.3	526	256
1468	12	18725.8	306.6	463719.5	55782.5	802.4
1891	17	12861.7	450.8	63404.5	4093.8	2633.1
530	0	1330.4	0	24979.5	976	0
358	0	220.5	0	18071	256	0
72	0	329.5	0	3627.1	120	0
257	0	975	0	3789	2101	600
44	0	212.3	0	830.3	129.4	0
389	0	4840.7	0	32660.4	3868.1	30.9

8-3 外国和港澳台地区直接

项目	外方	资产总额	流动资产
化学原料和化学制品制造业	11313.9	520482.3	392632.3
医药制造业	2329.1	201710.3	171654.1
化学纤维制造业	0	0	0
橡胶和塑料制品业	2761.7	54279.8	33395.1
非金属矿物制品业	10696	243594.7	91080.2
黑色金属冶炼和压延加工业	1202.4	34722.4	20883
有色金属冶炼和压延加工业	355	9206.2	7837.8
金属制品业	8216.9	131945.5	71738.9
通用设备制造业	9411.4	408636.3	345712.4
专用设备制造业	12976.8	572805.6	464176
汽车制造业	26803.2	1026402.3	687095.7
铁路、船舶、航空航天和其他运输设备制造业	270	56183.9	43729.2
电气机械和器材制造业	54980.1	1065936.6	236695.2
计算机、通信和其他电子设备制造业	1460.7	99623.6	71640.2
仪器仪表制造业	976	69263.3	60431.2
通用仪器仪表制造	256	57132.2	50325.8
专用仪器仪表制造	120	4823.7	4373.5
其他制造业	1501	26838.7	21191.1
金属制品、机械和设备修理业	129.4	3727.2	3468.9
电力、热力、燃气及水生产和供应业	3837.2	219115.4	101914.4

投资企业主要经济指标（三）-2

单位：万元

资产负债						
应收帐款	固定资产原值	无形资产	场地使用权	产权及专有技术	负债总额	流动负债
140825.2	147067	7499.6	3885.5	133.5	233542.1	162080.6
106.7	37257	3416.8	1058.8	0	18791.8	16116
0	0	0	0	0	0	0
11590.6	28660.8	956	423.2	0	34904.7	31397.2
25137.6	181825.2	7208.8	3814.3	125.5	118576.7	79230.1
7135.6	19448	18.8	0	0	22510.1	22510.1
3351.9	6285.1	0	0	0	3095.6	3095.6
12897.4	82323.8	2643.8	1155.1	0	42708	39706.4
121094.8	85928.6	5126.4	480.6	0	204475.1	202578.6
168089.4	286040.7	10546.1	2383.1	0	263869.9	263300.8
262408.8	486988	13617.2	5555.3	154.1	489356	462137.8
11872.3	2444.9	0	0	0	14236.6	14236.6
131788.5	138796.8	91467.9	3237.3	18.9	602217.1	536399
43361.3	52723.6	1108	72.5	0	36219.1	34464.8
9670.8	11631	919.7	520.2	40	44283.8	43742.7
5659.2	7796.5	359.5	0	0	39061.2	39016.2
565	2295.2	0	0	0	1196.6	1196.6
13112.6	7351	2493.3	249.5	0	23049.7	20419.5
642.6	482.2	0	0	0	2896.9	2896.9
53469.3	59015.8	7304	203.1	0	186455	183865

8-3 外国和港澳台地区直接

项　　目	资产负债			
	长期负债	其他负债	主营业务收入	出口销售收入（万美元）
化学原料和化学制品制造业	71461.5	0	578808.4	1442.2
医药制造业	1481.8	0	9688.2	0
化学纤维制造业	0	0	0	0
橡胶和塑料制品业	3507.5	0	51689.8	347.3
非金属矿物制品业	11607.3	4490.9	151978.8	6965.8
黑色金属冶炼和压延加工业	0	0	25203.5	0
有色金属冶炼和压延加工业	0	0	22038.5	1830.4
金属制品业	2998.3	0	109361.4	6018.3
通用设备制造业	1896.5	0	359242.7	5082.8
专用设备制造业	569.1	0	465885.5	6547.5
汽车制造业	9376.2	4728.5	1153426.8	17466.6
铁路、船舶、航空航天和其他运输设备制造业	0	0	45402.9	55.5
电气机械和器材制造业	2019.4	366.3	125024.1	3434.1
计算机、通信和其他电子设备制造业	1754.3	0	113840	7109
仪器仪表制造业	300	0	70683.1	68.5
通用仪器仪表制造	0	0	64289.2	0
专用仪器仪表制造	0	0	2472.8	6.7
其他制造业	2630.2	0	15496	47.4
金属制品、机械和设备修理业	0	0	12230.5	1825.4
电力、热力、燃气及水生产和供应业	2.4	2035.9	120319.6	0

投资企业主要经济指标（三）-3

单位：万元

损益及分配						
主营业务成本	主营业务税金及附加	三项费用				
		合计	营业费用	管理费用	财务费用	
						利息支出
2202767.1	5583.8	97239.8	54252.8	41014.3	1972.7	658.7
9526.7	360.4	3014.6	1364.5	3405	-1754.9	0
0	0	0	0	0	0	0
43222.5	314.9	10056.1	3934.9	4621.4	1499.8	181.5
117862.4	1550	23400.2	7669.7	12670	3060.5	3204
23811.2	7.2	5286.5	1871.3	2951.4	463.8	462.3
21015.7	73.6	803.9	232.2	483.7	88	0
89579.5	772.2	11751	5163.1	6596.8	-8.9	-51
234490.6	2464.1	31603.2	21055.8	13910.2	-3362.8	0
365235.4	1587.8	78756.1	52904.9	23237.5	2613.7	193.2
939704.7	5665.3	116350.2	38280.5	76501.6	1568.1	3345.4
32877.7	197.1	7880.1	1878.6	6578.3	-576.8	0
86261	938.2	29329.3	2894	16909	9526.3	14233.6
96900.6	519.8	9470.2	1978.7	8352.3	-860.8	47.8
48646.6	541.2	6966.7	808.1	6075.7	82.9	65.8
45095.6	456	4606.1	0	4612	-5.9	13
2030.1	17.2	487.1	3.3	483.8	0	-0.2
12827.8	164.6	1963	517.8	1314.3	130.9	127.6
11636.2	0	544.1	440.7	82.5	20.9	0
107783.7	1273.7	10847.2	861.1	8284.3	1701.8	1239.7

8-3 外国和港澳台地区直接

项　　目		利润总额	亏损企业亏损额	应交税金	进出口关税
化学原料和化学制品制造业		72975.8	4132.5	13234.9	2264.9
医药制造业		3251.9	166.1	92.4	0
化学纤维制造业		0	0	0	0
橡胶和塑料制品业		-2375.5	4795.8	1549.4	384
非金属矿物制品业		13194	2264.7	9992.4	244.4
黑色金属冶炼和压延加工业		-3767.6	3767.6	-250.7	0
有色金属冶炼和压延加工业		244.2	0	97.1	0
金属制品业		7911.2	920.4	2002	499.3
通用设备制造业		17717.1	49.4	5705.2	249.9
专用设备制造业		21589	8879.7	4382.7	539.9
汽车制造业		102048	12522.2	25186.9	3898.3
铁路、船舶、航空航天和其他运输设备制造业		5132.6	0	663.5	62.4
电气机械和器材制造业		25961.7	1462.5	4376.4	722.5
计算机、通信和其他电子设备制造业		5703	1085.3	0	591
仪器仪表制造业		13901.9	64.3	5876.7	1.9
通用仪器仪表制造		13524.4	0	5850.2	0
专用仪器仪表制造		-64.3	64.3	0	1.9
其他制造业		608.9	0	259.4	69.5
金属制品、机械和设备修理业		49.9	0	5	0
电力、热力、燃气及水生产和供应业		6850.1	2493.8	-2487.1	0

投资企业主要经济指标（三）-4

单位：万元

损益及分配				
净利润	利润转作投资	可供分配利润	外方应分利润	外方汇出利润
58894	0	11895.4	-6321.5	1866.4
2757.8	0	161879.5	0	0
0	0	0	0	0
-2932.8	0	1855	1855	600
10838.1	0	-35248	0	0
-3767.6	0	-11173.7	0	0
235	0	153.2	0	0
6480.1	5	-1186.5	-299.1	0
13843.9	0	32396.5	21784	621.8
13856.6	1471.9	37515.6	-5169.3	0
77491.7	3753	209836.7	194684.8	357.8
4372.5	0	462.7	370.1	0
23094.6	0	56904.2	45320	965
4245.5	0	4916	0	0
11787.8	0	24147.9	-64.3	0
11495.8	0	24212.2	0	0
-64.3	0	-64.3	-64.3	0
592.4	0	0	0	0
44.9	0	0	0	0
4771.6	0	6123.7	0	0

8-3 外国和港澳台地区直接

项　　目	期末投产企业个数（个）	亏损企业	总产值（当年价格）
燃气生产和供应业	2	1	108708.9
水的生产和供应业	3	1	12514.3
批发和零售业	2	0	0
批发业	1	0	0
零售业	1	0	0
交通运输、仓储和邮政业	5	0	5392.5
道路运输业	2	0	550
仓储业	3	0	4842.5
金融业	1	0	0
其他金融业	1	0	0
房地产业	8	6	0
房地产开发经营	7	6	0
物业管理	1	0	0
租赁和商务服务业	2	1	0
商务服务业	2	1	0
科学研究和技术服务业	3	2	505.3
研究和试验发展	2	1	0
专业技术服务业	1	1	505.3
居民服务、修理和其他服务业	1	1	0
文化、体育和娱乐业	2	2	0
体育	2	2	0
四、高新技术产业	62	25	1499931.3

投资企业主要经济指标（四）-1

单位：万元

劳动情况				资产负债		
全部从业人员平均人数（人）	外方及港澳台人员	期末从业人员劳动报酬	外方及港澳台人员	所有者权益	实收资本（万美元）	中方
266	0	4148.8	0	12937.3	1025	9.2
123	0	691.9	0	19723.1	2843.1	21.7
234	0	2267.3	0	41351.7	3034	0
229	0	2179.7	0	40686.7	3020	0
5	0	87.6	0	665	14	0
853	2	7648.2	54	93097.4	11921.4	0
779	2	6725.5	54	39221.9	3113.1	0
74	0	922.7	0	53875.5	8808.3	0
8	0	167.5	0	31133.4	5000	3750
8	0	167.5	0	31133.4	5000	3750
98	8	593.6	113.5	280801.6	48556.9	14348.3
97	7	593.6	113.5	266053.5	46556.9	12848.3
1	1	0	0	14748.1	2000	1500
19	2	160.5	0	42422.9	3546.8	35.5
19	2	160.5	0	42422.9	3546.8	35.5
262	2	2117.1	88.7	15697.1	2374	29
195	1	1774.1	70.5	15645	2324	0
67	1	343	18.2	52.1	50	29
171	4	539.1	36	-10585.4	661.6	0
293	0	1404	0	-13169.3	1553.5	64.5
293	0	1404	0	-13169.3	1553.5	64.5
12460	121	100533.5	5354.5	1015451	47485.7	5471

8-3 外国和港澳台地区直接

项目	外方	资产总额	流动资产
燃气生产和供应业	1015.8	138518.8	89153.5
水的生产和供应业	2821.4	80596.6	12760.9
批发和零售业	3034	275175.1	255432.4
批发业	3020	274324.1	254589.1
零售业	14	851	843.3
交通运输、仓储和邮政业	11921.4	216280.7	68255.3
道路运输业	3113.1	133981.3	54151.2
仓储业	8808.3	82299.4	14104.1
金融业	1250	129994.1	70449.8
其他金融业	1250	129994.1	70449.8
房地产业	34208.6	514883.4	385897.9
房地产开发经营	33708.6	500135.3	371149.8
物业管理	500	14748.1	14748.1
租赁和商务服务业	3511.3	141792.9	94599.9
商务服务业	3511.3	141792.9	94599.9
科学研究和技术服务业	2345	17244.6	4967.8
研究和试验发展	2324	17134	4907.7
专业技术服务业	21	110.6	60.1
居民服务、修理和其他服务业	661.6	25720	7549.2
文化、体育和娱乐业	1489	28134.5	1141.4
体育	1489	28134.5	1141.4
四、高新技术产业	42014.7	1722991.7	1258091.4

投资企业主要经济指标（四）-2

单位：万元

资产负债						
应收帐款	固定资产原值	无形资产	场地使用权	产权及专有技术	负债总额	流动负债
48521.1	32703.9	1467.4	203.1	0	125581.5	122991.5
4948.2	26311.9	5836.6	0	0	60873.5	60873.5
52971.4	8229.6	358.7	0	0	233823.4	233823.4
52573.1	8223.3	357.2	0	0	233637.4	233637.4
398.3	6.3	1.5	0	0	186	186
21327.6	138965	8794.8	0	0	123183.3	86376.2
19899.5	56932.5	7369.3	0	0	94759.4	82781.9
1428.1	82032.5	1425.5	0	0	28423.9	3594.3
1950.3	144.2	0	0	0	98860.7	35660.7
1950.3	144.2	0	0	0	98860.7	35660.7
1546.6	28071.6	1946.5	1913.2	0	234081.8	233711.6
1546.6	28070.8	1946.5	1913.2	0	234081.8	233711.6
0	0.8	0	0	0	0	0
1627.4	46318.1	13319.6	13319.6	0	99370	99370
1627.4	46318.1	13319.6	13319.6	0	99370	99370
1166.6	14546.5	1461.9	819.4	0	1547.5	1428.2
1163.8	14404.1	1461.9	819.4	0	1489	1369.7
2.8	142.4	0	0	0	58.5	58.5
2256	3931.9	293.8	293.8	0	36305.4	31725.4
297.9	22493.1	1836.2	0	0	41303.8	39800.2
297.9	22493.1	1836.2	0	0	41303.8	39800.2
429277.4	688862.9	26035.8	11239.7	213	707540.7	672857.6

8-3 外国和港澳台地区直接

项　　目	资产负债			
	长期负债	其他负债	主营业务收入	出口销售收入（万美元）
燃气生产和供应业	2.4	2035.9	107805.3	0
水的生产和供应业	0	0	12514.3	0
批发和零售业	0	0	1943616.3	36.6
批发业	0	0	1943376.9	0
零售业	0	0	239.4	36.6
交通运输、仓储和邮政业	24829.6	0	102676.5	0
道路运输业	0	0	89499.1	0
仓储业	24829.6	0	13177.4	0
金融业	63200	0	5168.8	0
其他金融业	63200	0	5168.8	0
房地产业	370.2	0	759.6	0
房地产开发经营	370.2	0	759.6	0
物业管理	0	0	0	0
租赁和商务服务业	0	0	6823.9	0
商务服务业	0	0	6823.9	0
科学研究和技术服务业	0.9	118.4	6686.9	0
研究和试验发展	0.9	118.4	6181.6	0
专业技术服务业	0	0	505.3	0
居民服务、修理和其他服务业	4580	0	2927.9	0
文化、体育和娱乐业	0	0	2497.2	0
体育	0	0	2497.2	0
四、高新技术产业	15039.7	5094.8	1593977.8	33951.7

投资企业主要经济指标（四）-3

单位：万元

损益及分配						
主营业务成本	主营业务税金及附加	三项费用				
		合计	营业费用	管理费用	财务费用	
						利息支出
99227.6	307.5	9277.1	861.1	7487.4	928.6	1239.7
8556.1	966.2	1570.1	0	796.9	773.2	0
1919211.6	1474.4	15600.7	4470	8430.1	2700.6	3652.1
1919102.4	1474.4	15519.3	4463.5	8357.3	2698.5	3652.1
109.2	0	81.4	6.5	72.8	2.1	0
77777.8	2197.1	13043.5	420.1	8285.9	4337.5	2126.1
73641.8	1138.6	7318.3	294.9	5115	1908.4	1754.7
4136	1058.5	5725.2	125.2	3170.9	2429.1	371.4
3715.1	24.3	1426	1113.2	274.5	38.3	1879.6
3715.1	24.3	1426	1113.2	274.5	38.3	1879.6
164.7	174.8	9434.4	7513.2	2047.2	-126	26.6
164.7	174.8	9434.4	7513.2	2047.2	-126	26.6
0	0	0	0	0	0	0
0	40	5111.6	3078	2089.4	-55.8	0
0	40	5111.6	3078	2089.4	-55.8	0
2736.7	17.8	4100.1	47	3758.1	295	293.3
2447.9	14.8	3849.1	47	3507.5	294.6	293.3
288.8	3	251	0	250.6	0.4	0
376.8	21	3290.7	3196	0	94.7	64.9
1579	1195.7	2077.9	1039.8	1029.8	8.3	0
1579	1195.7	2077.9	1039.8	1029.8	8.3	0
1303711.4	8481.9	162218.7	51036.6	112146	-963.9	4683.2

8-3 外国和港澳台地区直接

项　　目	利润总额	亏损企业亏损额	应交税金	进出口关税
燃气生产和供应业	5304.7	1454.5	-2836.6	0
水的生产和供应业	1545.4	1039.3	349.5	0
批发和零售业	9164.2	0	1872.2	0
批发业	9115.4	0	1866.6	0
零售业	48.8	0	5.6	0
交通运输、仓储和邮政业	12893.3	0	153.6	0
道路运输业	10580	0	0	0
仓储业	2313.3	0	153.6	0
金融业	9.7	0	39.4	0
其他金融业	9.7	0	39.4	0
房地产业	3081.7	1290.2	128.1	0
房地产开发经营	3081.7	1290.2	128.1	0
物业管理	0	0	0	0
租赁和商务服务业	1691.6	280	343.9	0
商务服务业	1691.6	280	343.9	0
科学研究和技术服务业	-165	188.5	6.7	0
研究和试验发展	-127.5	151	4.9	0
专业技术服务业	-37.5	37.5	1.8	0
居民服务、修理和其他服务业	-792.9	792.9	175.6	0
文化、体育和娱乐业	-1976.4	1976.4	0	0
体育	-1976.4	1976.4	0	0
四、高新技术产业	134686.4	18703.5	36370.4	6689.7

投资企业主要经济指标（四）-4

单位：万元

损益及分配				
净利润	利润转作投资	可供分配利润	外方应分利润	外方汇出利润
3848.5	0	5303	0	0
923.1	0	820.7	0	0
7292	0	0	0	0
7248.8	0	0	0	0
43.2	0	0	0	0
12457.2	0	0	0	0
10520.4	0	0	0	0
1936.8	0	0	0	0
-40.8	0	0	0	0
-40.8	0	0	0	0
3081.7	0	-2749.2	0	0
3081.7	0	-2749.2	0	0
0	0	0	0	0
1187.5	0	0	0	0
1187.5	0	0	0	0
-112	0	-1115.6	0	0
-71.2	0	-1115.6	0	0
-40.8	0	0	0	0
-1012.7	0	0	0	0
-1976.4	0	0	0	0
-1976.4	0	0	0	0
103405.2	3753	431375.6	195797.1	1322.8

8-4 分县（市、区）

项目	合计	安次区	广阳区	三河市
一、期末实有注册三资企业情况				
企业个数（个）	23	2	1	4
#投资总额500万美元以上	9	0	0	0
注册资本（万美元）	44596	8520	1119	1227
#外资	19263	2910	385	655
投产开业企业个数	226	8	8	43
本年新注册三资企业个数（个）	24	2	1	4
比上年增减（个）	-2	0	0	-5
注册资本（万美元）	15926	4120	567	41
比上年增减（%）	-81.1	8.4	-98.9	-102.9
#外资	15352	4120	385	41
比上年增减（%）	-81.5	8.4	-99.2	-21.2
二、实际利用外资（万美元）	104905	—	—	—
比上年增减（%）	6.1	—	—	—
1.外商直接投资	99107	—	—	—
比上年增减（%）	2.3	—	—	—
2.对外借款	5798	—	—	—
3.外商其他投资	0	—	—	—

对外经济基本情况(一)

单位：万元

大厂县	香河县	固安县	永清县	霸州市	文安县	大城县	开发区
2	4	2	3	0	2	0	3
0	0	1	2	0	1	0	0
1514	250	970	5472		4337	0	21186
483	229	625	2006	422	2162	1404	7982
9	10	7	9	16	5	1	110
2	4	2	3	1	2	0	3
2	2	-3	3	-1	1	-1	0
114	229	503	2311	15	2184	0	5842
-	-27.5	-97.4	-	-99.7	9.2	-100.0	39.1
110	229	503	1945	15	2162	0	5842
—	-27.5	-97.3	-	-99.7	8.1	-100.0	82.9
—	—	—	—	—	—	—	—
—	—	—	—	—	—	—	—
—	—	—	—	—	—	—	—
—	—	—	—	—	—	—	—
—	—	—	—	—	—	—	—
—	—	—	—	—	—	—	—

8-4 分县（市、区）

项　　目	合　计	安次区	广阳区	三河市
三、三资企业生产经营情况				
期末投产企业个数（个）	226	8	8	43
#亏损企业	92	3	5	23
总产值（当年价格）	4055942.5	109627.1	54337.3	404350.6
全部从业人员平均人数	39012	2045	918	4165
#外方及港澳台人员	257	24	1	83
期末从业人员劳动报酬	347225.3	14872.1	6231.5	40819.7
#外方及港澳台人员	16834.9	561.2	36	3398.1
所有者权益	3374254.7	84103.7	229787.7	583808.1
#实收资本（万美元）	293570	8006.1	28623.6	48716.3
#中方	52020.6	2552	17.9	21191.7
#外方	241549.4	5454.1	28605.7	27524.6
资产总额	7214442.9	175591.5	341007	918741
#流动资产	4319091.6	76944.1	222624.9	583408.6
#应收帐款	1245057.1	42332.5	8252.6	87582
固定资产原值	2624263.6	72401.6	19458.1	519459.3
无形资产	222844	9366.6	3501.4	19740.7
#场地使用权	65723.7	3655	3314.5	7398.7
产权及专有技术	502	13.7	40	140.4
负债总额	3840188.2	91487.8	111219.3	334932.9
#流动负债	3495677.5	86271.1	110721.8	298599

对外经济基本情况（二）

单位：万元

大厂县	香河县	固安县	永清县	霸州市	文安县	大城县	开发区
9	10	7	9	16	5	1	110
5	5	1	5	8	0	0	37
191509.4	13094.5	34489.7	94714.6	231492.2	15223.9	520.1	2788723.1
2446	1623	348	974	1145	500	50	24798
2	2	10	5	8	2	0	120
16400	10687	2561.5	8802.5	7689.9	2646.2	0	236514.9
150	75.6	519.6	27.5	67.6	398	0	11601.2
62303.5	20910.3	22578.6	117189.4	54124.6	5161	747.9	2193539.9
14854.1	8986.7	2367.2	8732.6	8629.5	437.7	8	164208.2
6833.5	522.8	28.7	3650.1	2588.2	263.3	6	14366.4
8020.6	8463.9	2338.5	5082.5	6041.3	174.4	2	149841.8
228167.2	137347.8	45551.5	194096.1	161016.6	9906	1003.5	5002014.7
101993.4	65580.6	19126.4	89721.5	86144.7	6751.7	897.6	3065898.1
24137.3	28757.8	4979.1	35836.7	42666.6	1031.2	129.6	969351.7
220398.7	69602.5	32337.7	270275.7	79509.3	4239.5	680.2	1335901
8864	11609.3	1645.2	4607.5	2719.8	495.5	19.7	160274.3
4136	8069.6	891.1	4206.7	2433.9	495.5	0	31122.7
18.9	14.6	0	125.5	105.9	0	0	43
165863.7	116437.5	22972.9	76906.7	106892	4745	255.6	2808474.8
141215.7	105196.8	10935	60186.3	102193.6	4733.4	255.6	2575369.2

8-4 分县（市、区）

项　　目	合　计	安次区	广阳区	三河市
长期负债	210654.8	488	300	18881.7
其他负债	13475.5	4728.7	0	1654.2
主营业务收入	6793951.3	111305	57573.3	405223.3
#出口销售收入	62896.2	302.7	2239.7	5650.6
主营业务成本	7390106.8	89852.3	46265.1	342837.5
主营业务税金及附加	46059.8	855.2	200.4	15802.6
三项费用合计	770303.7	12762.8	12152.3	4932.5
#营业费用	418594.3	4475.5	5780.2	15752
管理费用	319283.2	8314.7	6047	30783.4
财务费用	32426.2	-27.4	325.1	2790
#利息支出	36294.1	0	53	1060.8
利润总额	391936.7	106.1	-313.4	7263.5
亏损企业亏损额	61773.2	1845.2	1043.7	13108.3
应交税金	112772.7	2943.5	38.2	24722
#进出口关税	10951.1	0	0	1699.7
净利润	304203.5	8949.7	-410.6	3338.8
利润转作投资	5229.9	0	0	0
可供分配利润	623316.5	4080.5	-3702	313718.4
#外方应分利润	258256.8	10.6	0	150987.6
外方汇出利润	8258.6	0	0	621.8

对外经济基本情况（三）

单位：万元

大厂县	香河县	固安县	永清县	霸州市	文安县	大城县	开发区
0	11067.9	12037.9	11607.3	4580	0	0	151692
366.1	0	0	4490.9	118.4	0	0	2117.2
187568.7	129400.4	34804	98916.4	246204.6	16944.3	187.6	5505823.7
2561.5	1633.3	728.3	3808.7	1543.3	169.6	23.5	44235
156705.6	107902.7	24803.2	72231.6	224000.4	14615.7	171.9	6310720.8
1154	302.1	115.9	693.4	500.7	57.2	0.1	26391.2
29598.7	13497.3	4801.6	17538.9	16999.5	2082.5	15.5	611529.2
9171	5937.8	1661.9	6421.6	5648	139.6	0	363606.7
16404.3	6683.2	2630.5	9326.2	8019.9	1871.9	15.3	229186.8
4023.4	876.3	509.2	1791.1	3331.6	71	0.2	18735.7
3834.8	1541	0.4	1494	1133.7	0	0	27176.4
7010	8719.3	4934.9	9738.4	5173.9	165.4	1.9	337536.7
9622.9	1368.1	382.1	190.6	4813.5	0	0	29398.8
3027.3	1464	2634.3	8202.8	2399.9	261.4	-15.9	67095.2
613.4	71.8	0	40.4	0	0	0	8525.8
3723.9	7449.3	3638.2	8313.8	2097.6	120.9	0.1	266981.8
0	0	0	0	0	0	5	5224.9
-34781.9	7632.1	3616.9	0	-2680.8	-466.1	187.6	335711.8
0	0	2971.4	0	5446	0	0	98841.2
0	2600	1886.4	0	0	0	0	3170.4

九、交通、运输、邮电

责任编辑：吕艳霞

9-1 公路里程、桥梁、养护、绿化情况

项　　目	计量单位	2018 年	2017 年
一、公路通车里程	公里	11304	10994
1. 国道	公里	836	818
2. 省道	公里	316	341
3. 县道	公里	778	744
4. 乡公路	公里	1742	1753
5. 专用公路	公里	287	268
6. 村级公路	公里	7345	7071
二、等级公路里程	公里	11304	10994
1. 高速公路	公里	392	385
2. 一级公路	公里	629	584
3. 二级公路	公里	1121	1062
4. 三级公路	公里	1090	1077
5. 四级公路	公里	8072	7887
三、公路桥梁	米/座	204170/2067	199076/2126
#大中式	米/座	181186/880	175190/862
#永久式	米/座	203893/2057	198736/2114
四、公路养护里程	公里	11250	10994
五、公路绿化里程	公里	11301	10142
六、晴雨通车里程	公里	11304	10994

9-2 公路客货运输量

指　　标	计量单位	2018 年	2017 年
一、客运量合计	万人	2005	2424
#营业性	万人	2005	2424
二、旅客周转量合计	万人公里	70548	83266
#营业性	万人公里	70548	83266
三、货运量合计	万吨	11508	10937
#营业性	万吨	11508	10937
1. 汽车	万吨	—	—
2. 轮胎式拖拉机	万吨	—	—
3. 其他机动车	万吨	—	—
四、货运周转量合计	万吨公里	2843832	2647984
#营业性	万吨公里	2843832	2647984
1. 汽车	万吨公里	—	—
2. 轮胎式拖拉机	万吨公里	—	—
3. 其他机动车	万吨公里	—	—

9-3 全社会交通

指　　标	合　计	安次区	广阳区	三河市
大型载客汽车	5238	348	1981	540
#私人拥有量	1260	216	210	74
大型载货汽车	22089	2393	3567	2761
#私人拥有量	10183	898	664	1711
中型载客汽车	1954	186	337	214
#私人拥有量	889	98	91	68
中型载货汽车	3904	715	599	416
#私人拥有量	2309	280	148	335
小型载客汽车	1123397	97991	167570	156028
#私人拥有量	1081747	93542	152347	150426
小型载货汽车	132309	20602	20669	4878
#私人拥有量	88725	6274	4982	4028
微型载客汽车	26210	2071	2768	2793
#私人拥有量	25769	1979	2635	2714
微型载货汽车	126	4	5	0
#私人拥有量	120	4	2	0
摩托车	9652	826	946	3508
#私人拥有量	9992	804	916	3434
专用机械	5997	381	1690	1218
#私人拥有量	2877	223	464	815
汽车挂车	9038	632	1273	1022
#私人拥有量	3127	230	151	604

具拥有量

单位：台

大厂县	香河县	固安县	永清县	霸州市	文安县	大城县	开发区
212	159	250	271	727	199	194	357
32	30	124	128	243	81	93	29
631	634	1247	1641	3047	1912	3428	828
256	372	899	1112	1557	1311	1290	113
26	67	118	166	238	356	157	89
10	28	91	119	152	170	35	27
128	137	371	281	470	368	369	50
90	83	290	171	333	333	233	13
37612	84487	117062	87865	150522	106488	91849	25923
36585	82097	114878	86124	146860	104555	90335	23998
2951	6733	10846	8575	26122	17086	11361	2486
2536	6063	9618	8060	18659	16533	10980	992
804	1359	2946	2192	4866	3422	2589	400
799	1335	2930	2160	4844	3411	2572	390
3	0	18	8	38	28	22	0
1	0	17	8	38	28	22	0
198	1625	408	1043	413	280	328	77
794	1609	340	1022	402	276	321	74
213	289	601	327	566	264	192	256
113	158	259	203	284	180	117	61
275	57	205	781	1606	776	1792	619
87	36	174	500	467	317	526	35

指　　标	合　计	安次区	广阳区	三河市
一、营运载客汽车	1886	93	—	50
客位	56166	2,008	—	2,042
1. 按用途分				
（1）班线客车	1455	93	—	30
客位	38431	2,008	—	1,022
（2）旅游客车	—	—	—	—
客位	—	—	—	—
（3）租赁客车	—	—	—	—
客位	—	—	—	—
（4）包车客车	431	—	—	20
客位	17735	—	—	1020
2. 按等级分				
（1）高级	240	—	—	—
客位	10377	—	—	—
（2）中级	1262	22	—	50
客位	38004	454	—	2,042
（3）普通	384	71	—	—
客位	7785	1,554	—	—
3. 按标记客位分				
（1）大型	613	5	—	34
客位	27253	166	—	1,648
（2）中型	1225	88	—	16
客位	28300	1,842	—	394
（3）小型	48	—	—	—
客位	613	—	—	—

工具拥有量（一）

单位：辆

大厂县	香河县	固安县	永清县	霸州市	文安县	大城县	市　直
7	30	90	91	313	277	192	743
266	911	2,248	2,089	7,644	5,865	4,488	28,605
7	30	90	91	304	277	192	341
266	911	2,248	2,089	7,235	5,868	4,488	12,299
—	—	—	—	—	—	—	—
—	—	—	—	—	—	—	—
—	—	—	—	—	—	—	—
—	—	—	—	—	—	—	—
—	—	—	—	9	—	—	402
—	—	—	—	409	—	—	16306
—	2	3	—	32	2	22	179
—	76	135	—	1214	99	718	8,135
7	28	47	—	264	275	33	536
266	835	1221	—	6277	5,766	1,186	19957
—	—	40	91	17	—	137	28
—	—	892	2089	153	—	2,584	513
6	2	7	—	75	15	13	456
247	91	279	—	2,696	560	605	20,961
1	28	83	91	221	245	179	273
19	820	1,969	2,089	4,795	5,050	3,883	7,439
—	—	—	—	17	17	—	14
—	—	—	—	153	255	—	205

9-4 公路营业性运输

单位：辆

指　　标	合　计	安次区	广阳区	三河市
二、营运载货汽车	92682	20,688	10,096	4,959
吨位	396751	63,567	31,875	37,635
1. 按标记吨位分				
（1）大型	19614	2819	1846	1742
吨位	301589	36420	22630	35111
（2）中型	3200	132	564	171
吨位	10334	448	1,859	542
（3）小型	64057	17,499	6,922	2,242
吨位	84828	26,699	7,386	1,982
2. 按用途分				
#普通载货汽车	78391	19,750	7,987	3,472
吨位	208682	47,471	12,513	17,412
专用载货汽车	934	110	153	94
吨位	8807	957	1083	1,121
三、轮胎式拖拉机	—	—	—	—
吨位	—	—	—	—
四、其他机动车	—	—	—	—
吨位	—	—	—	—

工具拥有量（二）

单位：辆

大厂县	香河县	永清县	固安县	霸州市	文安县	大城县	市 直	开发区
938	3, 303	7, 950	7, 979	14, 088	5, 881	8, 663	4, 800	3, 337
4, 700	8, 631	22, 631	41, 392	58, 497	29, 926	52, 790	20, 604	24, 503
191	482	892	1891	2382	1206	3458	1028	1677
3681	5995	13155	36893	41956	23814	45663	14907	21364
25	200	217	195	369	179	361	377	410
89	667	476	654	1, 103	602	1, 119	1, 135	1, 640
640	2, 585	6, 748	5, 344	10, 111	4, 000	3, 675	3, 041	1, 250
930	1, 969	9, 000	3, 845	15, 438	5, 510	6, 008	4, 562	1, 499
745	3, 220	7, 700	6, 523	11, 414	4, 758	6, 240	3, 894	2, 688
1, 838	7, 435	16, 294	15, 385	28, 517	11, 190	28, 278	9, 136	13, 213
3	4	31	72	105	6	108	198	50
9	6	461	794	748	11	781	2, 328	508
—	—	—	—	—	—	—	—	—
—	—	—	—	—	—	—	—	—
—	—	—	—	—	—	—	—	—
—	—	—	—	—	—	—	—	—

9-5分县（市、区）

指　　标	单　位	合　计	廊坊本身	三河市
一、邮政部分				
1. 邮政业务收入	万元	34811	11372	3968
2. 出口函件	万件	1487	1350	103
3. 出口包件	万件	1650	474	122
4. 汇票	万张	2	1	0
5. 杂志	万份	201	70	25
6. 邮政储蓄余额	万元	674746	77440	76661
7. 订销报纸	万份	5537	2102	722
8. 特快专递	万件	19	6	4
二、电信部分				
1. 电信业务收入	万元	383732	135755	51387
2. 固定电话用户	户	434083	136488	54069
3. 移动电话用户	户	5500451	1748824	796990
4. 互联网宽带用户	户	1379711	383428	174589

通讯情况

大厂县	香河县	永清县	固安县	霸州市	文安县	大城县
1215	1729	2147	1904	6145	3599	2732
4	5	1	11	2	1	10
35	39	28	101	769	62	20
0	0	0	0	0	0	0
8	10	19	4	42	13	9
35165	39699	76936	55362	120216	80443	112823
226	435	380	352	392	475	452
0	1	2	1	2	2	2
13387	34631	30920	24500	54922	39699	30910
43604	29454	12055	65772	48912	25795	21087
313986	455701	422583	406899	840645	601675	426152
108333	126212	93004	105195	183460	159084	93665

十、财政、金融、保险

责任编辑： 吕艳霞

10-1 财政收入分项完成情况（一）

单位：万元

项　　目	2018 年	2017 年	2018 年 比上年±%
一、全部财政收入	6455396	6730747	-0.0
其中：一般公共预算收入	3620321	3314731	0.1
（一）税收收入	5619215	5958912	-0.1
国内增值税	835201	916016	-0.1
国内消费税	99050	103461	-0.0
改征增值税	1004791	1264601	-0.2
营业税	12021	20279	-0.4
企业所得税	1417302	1813782	-0.2
企业所得税退税	—	—	—
个人所得税	511302	561305	-0.1
资源税	10213	10682	-0.0
城市维护建设税	130652	139351	-0.1
房产税	85430	72165	0.2
印花税	43668	48654	-0.1
城镇土地使用税	96779	90237	0.1
土地增值税	962946	491455	1.0
车船税	39211	28391	0.4
耕地占用税	23844	32808	-0.3
契税	341534	366131	-0.1
环保税	5670	—	—
其他税收收入	—	—	—
（二）非税收入	836181	771835	0.1
专项收入	240169	183532	0.3
行政事业性收费收入	51601	100793	-0.5

10-1 财政收入分项完成情况（二）

单位：万元

项目	2018 年	2017 年	2018 年比上年±%
罚没收入	145869	255526	-0.4
国有资本经营收入	11462	4064	1.8
国有资源（资产）有偿使用收入	211310	155424	0.4
捐赠收入	46740	30736	0.5
政府住房基金收入	60632	16341	2.7
其他收入	68398	25419	1.7
二、政府性基金收入	1869265	2950108	-0.4
国有土地使用权出让收入	1557919	2556320	-0.4
城市公用事业附加收入	—	3399	—
国有土地收益基金收入	108053	176131	-0.4
农业土地开发资金收入	2442	3679	-0.3
城市基础设施配套费收入	111187	133391	-0.2
污水处理费收入	9914	7910	0.3
育林基金收入	—	—	—
森林植被恢复费	—	—	—
地方水利建设基金收入	—	—	—
车辆通行费	971	1473	-0.3
散装水泥专项资金收入	—	—	—
新型墙体材料专项基金收入	—	275	-1.0
彩票发行机构和彩票销售机构的业务费用	1695	1683	0.0
彩票公益金收入	13180	10347	0.3
其他政府性基金收入	63904	55500	0.2

10-2 财政支出分项完成情况

单位：万元

项　　目	2018年	2017年	2018年 比上年±%
一般公共预算支出	6203506	5827035	6.5%
一般公共服务	581142	589609	-1.4%
国防	6067	11352	-46.6%
公共安全	382877	347544	10.2%
教育	1079121	969083	11.4%
科学技术	56004	66840	-16.2%
文化体育与传媒	104408	64403	62.1%
社会保障和就业	587073	541415	8.4%
医疗卫生	439164	429119	2.3%
节能环保	733399	673179	8.9%
城乡社区事务	974169	987450	-1.3%
农林水事务	604513	510073	18.5%
交通运输	273063	205148	33.1%
资源勘探电力信息等事务	84634	95704	-11.6%
商业服务业等事务	24720	19824	24.7%
金融监管等事务支出	14230	540	2535.2%
援助其他地区支出	6100	4734	28.9%
国土资源气象等事务	77629	89239	-13.0%
住房保障支出	95692	125391	-23.7%
粮油物资储备事务	8716	9709	-10.2%
国债还本付息支出	—	—	—
其他支出	30067	54099	-44.4%
债务付息支出	40503	32291	25.4%
债务发行费支出	215	289	-25.6%
政府性基金支出	2159152	2473575	-12.7%
教育	—	—	—
文化体育与传媒	715	834	-14.3%
社会保障和就业	101	35	188.6%
城乡社区事务	2020684	2386725	-15.3%
农林水事务	—	—	—
交通运输	65195	23218	180.8%
资源勘探电力信息等事务	—	80	-100.0%
商业服务业等事务	321	98	227.6%
其他支出	53056	55841	-5.0%
债务付息支出	18494	6423	187.9%
债务发行费支出	586	321	82.6%

10-3 财政收支分级完成情况（一）

单位：万元

指　　标	2018 年	2017 年	2018 年比上年±%
一、全部财政收入	6455396	6730747	-4.1%
安次区	494688	483785	2.3%
广阳区	754690	739609	2.0%
三河市	979877	1045782	-6.3%
大厂县	452803	541277	-16.3%
香河县	650559	659008	-1.3%
固安县	862801	390676	120.8%
永清县	298113	985334	-69.7%
霸州市	494496	428236	15.5%
文安县	202535	171460	18.1%
大城县	168173	135725	23.9%
市　直	294109	348222	-15.5%
开发区	802552	801633	0.1%
1. 上划收入	2835075	3416016	-17.0%
安次区	215157	323556	-33.5%
广阳区	549585	557720	-1.5%
三河市	379374	503685	-24.7%
大厂县	175051	297077	-41.1%
香河县	283006	325670	-13.1%
固安县	135003	571739	-76.4%
永清县	406715	245153	65.9%
霸州市	220215	192749	14.2%
文安县	88185	74833	17.8%
大城县	68103	51662	31.8%
市　直	-223094	-299680	-25.6%
开发区	537775	571852	-6.0%

10-3 财政收支分级完成情况（二）

单位：万元

指　　标	2018 年	2017 年	2018 年比上年±%
2. 一般公共预算收入	3620321	3314731	9.2%
安次区	279531	160229	74.5%
广阳区	205105	181889	12.8%
三河市	600503	542097	10.8%
大厂县	277752	244200	13.7%
香河县	367553	333338	10.3%
固安县	456086	145523	213.4%
永清县	163110	413595	-60.6%
霸州市	274281	235487	16.5%
文安县	114350	96627	18.3%
大城县	100070	84063	19.0%
市　直	517203	647902	-20.2%
开发区	264777	229781	15.2%
二、政府性基金收入	1869265	2950108	-36.6%
安次区	273564	393448	-30.5%
广阳区	1801	—	*VALUE!
三河市	148134	55721	165.8%
大厂县	284567	205879	38.2%
香河县	172038	256932	-33.0%
固安县	193568	499243	-61.2%
永清县	58745	353250	-83.4%
霸州市	258444	501052	-48.4%
文安县	137896	248518	-44.5%
大城县	68674	111384	-38.3%
市　直	217379	294877	-26.3%
开发区	54455	29804	82.7%

10-3 财政收支分级完成情况（三）

单位：万元

指　　　标	2018 年	2017 年	2018 年比上年±%
三、一般公共预算支出	6203506	5827035	6.5%
安次区	318147	270395	17.7%
广阳区	221121	192331	15.0%
三河市	922217	753133	22.5%
大厂县	344541	349252	-1.3%
香河县	638734	587763	8.7%
固安县	738393	379656	94.5%
永清县	420358	913776	-54.0%
霸州市	712064	479878	48.4%
文安县	381906	334340	14.2%
大城县	324817	233266	39.2%
市　直	961937	1061067	-9.3%
开发区	219271	272178	-19.4%
四、政府性基金支出	2159152	2473575	-12.7%
安次区	76089	370339	-79.5%
广阳区	247976	11575	2042.3%
三河市	47430	39993	18.6%
大厂县	63180	148728	-57.5%
香河县	226835	162457	39.6%
固安县	92176	396224	-76.7%
永清县	172148	321004	-46.4%
霸州市	269711	210379	28.2%
文安县	219754	263771	-16.7%
大城县	140302	104994	33.6%
市　直	428011	418264	2.3%
开发区	175540	25847	579.2%

10-4 地方财政收入分

项　　目	全　市	市　直	三河市	大厂县
一、一般公共预算收入	3620321	517203	600503	277752
（一）税收收入小计	2784140	401648	531268	246036
国内增值税	291737	77419	48040	13719
改征增值税	324655	107593	32801	27190
营业税	4208	1126	1718	413
企业所得税	276720	80752	44232	18262
个人所得税	153391	47379	15819	8307
资源税	3602	16	870	288
城市维护建设税	131596	5182	18048	5855
房产税	85430	154	18233	2817
印花税	43668	137	6596	2377
城镇土地使用税	96779	75	15421	4539
土地增值税	962946	65	244131	122612
车船税	39211	0	4815	871
耕地占用税	23844	0	671	505
契税	341534	81749	78673	38196
环保税	4819	0	1200	84
（二）非税收入小计	836181	115555	69235	31716

级分项完成情况（一）

单位：万元

香河县	永清县	固安县	霸州市	文安县	大城县	安次区	广阳区	开发区
367553	163110	456086	274281	114350	100070	279531	205105	264777
237492	119719	299388	192627	73079	55734	204648	186056	236445
20645	5336	-12091	38402	23441	17418	13020	11784	34604
34490	7379	22515	29096	8907	5976	9799	26550	12359
108	2	682	58	0	-59	144	4	12
29564	5970	28643	14701	5772	5516	7472	18779	17057
7121	2463	21335	15086	1934	880	2970	10788	19309
157	171	304	335	152	82	286	770	171
10738	4034	12198	10359	5060	3286	11157	23313	22366
8471	1784	7742	5418	2014	526	6350	13127	18794
2834	1904	5730	5427	2187	1456	3345	5080	6595
6755	2998	9746	10953	5920	3396	9323	10943	16710
82299	60316	171216	25404	5549	9500	133857	40621	67376
2298	1509	1893	3306	1841	1482	2505	16693	1998
625	455	692	6448	328	1061	3764	7278	2017
31273	25169	28689	27235	9469	4088	0	—	16993
114	229	94	399	505	1127	656	327	84
130061	43391	156698	81654	41271	44336	74883	19049	28332

10-4 地方财政收入分

项目	全市	市直	三河市	大厂县
专项收入	240172	18801	31175	16632
行政事业性收费收入	51599	13546	8193	1863
罚没收入	145868	24539	16262	8713
国有资本经营收入	11462	1193	3030	
国有资源（资产）有偿使用收入	211309	6841	9820	2126
捐赠收入	—	—	—	—
政府住房基金收入	—	—	—	—
其他收入	175771	50635	755	2382
二、政府性基金收入	1869265	217379	148134	284567
国有土地收益基金收入	108053	9366	7648	14348
农业土地开发资金收入	2442	109	244	135
国有土地使用权出让收入	1557919	172096	124832	256785
彩票公益金收入	13180	5601	3261	617
城市基础设施配套费收入	111187	25406	8082	12133
车辆通行费	971	971	—	—
污水处理费收入	9914	2542	3695	549
彩票发行机构和销售机构业务费用	1695	1156	372	—
其他政府性基金收入	63904	132	—	—

级分项完成情况（二）

单位：万元

香河县	永清县	固安县	霸州市	文安县	大城县	安次区	广阳区	开发区
23790	13865	42203	49828	4258	3089	13167	11009	12355
3310	1112	2791	7299	4192	1999	2740	3575	979
6476	25952	20632	13293	15780	8575	3045	1711	890
250	—	—	—	67	—	—	—	6922
50787	1036	89521	3102	3639	1202	35192	2152	5891
—	—	—	—	—	—	—	—	—
—	—	—	—	—	—	—	—	—
45448	1426	1551	8132	13335	29471	20739	602	1295
172038	193568	58745	258444	137896	68674	273564	1801	54455
9431	8081	3981	28138	7913	—	16949	102	2096
86	70	105	737	174	99	443	19	221
158080	178060	41856	213168	91444	29506	255363	1680	35049
—	112	193	1821	850	725	—	—	—
3800	7245	12610	13795	5069	6626	809	—	15612
—	—	—	—	—	—	—	—	—
641	—	—	618	174	218	—	—	1477
—	—	—	167	—	—	—	—	—

10-5 财政支出分级

项　　目	合　计	市　直	三河市	大厂县
一般公共预算支出	6203506	961937	922217	344541
一般公共服务	581142	90978	57277	36844
国防	6067	3079	—	62
公共安全	382877	91953	74537	17635
教育	1079121	132337	160514	40217
科学技术	56004	19916	5919	5082
文化体育与传媒	104408	28749	8392	4830
社会保障和就业	587073	69374	63960	46641
医疗卫生	439164	61521	67357	18867
节能保护	733399	158584	122461	32442
城乡社区事务	974169	103850	168367	82245
农林水事务	604513	36968	111261	27107
交通运输	273063	64884	25612	13498
资源勘探电力信息等事务	84634	17642	7270	3187
商业服务业等事务	24720	4904	2254	3670
金融支出	14230	—	—	—
援助其他地区支出	6100	100	—	3000

分项完成情况（一）

单位：万元

香河县	永清县	固安县	霸州市	文安县	大城县	安次区	广阳区	开发区
638734	420358	738393	712064	381906	324817	318147	221121	219271
52377	51674	62790	53171	37825	30742	42812	39014	25638
69	—	1147	451	—	203	1054	2	—
26437	36176	37110	34596	22166	15614	7429	7323	11901
105876	85750	107865	131561	82676	82778	65637	61358	22552
1438	1735	3207	2489	635	1581	1569	5223	7210
6474	5204	6374	31860	4106	3783	1861	2420	355
49554	37452	84842	45666	46812	41897	59779	33286	7810
33383	36542	49066	50705	38186	34765	24529	16987	7256
64520	58777	70026	77335	54192	38121	33030	13642	10269
139317	7132	207452	105982	14941	14218	15847	14125	100693
106179	70213	56472	39968	56192	44546	32699	13887	9021
17757	11387	28101	93233	5624	5171	3725	4071	—
15898	2258	6574	5004	2013	1401	17010	2340	4037
1109	3319	3769	730	50	468	2220	1920	307
—	—	—	14000	—	—	—	230	—
3000	—	—	—	—	—	—	—	—

10-5 财政支出分级

项　　　目	合　计	市　直	三河市	大厂县
国土海洋气象等事务	77629	7585	26001	3012
住房保障支出	95692	27358	16438	4142
粮油物资储备事务	8716	817	1605	270
其他支出	30067	15600	999	840
债务付息支出	40503	25673	1993	932
债务发行费用支出	215	65	—	18
政府性基金支出	2159152	428011	63180	226835
文化体育与传媒	715	—	286	—
社会保障和就业	101	—	52	17
城乡社区事务	2020684	351577	57135	226457
农林水事务	—	—	—	—
交通运输	65195	65195	—	—
资源勘探电力信息等事务	—	—	—	—
商业服务业等事务	321	—	8	35
其他支出	53056	4182	1988	128
债务付息支出	18494	6562	3711	198
债务发行费用支出	586	495	—	—

分项完成情况（二）

单位：万元

香河县	永清县	固安县	霸州市	文安县	大城县	安次区	广阳区	开发区
2058	4026	5038	7494	6680	3157	1524	362	10692
7301	6624	3848	13703	4892	2563	4904	2389	1530
724	762	2867	201	699	316	6	449	—
4000	500	792	234	2296	794	2282	1730	—
1236	827	1027	3638	1910	2676	230	361	—
27	—	26	43	11	23	—	2	—
92176	172148	269711	219754	140302	76089	247976	175540	47430
35	—	24	125	—	1	—	244	—
16	1	4	3	—	3	1	4	—
91652	170873	267142	218122	137982	37616	245261	169439	47428
—	—	—	—	—	—	—	—	—
—	—	—	—	—	—	—	—	—
—	—	—	—	—	—	—	—	—
260	—	6	—	10	2	—	—	—
213	323	2535	1504	1153	37697	1888	1443	2
—	951	—	—	1088	770	804	4410	—
—	—	—	—	69	—	22	—	—

10-6 金融机构本外币信贷收支情况

单位：万元

资金来源	年末余额	比年初增减额	
		今年	上年
一、各项存款	61714316	7872	-92379
1. 非金融企业存款	15257181	-3290642	-3246494
2. 住户存款	34245277	3155563	2470553
3. 财政性存款	1521182	-50721	128585
二、所有者权益	3472258	211262	903544
#实收资本	1135535	6250	155114
三、其他	-3786691	601921	253891
四、各项贷款	62809455	4116711	9640273
#1. 短期贷款	16199913	1995403	1662808
2. 中长期贷款	46175966	1958295	8191622
3. 票据融资	419172	172597	-211495
五、债券投资	3543698	-425592	-52704
六、股权及其他投资	6846204	-332269	246004

10-7 金融机构人民币信贷收支情况（一）

单位：万元

资金来源	年末余额	比年初增减额	
		今年	上年
一、各项存款	61432367	93021	39354
1．非金融企业存款	15096625	-3226391	-3110577
2．住户存款	34130980	3157318	2483223
3．财政性存款	1521182	-50721	128585
二、金融债券	200000	0	0
三、各项准备	1479556	344108	142914
四、所有者权益	3461675	203865	895758
五、其他	-3810567	599598	219596
六、各项贷款	62384754	4382838	9672171
1.住户贷款	40980239	881425	7635047
（1）短期贷款	3345587	89013	468703
#消费贷款	673250	23239	367034

10-7 金融机构人民币信贷收支情况（二）

单位：万元

资金运用	年末余额	比年初增减额	
		今年	上年
（2）中长期贷款	37634653	792412	7166344
#消费贷款	34019982	-69233	6109954
2.非金融企业及机关团体贷款	21402662	3501599	2037130
（1）短期贷款	12769884	2192641	1179162
（2）中长期贷款	8201054	1141198	1067549
（3）票据融资	419172	172597	-211495
七、债券投资	3543698	-425592	-52704
八、股权及其他投资	6846204	-332269	246004
九、应收及预付款	388614	43432	99657
十、固定资产	340380	1883	31773
资金运用总计	73893973	4005792	8015138

10-8 中资全国性四家行人民币信贷收支情况（一）

单位：万元

资金来源	年末余额	比年初增减额	
		今年	上年
各项存款	26798226	-386015	-1998738
1. 单位存款	9730266	-1361762	-1933371
#活期存款	5200514	-903520	-1966186
定期存款	1895626	9489	89754
保证金存款	753115	-170003	-312349
2. 个人存款	17007842	-55002	1082484
代理财政性存款	—	-1435	-7772
应付及暂收款	558993	46973	-24635
#应付利息	364298	28857	-35549
所有者权益	283511	-135951	148665
各项贷款	33127938	-246503	4576428
#境内贷款	33126197	-246275	4576425
1.短期贷款	3121622	93980	617613
（1）个人贷款及透支	672721	55618	378859
#个人消费贷款	626371	60176	422129

10-8 中资全国性四家行人民币信贷收支情况（二）

单位：万元

资金运用	年末余额	比年初增减额	
		今年	上年
（2）单位贷款及透支	2448900	38362	238754
经营贷款及透支	2175915	67437	175121
固定资产贷款	—	—	—
2.中长期贷款	29981423	-327726	3993457
（1）个人贷款	26551453	-74697	3759606
#个人消费贷款	25653256	-164193	3709311
（2）单位贷款	3429971	-253029	233851
经营贷款	144888	42790	38572
固定资产贷款	2907460	-249951	8489
3.票据融资	21170	-14252	-24511
债券投资	—	-49877	337
股权及其他投资	—	—	49770
缴存中央银行财政性存款	1237	-1355	-8308
库存现金	88501	-20237	11671
资金运用总结	33093037	-400125	3178517

10-9 各金融机构人民币信贷执行情况（一）

单位：万元

项　　目	年末余额	比年初增减额	
		今年	上年
一、各项存款			
工商银行	7953211	567815	-1325168
农业银行	7669937	-85674	160649
中国银行	4702762	-235381	-147004
建设银行	6694316	-723864	-687215
农业发展银行	264409	-13763	-253186
廊坊银行	10184275	-267050	566876
邮政储蓄银行	1667957	55970	-19529
农村合作金融机构	11397077	-959245	1420697
二、个人存款			
工商银行	4477645	274266	81075
农业银行	6010779	294361	490693
中国银行	2499442	122940	197329

10-9 各金融机构人民币信贷执行情况（二）

单位：万元

项　　目	年末余额	比年初增减额	
		今年	上年
建设银行	4019976	306059	313387
农业发展银行	—	—	—
廊坊银行	3245797	998068	-18307
邮政储蓄银行	1085527	79782	60358
农村合作金融机构	9637024	325324	1078066
三、各项贷款			
工商银行	11539850	-201004	1568096
农业银行	6671371	-47478	812804
中国银行	6520894	246373	804148
建设银行	8792834	-466259	1391380
农业发展银行	618694	137924	-163163
廊坊银行	6812588	2040139	1321899
邮政储蓄银行	2314373	244409	363337
农村合作金融机构	8552902	868472	1090252

注：农村合作金融机构数据取自农信社与农村商业银行数据之和

10-10 分县（市、区）金融机构人民币信贷执行情况（一）

单位：万元

项　　目	廊坊市	三河市	大厂县	香河县
一、各项存款余额	61432367	10213900	2330530	4714547
比年初增减	93021	59362	59473	-371980
#非金融企业存款	15096625	2753878	517574	850732
比年初增减	-3226391	-580490	-137472	-609707
住户存款	34130980	5749891	1103995	3028731
比年初增减	3157318	361316	91505	191740
二、各项贷款余额	62384754	16511517	3156548	6062031
比年初增减	4382838	669692	-3452	38568
#涉农贷款	21451328	6188064	1373815	2136559
1．短期贷款	16115470	2986997	579390	992611
比年初增减	2281654	803264	5812	97542
2．中长期贷款	45835706	13520308	2570189	5069380
比年初增减	1933610	-133291	-16233	-58974

10-10 分县（市、区）金融机构人民币信贷执行情况（二）

单位：万元

项　　　目	永清县	固安县	霸州市	文安县	大城县
一、各项存款余额	2734016	4402409	6277033	3273036	3059489
比年初增减	-173218	-260680	387385	156592	209671
#非金融企业存款	780540	970091	1203033	279972	240418
比年初增减	-213516	-215119	-130141	-6691	20951
住户存款	1613465	2605071	4322186	2683198	2525955
比年初增减	145109	262867	392459	128198	278779
二、各项贷款余额	2535731	4453255	4771220	1723583	1025160
比年初增减	241142	229457	-36912	54018	171438
#涉农贷款	1163733	1917792	3337333	1425444	754741
1. 短期贷款	885173	924835	2571178	1260690	569132
比年初增减	172242	213640	-226161	-19573	49389
2. 中长期贷款	1650558	3527334	2193436	456917	456028
比年初增减	68899	15852	183978	90405	122148

10-11 保险业务情况（一）

单位：万元

指　　标	保费收入	赔款支出
一、人民财产保险公司合计	151488	81537
按保险种类分		
企业财产险	2414	2981
运输工具险	106941	46043
家庭财产险	729	357
货物运输险	285	190
农业险	7058	5422
其他险	34061	26544
按县（市、区）分：		
三河市	11667	5988
燕　郊	7304	2755
大厂县	4315	1558
香河县	7089	4292
永清县	6705	3194
固安县	7728	2599
霸州市	8833	3879
胜芳镇	3218	2484
文安县	6345	2040
大城县	4642	2101
安次区	4317	2526
开发区	9764	4807
广阳区	3368	1381
营业部合计	36460	17039

10-11 保险业务情况（二）

单位：万元

指　　　标	保费收入	赔款支出
电子商务部	2022	1018
个人贷款保证保险业务部	4065	1013
社会医疗保险服务中心	23647	22862
二、人寿保险公司合计	**286673**	**8774**
三河市	25224	692
大厂县	12937	409
香河县	33036	692
永清县	12654	403
固安县	19310	305
霸州市	34780	858
文安县	39775	1012
大城县	25645	559
市区营业部	83312	3846
三、太平洋保险公司（财险）合计	24171	9303
按保险种类分		
企业财产险	446	27
运输工具险	16334	6233
家庭财产险	787	21
货物运输险	15	0
人身意外险	302	61
其他险	6287	2961
按县（市、区）分		
三河市	2644	855
香河县	1113	439

10-11 保险业务情况（三）

单位：万元

指　　标	保费收入	赔款支出
永清县	2890	1454
固安县	1508	500
霸州市	1558	485
文安县	2701	1129
大城县	1706	930
市　区	10051	3511
四、太平洋保险公司（寿险）合计	57579	9663
按保险种类分		
人寿险	52985	8752
意外险	2951	482
健康险	1643	429
按县（市、区）分		
三河市	81	4
大厂县	3230	189
香河县	4047	467
永清县	12575	1062
固安县	2206	116
霸州市	4364	515
文安县	18217	1162
大城县	7635	593
市　直	5224	5555

10-11 保险业务情况（四）

单位：万元

指　　　标	保费收入	赔款支出
五、平安保险公司（财险）合计	**94979**	**34838**
按保险种类分		
机动车险	76706	31429
企业财产险	15474	3146
意外健康险	2799	263
按县（市、区）分		
三河市	10699	4429
香河县	4159	1792
永清县	4590	1512
固安县	3922	1538
霸州市	10345	3624
文安县	2426	1264
大城县	2932	1085
大厂县	1008	143
市　直	54898	19450
六、平安保险公司（寿险）合计	**220904**	**30662**

十一、科技、文化、卫生、教育体育、广播电视

责任编辑：吕艳霞

11-1 技术合同与

指　　标	合　计	安次区	广阳区	三河市
一、各类技术合同签定及执行情况				
1. 签定合同项数（项）	3015	161	920	298
2. 合同金额（万元）	906689	48167	245004	46289
其中：技术合同交易额（万元）	669131	29727	210919	37993
二、年度专利申请受理量（件）				
其中：年度发明专利申请量（件）				
年度 PCT 专利申请量（件）				
三、年度专利授权量（件）				
其中：年度发明专利授权量（件）				
四、每万人口发明专利拥有量（件/万人）				
五、科技成果总数（项）	117	0	2	11
1. 国际领先	0	0	0	0
2. 国际先进	4	0	0	0
3. 国内领先	47	0	0	6
4. 国内先进	27	0	0	4
5. 省内领先	0	0	0	0
六、科技奖励总数	12	0	0	6
1. 省级奖励	12	0	0	6
一等奖	1	0	0	1
二等奖	7	0	0	3
三等奖	4	0	0	2
2. 市级科技进步奖	—	—	—	—
一等奖	—	—	—	—
二等奖	—	—	—	—
三等奖	—	—	—	—
3. 突出贡献奖	—	—	—	—

科技成果情况

单位：万元

大厂县	香河县	固安县	永清县	霸州市	文安县	大城县	中、省市直	开发区
125	240	78	112	71	37	67	—	906
18626	44796	17096	57014	26052	30271	21818	—	351557
13908	34602	45452	11420	7826	24848	16893	—	235542
5	9			3	2	2	79	4
0	0	0	0	0	0	0	0	0
0	0	0	0	0	0	0	0	4
1	5	0	0	0	0	0	35	0
4	4	0	0	0	0	0	15	0
0	0	0	0	0	0	0	0	0
0	1	0	0	0	0	0	5	0
0	1	0	0	0	0	0	5	0
0	0	0	0	0	0	0	0	0
0		0	0	0	0	0	4	0
0	1	0	0	0	0	0	1	0
—	—	—	—	—	—	—	—	—
—	—	—	—	—	—	—	—	—
—	—	—	—	—	—	—	—	—
—	—	—	—	—	—	—	—	—
—	—	—	—	—	—	—	—	—

11-2 文化事业

指　　标	单　位	合　计	安次区	广阳区	三河市
一、艺术表演团体					
个数	个	5	1	0	1
人数	个	53	0	0	47
演出场次	场	402	0	0	377
观众	千人次	385300	0	0	377000
演出收入	千元	4503	0	0	4235
二、文物管理机构					
个数	个	10	1	0	1
人数	人	47	4	0	2
文物藏品	件	1881	107	0	849
三、图书馆					
个数	个	11	1	1	1
人数	人	156	17	7	8
总藏量	千册	3030	45	72	185
四、文化馆、群艺馆					
个数	个	11	1	1	1
人数	人	143	18	10	13
举办各种文艺活动	次	1048	135	57	151
五、剧场、影剧院个数	个	2	0	0	0

基本情况

大厂县	香河县	固安县	永清县	霸州市	文安县	大城县	市　直
0	1	0	0	1	1	0	0
0	4	0	0	0	2	0	0
0	25	0	0	0	0	0	0
0	8300	0	0	0	0	0	0
0	153	0	0	75	40	0	0
1	1	1	1	1	1	1	1
1	2	4	2	7	3	1	21
61	60	154	103	248	155	68	76
1	1	1	1	1	1	1	1
5	16	6	0	30	5	4	58
66	333	55	84	298	81	47	1763
1	1	1	1	1	1	1	1
9	3	7	11	15	6	5	46
50	308	19	11	10	77	150	80
0	0	0	0	1	0	0	1

11-3 卫生机构

项目		机构数（个）	实有床位数（张）	人员数合计	卫生技术人员小计
总计		2111	24268	34911	28871
1.医院		188	18730	23904	19593
2.社区卫生服务中心(站)		67	518	1012	817
3.卫生院		90	4421	2922	2389
4.门诊部		157	0	1641	1432
5.诊所.卫生所.医务室		1565	0	2664	2561
6.疾病预防控制中心		11	0	663	464
7.健康教育所(站、中心)		1	0	6	2
8.妇幼保健院(所、站)		10	599	1492	1236
9.采供血机构		1	0	92	51
10.卫生监督机构		12	0	376	278
11.计划生育技术服务机构		1	0	9	5
12.医学科学研究机构		1	0	20	8
13.统计信息中心		1	0	11	1
13.其他卫生机构		6	0	99	34
按县（市、区）分组	安次区	127	764	1481	1242
	广阳区	352	5451	8675	6930
	三河市	409	5521	8478	6766
	大厂县	44	475	754	637
	香河县	126	1744	2876	2418
	固安县	94	1390	2104	1667
	永清县	84	1199	1278	1073
	霸州市	689	3118	4932	4329
	文安县	95	2548	2289	2044
	大城县	91	2058	2044	1765

床位 人员

单位：人

执业（助理）医师	注册护士	药师（士）	技师（士）	其他	其他技术人员	管理人员	工勤人员
12601	10378	1274	1737	2881	1994	1668	2378
7801	8178	919	1270	1425	1232	1341	1738
399	302	44	40	32	78	71	46
1244	378	99	136	532	306	36	191
773	498	47	88	26	45	89	75
1678	500	89	2	292	83	9	11
159	56	12	79	158	79	25	95
0	0	0	0	2	1	3	0
518	437	61	103	117	63	38	155
10	16	0	18	7	21	5	15
0	0	0	0	278	36	29	33
3	2	0	0	0	2	1	1
8	0	0	0	0	6	2	4
0	0	0	1	0	5	1	4
8	11	3	0	12	37	18	10
569	450	53	55	115	100	45	94
3082	2689	342	389	428	541	555	649
2695	2579	333	468	691	443	622	647
302	231	26	40	38	55	6	56
1030	854	149	139	246	188	80	190
710	571	59	109	218	195	55	187
517	301	38	71	146	80	26	99
1930	1379	127	251	642	240	149	214
923	787	70	117	147	62	95	88
843	537	77	98	210	90	35	154

11-4 县（区）村卫生室基本情况

项　　目	总 计	村 办	乡镇卫生院设点	私人办
机构数（个）	4110	2312	66	1399
执业（助理）医师（人）	955	525	—	363
注册护士（人）	89	34	—	55
乡村医生和卫生员（人）	3943	2335	47	1289
乡村医生	3812	2257	46	1246
卫生员	131	78	1	43
总收入（万元）	21517.2	12244.1	204.5	7309.0
# 上级补助收入	5151.8	3276.6	47.2	1653.9
医疗及药品收入	14013.5	7717.7	108.4	4994.8
总支出（万元）	15058.3	8905.5	107.1	4606.8
# 人员支出	5078.2	3257.4	46.0	1198.0
药品支出	8268.0	4688.0	38.7	2713.0
诊疗人次数	11482849	6451220	182573	3724275
#出诊人次数	1162353	804812	9100	276897

11-5 大中专学校基本情况

单位：人

学校名称	毕业生数	招生数	在校生数	教职工数	专任教师
北华航天工业学院	3303	3350	12040	859	549
廊坊师范学院	5310	5665	19637	1415	964
防灾科技学院	2143	2211	7907	535	451
华北科技学院	4042	4280	16228	1150	909
廊坊职业技术学院	2320	3689	9351	763	400
河北工业大学廊坊分校	1265	1271	4187	222	108
廊坊卫生职业技术学院	907	0	1702	—	—
高级技工学校	679	795	2286	238	124
食品工程学校	38	58	123	128	73
成人中专	305	213	799	386	201
体育学校	65	93	305	129	94

11-6 教育事业

指标	合计	市直	安次区	广阳区	开发区
一、普通高中					
学校数（所）	36	7	1	1	1
毕业生数	23082	4370	230		359
招生数	25048	4778	265	—	415
在校生数	72517	13369	779	—	1286
专任教师数	5689	969	74	—	92
#本科以上学历占比例（%）	—	100	100	—	100
二、普通初中					
学校数（所）	153	2	6	6	1
毕业生数	45500	876	3864	2353	1396
招生数	60644	1009	5479	3555	1759
在校生数	171158	3032	15414	9385	5027
专任教师数	12082	226	1037	691	265
#专科以上学历占比例（%）	—	100	99.81	100	100
三、小学					
学校数（所）	802	5	63	54	12
毕业生数	66077	1039	4637	5118	1148

基本情况（一）

单位：人

三河市	大厂县	香河县	固安县	永清县	霸州市	文安县	大城县
4	2	3	2	2	3	3	7
2352	1145	2120	2399	1545	1055	3079	4428
2442	1302	2438	2341	2281	942	2981	4863
6972	3363	7337	7305	6028	2663	9185	14230
532	353	595	544	428	296	805	1001
86.65	98.58	99.33	99.45	97.43	98.65	98.39	99.60
17	16	11	34	19	2	22	17
4453	2630	3262	5534	5618	1178	7142	7194
6398	4133	4512	7573	6028	1583	9199	9416
17995	11481	11915	20356	18963	4484	26243	26863
1419	1002	948	1630	1314	358	1695	1497
100.00	99.80	100	100	100	100	100	99.60
77	82	71	78	152	11	131	66
5932	4943	4205	8169	9206	1354	11501	8825

11-6 教育事业

指　　标	合　计	市直	安次区	广阳区	开发区
招生数	95837	1588	6703	7417	1653
在校生数	492106	7018	34126	36151	8662
专任教师数	26137	240	2046	1968	390
#高中以上学历占比例（%）	—	100	100	100	100
四、中等职业技术学校					
学校数（所）	31	8	2	2	0
毕业生数	9591	2826	0	662	0
招生数	9410	2419	0	740	0
在校生数	28821	9213	0	1428	0
专任教师数	2020	496		38	
五、教职工人数					
普通中学	21740	1727	1148	713	515
小学	26868	269	2215	2093	396
中等职业技术学校	2902	890	30	39	
六、幼儿园					
幼儿园所数	1009	2	41	56	12
入园儿童数	84096	295	4796	5286	2037
七、学龄儿童入学率（%）	100				—

注：小学学龄人口入学率安次、广阳、市直和开发区的“学龄儿童入学率（%）”不单独统计，合并计入市区综合数据。

基本情况（二）

单位：人

三河市	大厂县	香河县	固安县	永清县	霸州市	文安县	大城县
10742	6253	7316	10413	11166	3070	14053	15463
50194	33797	35076	57620	63287	12892	77882	75401
3041	1929	2685	3413	3151	722	3497	3055
100	100	100	100	100	100	100	99.93
4	2	2	2	2	2	3	2
769	316	800	440	897	320	258	2303
638	381	944	591	745	339	727	1886
2341	1185	2400	1876	1783	1144	2084	5367
170	156	134	226	240	139	249	172
2373	1637	1779	2711	2157	781	2814	3385
3021	2200	2770	3227	3384	654	3659	2980
240	212	148	276	391	148	277	251
38	14	76	128	216	21	260	145
4924	3159	8232	12213	11385	1789	18986	10994
—	—	—	—	—	—	—	—

11-7体 育 事 业 情 况

指　　标	单 位	2018年	2017年
一、体委系统职工人数	人	227	237
#专职教练员	人	50	44
二、等级裁判员发展人数	人	52	80
三、等级运动员发展人数	人	170	120
四、培训裁判员、教练员人数	人	68	24
五、现有体育场地数	个	3316	3316
六、全市体育场馆数	个	3316	3316
#市区	个	850	850
七、全市体育人口	万人	178	175
八、传统项目学校数	所	22	15
省　级	所	5	7
市　级	所	17	8
县　级	所	0	0
九、向省以上运动队输送人数	人	10	14
十、获省以上竞赛金牌数	枚	41	49
十一、单项体育协会个数	个	111	107
市　级	个	32	28
县　级	个	79	79

11-8 广 播 电 视 情 况

项　　目	单　位	2018年	2017年
一、电台情况			
1. 中波台	个	1	1
2. 调频台	个	8	8
二、电视发射情况			
1. 电视台	座	3	3
2. 电视转播台	座	5	5
三、行政区域有线电视网	个	9	9
#市级	个	1	1
县级	个	8	8
全市有线电视用户总数	万户	44.26	43.97
#市区	万户	14.04	15.63
全市有线电视入户率	%	32.31	31.22
#市区	%	65.37	64.81
主干线长度	公里	20459.00	8617.00
四、覆盖情况（广播人口综合覆盖率）			
广播	%	100	100
电视	%	100	100
五、系统内专业人员情况			
#工程技术人员	人	136	135
新闻出版人员	人	320	301
播音人员	人	77	80

十二、公用事业和用电

责任编辑：吕艳霞

12-1 城市公用事业（一）

指　　　标	计量单位	2018 年	2017 年
一、人口和建设用地			
1. 城市人口	万人	87.53	86.88
2. 城市面积	平方公里	960	960
3. 建成区面积	平方公里	69.66	68.72
4. 城市建设用地面积	平方公里	69.47	68.72
#居住用地	平方公里	23.58	23.39
公共管理与公共服务用地	平方公里	3.78	3.67
工业用地	平方公里	3.08	7.17
物流仓储用地	平方公里	7.17	2.87
商业服务业设施用地	平方公里	2.87	3.03
道路与交通设施用地	平方公里	12.84	12.44
公用设施用地	平方公里	3.13	3.13
绿地与广场用地	平方公里	13.02	13.02
5. 本年征用土地面积	平方公里	16.41	2.43
其中：耕地	平方公里	5.7	0.13
二、设施水平			
1. 人口密度	人/平方公里	2083.56	1959
2. 人均日生活用水量	升	171.29	144.51
3. 供水普及率	%	100	100
4. 供气普及率	%	98.13	100
5. 人均拥有道路面积	平方米	18.85	17.8
6. 排水管道密度	公里/平方公里	12.16	9.42
7. 污水处理率	%	98.1	95.12
8. 中水回收率	%	—	—
9. 新建建筑节能强制性标准执行率	%	100	100
10. 可再生能源建筑应用比率	%	91.2	91.2

12-1 城市公用事业（二）

指　　标	计量单位	2018年	2017年
11.市政设施完好率	%	—	—
12.供热计量收费面积比重	%	—	—
13.管道燃气比重	%	—	—
14.垃圾机械化清扫率	%	93.1	93.1
15.建成区道路网密度	公里/平方公里	7.48	7.45
16.城市供水普及率	%	100	100
17.新建综合性公园	个	—	—
18.建成或改造标志性广场	个	—	—
19.人流密集的广场、公园和商业性街道废物箱间隔距离	米	—	—
20.天然气使用比重	%	—	—
21.集中供热和清洁能源供热率	%	100	100
22.城市主干道绿地率	%	—	—
23.园林绿化			
#人均公共绿地面积	平方米	13.93	14.23
建成区绿地率	%	43.97	42.91
建成区绿化覆盖率	%	47.25	46.22
24.垃圾粪便无害化处理			
生活垃圾无害化处理率	%	100	100
粪便无害化处理率	%	—	—
三、供水			
#综合生产能力	万立方米/日	34.6	37.5
#地下水	万立方米/日	19.6	22.5
供水管道长度	公里	504.94	597.88
供水总量	万立方米	5306.69	5153.08
#生产运营用水	万立方米	1209.27	1550.78
公共服务用水	万立方米	1399.58	1169.09
家庭用量	万立方米	2130.44	1847.97
用水人口	万人	60.84	57.2

12-1 城市公用事业（三）

指　　　　标	计量单位	2018 年	2017 年
四、燃气			
1.天然气			
#供气总量	万立方米	37416	33369
#家庭用量	万立方米	11099	9478
用气户数	户	370000	335307
#家庭用户	户	360000	321788
用气人口	万人	58.2	54.7
管道长度	公里	3000	1377.37
2.液化石油气			
#供气总量	吨	4158.8	4051.5
#家庭用量	吨	2450	2500
用气户数	户	4800	11500
#家庭用户	户	3500	10800
用气人口	万人	1.5	2.5
五、集中供热			
1.供热能力			
#蒸汽	吨/小时	410	480
热水	兆瓦	2013	1996
2.供热总量			
#蒸汽	万吉焦	152.71	72
热水	万吉焦	746.27	826
3.热水管道长度	公里	1386	1326
4.集中供热面积	万平方米	2777.61	2987.5
#住宅	万平方米	1998.33	2017.8
六、市政设施			
1.道路长度	公里	521.01	512.01
2.道路面积	万平方米	1147.1	1017.88
3.人行道面积	万平方米	203.41	180.5

12-1 城市公用事业（四）

指　　　　标	计量单位	2018 年	2017 年
4. 桥梁数	座	49	49
5. 路灯盏数	盏	39435	38451
6. 排水管道长度	公里	847.3	647.4
7. 污水年排放量	万立方米	4680	3794
8. 防洪堤长度	公里	—	—
七、园林绿化			
1. 绿化覆盖面积	公顷	4993.24	4878
#建成区	公顷	3291.24	3176
2. 园林绿地面积	公顷	4766.24	4652
#建成区	公顷	3063.24	2949
3. 公园绿地面积	公顷	847.3	814
4. 公园个数	个	9	9
公园面积	公顷	323	323
八、环境卫生			
1. 生活垃圾清运量	万吨	32.23	30.68
2. 粪便清运量	万吨	—	—
3. 垃圾无害化处理厂	座	1	1
4. 垃圾无害化处理能力	吨/日	1000	1000
5. 垃圾无害化处理量	万吨	32.23	30.68
6. 粪便无害化处理量	万吨	—	—
7. 公厕数量	座	217	146
#三级以上	座	217	146
8. 环卫机械总数	台	753	701

12-2 全社会用电情况（一）

单位：万千瓦时

指标名称	2018年	2017年	2018年比上年±%
总　　计	2865949	2738841	4.64%
按三次产业分			
第一产业	53309	46528	14.57%
第二产业	1760371	1824444	-3.51%
第三产业	535244	426388	25.53%
一、农、林、牧、渔业	75430	67068	12.47%
#排灌	22071	20444	7.96%
二、工业	1690495	1773196	-4.66%
（一）采矿业	25566	26323	-2.88%
（二）制造业	1403388	1499906	-6.43%
三、建筑业	70735	52223	35.45%
四、交通运输、仓储和邮政业	36810	33888	8.62%
五、信息传输、软件和信息技术服务业	135100	72074	87.45%
六、批发和零售业	124865	109298	14.24%
七、住宿和餐饮业	34055	30800	10.57%
八、金融业	4597	4385	4.83%
九、房地产业	21802	19635	11.04%
十、租赁和商务服务业	9301	7518	23.71%
十一、城乡居民生活	517025	441481	17.11%
其中：城镇居民	282432	245470	15.06%
乡村居民	234593	196011	19.68%

注：由于2018年国民经济行业用电分类进行了更新调整，故行业分类标准有所变化，为保证可比性，2017年数据进行了同口径调整。

12-2 全社会用电情况（二）

单位：万千瓦时

县（市、区）别	全年用电量			其中：工业用电	其中：城乡居民生活用电
	2018 年	2017 年	2018 年比上年±%		
总　计	2865949	2738841	4.64%	1690495	517025
安次区	258381	247201	4.52%	48929	86286
三河市	312430	299619	4.28%	114323	110696
大厂县	100195	89758	11.63%	59085	21440
香河县	170047	147176	15.54%	70481	49985
固安县	121766	105823	15.07%	63203	56664
永清县	164858	144141	14.37%	66851	32215
霸州市	550057	537038	2.42%	415278	64992
文安县	322549	311759	3.46%	250539	40435
大城县	196133	180777	8.49%	145283	29620
开发区	100224	82662	21.25%	67125	9451
直供用电	431628	468101	-7.79%	251867	15094
线　损	60898	51075	19.23%	60898	0
电厂综合厂用	75039	71711	4.64%	75039	0
电厂自发自用	1744	1999	-12.74%	1596	0

注：1. 表中安次区的数据为安次加广阳的合计值。2. 城乡居民生活用电合计不等于分项是因为另有 148.5858 万千瓦时的居民生活用电为廊坊市区（广阳、安次、开发区）分布式电源的自发自用电，合并统计，无法分区。

十三、城乡住户调查资料

责任编辑：王　然

13-1分县（市、区）城镇、农村居民可支配收入

县（市、区）别	城镇居民人均可支配收入		农村居民人均可支配收入	
	总量（元）	增速（%）	总量（元）	增速（%）
廊坊市	40435	7.9	16865	8.9
安次区	37437	8.8	16542	8.6
广阳区	40591	7.8	16157	8.8
三河市	44240	7.6	19122	9.0
大厂县	41477	8.4	16820	9.1
香河县	43067	7.9	18042	8.9
固安县	36847	8.5	16161	9.2
永清县	35410	8.7	15781	9.4
霸州市	42930	7.7	17304	8.5
文安县	38064	8.6	16727	8.7
大城县	37776	8.1	15380	9.3

13-2分县（市、区）农村

指标名称	单位	廊坊	安次区	广阳区	三河市
1. 家用汽车	辆	59.5	60.15	76.25	58.38
2. 摩托车	辆	28.64	28.98	15.68	26.36
3. 助力车	台	121.41	127.51	155.18	94.58
4. 洗衣机	台	105.36	100.05	102.14	111.38
5. 电冰箱（柜）	台	104.58	102.33	101.18	108.41
6. 微波炉	台	27.51	29.39	21.43	24.2
7. 彩色电视机	台	129.79	115.82	117.27	130.2
8. 其中：接入有线电视	台	61.18	108.77	76.62	83.24
9. 空调	台	122.72	167.6	147.03	127.65
10. 热水器	台	92.13	95.54	79.08	103.23
11. 其中：太阳能热水器	台	78.6	89.82	59.26	86.4
12. 洗碗机	台	0.77	0.00	0.00	2.69
13. 排油烟机	台	65.58	67.77	20.15	41.79
14. 固定电话	线	36.38	36.23	35.13	22.67
15. 移动电话	部	274.25	283.63	268.43	287.97
16. 其中：接入互联网	部	231.38	259.03	252.6	212.18
17. 计算机	台	52.34	62.86	65.26	38.03
18. 其中：接入互联网	台	46.65	59.18	61.59	29.19
19. 照相机	台	5.83	5.89	1.63	2.17
20. 中高档乐器	架	1.44	0	1.81	3.07
21. 健身器材	台	2.99	4.09	5.23	2.69
22. 空气净化器	台	2.37	0.00	0.00	4.23
24. 吸尘器	台	3.97	0.00	0.00	2.07

百户耐用消费品拥有量

大厂县	香河县	固安县	永清县	霸州市	文安县	大城县
58.14	63.16	51.31	57.42	58.62	52.00	59.94
21.79	40.82	31.70	20.88	20.43	27.69	41.88
141.83	136.67	125.64	148.35	108.24	115.55	107.13
102.04	110.62	108.05	104.80	103.02	105.73	101.35
105.90	114.65	111.55	103.14	97.74	100.00	103.04
66.78	67.91	19.05	22.93	19.78	22.73	17.92
127.55	152.10	153.55	134.07	130.39	127.68	105.48
37.62	59.19	95.59	109.02	40.45	14.17	6.70
127.11	102.85	91.12	121.75	146.30	98.10	97.71
103.87	97.59	93.33	71.93	100.07	88.16	90.73
72.66	86.02	88.78	51.01	85.35	78.19	78.38
1.94	0.00	1.46	0.00	0.00	0.00	1.69
87.73	90.87	72.34	55.19	71.44	63.86	80.37
37.48	46.88	43.15	33.34	12.31	43.98	52.50
238.77	284.53	290.85	303.78	286.08	231.98	240.17
170.61	232.05	245.74	258.96	279.28	208.51	168.46
59.09	45.84	44.77	57.25	78.59	57.66	27.54
43.39	36.81	41.65	52.18	77.44	53.82	18.40
8.30	10.93	3.09	3.95	11.52	1.86	7.37
1.93	4.50	2.14	0.00	0.00	0.00	1.69
2.04	4.08	1.66	2.16	4.88	2.00	1.69
0.00	11.47	0.00	0.00	4.61	0.00	0.00
5.91	7.56	9.81	2.16	4.07	0.00	6.74

13－3 分县（市、区）城镇

指标名称	单位	廊坊	安次区	广阳区	三河市
1．家用汽车	辆	69.61	61.97	70.54	74.95
2．摩托车	辆	6.66	3.16	2.20	3.91
3．助力车	台	81.86	65.18	67.63	66.37
4．洗衣机	台	105.97	101.95	109.17	108.35
5．电冰箱（柜）	台	103.84	115.64	99.63	109.75
6．微波炉	台	61.22	70.96	67.57	65.46
7．彩色电视机	台	128.84	115.70	127.35	122.53
8．其中：接入有线电视	台	64.03	103.99	43.37	80.48
9．空调	台	191.46	155.47	191.02	210.19
10．热水器	台	107.23	104.32	113.96	119.02
11．其中：太阳能热水器	台	22.27	5.77	6.97	15.00
12．洗碗机	台	0.45	1.83	0.00	0.00
13．排油烟机	台	91.48	103.89	83.08	95.94
14．固定电话	线	41.65	30.21	30.26	30.06
15．移动电话	部	266.72	250.48	236.55	282.28
16．其中：接入互联网	部	234.63	214.63	228.85	241.05
17．计算机	台	86.85	102.45	76.80	102.61
18．其中：接入互联网	台	76.77	77.31	71.19	93.88
19．照相机	台	30.76	50.91	30.64	44.42
20．中高档乐器	架	11.49	22.02	11.00	15.55
21．健身器材	台	15.82	21.57	8.79	18.61
22．空气净化器	台	29.73	21.88	54.58	37.84
24．吸尘器	台	19.16	16.60	12.20	25.17

百户耐用消费品拥有量

大厂县	香河县	固安县	永清县	霸州市	文安县	大城县
62.61	78.64	60.31	75.84	81.99	64.02	76.35
13.57	14.75	11.48	10.94	3.66	13.46	9.90
67.41	74.59	91.06	94.92	102.73	107.41	121.49
105.28	102.05	109.89	101.69	105.70	101.38	102.90
103.82	102.13	107.32	93.02	98.73	100.00	104.36
54.59	62.87	41.13	60.50	53.25	51.87	57.15
111.66	112.52	138.40	118.00	148.56	138.66	138.01
66.96	98.43	76.83	103.04	49.65	25.57	14.23
167.91	211.71	189.36	195.56	195.03	195.33	211.72
102.78	100.00	84.92	113.74	93.27	97.63	97.29
2.43	5.92	50.65	16.28	42.60	55.02	33.08
2.50	0.00	2.71	0.00	0.00	0.00	2.96
102.78	100.00	91.50	87.93	88.45	94.74	75.62
49.60	42.53	48.35	40.02	12.91	47.57	56.20
259.32	256.19	240.91	282.16	305.88	233.56	257.07
196.50	217.74	164.81	251.48	264.84	216.79	239.71
88.21	50.72	55.90	76.59	85.08	87.14	77.09
62.11	48.67	47.76	70.56	76.58	73.88	62.81
32.16	14.62	16.42	20.83	11.06	14.22	48.44
15.08	4.16	9.64	6.37	3.65	5.97	20.12
13.97	6.21	9.57	11.21	20.72	14.68	21.16
19.03	20.56	11.14	13.06	14.72	14.22	27.95
19.37	29.08	8.19	9.02	28.35	4.74	23.84

中华人民共和国统计法

（1983 年 12 月 8 日第六届全国人民代表大会常务委员会第三次会议通过根据 1996 年 5 月 15 日第八届全国人民代表大会常务委员会第十九次会议《关于修改〈中华人民共和国统计法〉的决定》修正 2009 年 6 月 27 日第十一届全国人民代表大会常务委员会第九次会议修订）

目　　录

第一章　总　则

第一条　为了科学、有效地组织统计工作，保障统计资料的真实性、准确性、完整性和及时性，发挥统计在了解国情国力、服务经济社会发展中的重要作用，促进社会主义现代化建设事业发展，制定本法。

第二条　本法适用于各级人民政府、县级以上人民政府统计机构和有关部门组织实施的统计活动。

统计的基本任务是对经济社会发展情况进行统计调查、统计分析，提供统计资料和统计咨询意见，实行统计监督。

第三条　国家建立集中统一的统计系统，实行统一领导、分级负责的统计管理体制。

第四条　国务院和地方各级人民政府、各有关部门应当加强对统计工作的组织领导，为统计工作提供必要的保障。

第五条　国家加强统计科学研究，健全科学的统计指标体系，不断改进统计调查方法，提高统计的科学性。

国家有计划地加强统计信息化建设，推进统计信息搜集、处理、传输、共享、存储技术和统计数据库体系的现代化。

第六条　统计机构和统计人员依照本法规定独立行使统计调查、统计报告、统计监督的职权，不受侵犯。

地方各级人民政府、政府统计机构和有关部门以及各单位的负责人，不得自行修改统计机构和统计人员依法搜集、整理的统计资料，不得以任何方式要求统计机构、统计人员及其他机构、人员伪造、篡改统计资料，不得对依法履行职责或者拒绝、抵制统计违法行为的统计人员打击报复。

第七条　国家机关、企业事业单位和其他组织以及个体工商户和个人等统计调查对象，必须依照本法和国家有关规定，真实、准确、完整、及时地提供统计调查所需的资料，不得提供不真实或者不完整的统计资料，不得迟报、拒报统计资料。

第八条　统计工作应当接受社会公众的监督。任何单位和个人有权检举统计中弄虚作假等违法行为。对检举有功的单位和个人应当给予表彰和奖励。

第九条　统计机构和统计人员对在统计工作中知悉的国家秘密、商业秘密和个人信息，应当予以保密。

第十条　任何单位和个人不得利用虚假统计资料骗取荣誉称号、物质利益或者职务晋升。

第二章　统计调查管理

第十一条　统计调查项目包括国家统计调查项目、部门统计调查项目和地方统计调查项目。

国家统计调查项目是指全国性基本情况的统计调查项目。部门统计调查项目是指国务院有关部门的专业性统计调查项目。地方统计调查项目是指县级以上地方人民政府及其部门的地方性统计调查项目。

国家统计调查项目、部门统计调查项目、地方统计调查项目应当明确分工，互相衔接，不得重复。

第十二条 国家统计调查项目由国家统计局制定，或者由国家统计局和国务院有关部门共同制定，报国务院备案；重大的国家统计调查项目报国务院审批。

部门统计调查项目由国务院有关部门制定。统计调查对象属于本部门管辖系统的，报国家统计局备案；统计调查对象超出本部门管辖系统的，报国家统计局审批。

地方统计调查项目由县级以上地方人民政府统计机构和有关部门分别制定或者共同制定。其中，由省级人民政府统计机构单独制定或者和有关部门共同制定的，报国家统计局审批；由省级以下人民政府统计机构单独制定或者和有关部门共同制定的，报省级人民政府统计机构审批；由县级以上地方人民政府有关部门制定的，报本级人民政府统计机构审批。

第十三条 统计调查项目的审批机关应当对调查项目的必要性、可行性、科学性进行审查，对符合法定条件的，作出予以批准的书面决定，并公布；对不符合法定条件的，作出不予批准的书面决定，并说明理由。

第十四条 制定统计调查项目，应当同时制定该项目的统计调查制度，并依照本法第十二条的规定一并报经审批或者备案。

统计调查制度应当对调查目的、调查内容、调查方法、调查对象、调查组织方式、调查表式、统计资料的报送和公布等作出规定。

统计调查应当按照统计调查制度组织实施。变更统计调查制度的内容，应当报经原审批机关批准或者原备案机关备案。

第十五条 统计调查表应当标明表号、制定机关、批准或者备案文号、有效期限等标志。

对未标明前款规定的标志或者超过有效期限的统计调查表，统计调查对象有权拒绝填报；县级以上人民政府统计机构应当依法责令停止有关统计调查活动。

第十六条 搜集、整理统计资料，应当以周期性普查为基础，以经常性抽样调查为主体，综合运用全面调查、重点调查等方法，并充分利用行政记录等资料。

重大国情国力普查由国务院统一领导，国务院和地方人民政府组织统计机构和有关部门共同实施。

第十七条 国家制定统一的统计标准，保障统计调查采用的指标涵义、计算方法、分类目录、调查表式和统计编码等的标准化。

国家统计标准由国家统计局制定，或者由国家统计局和国务院标准化主管部门共同制定。

国务院有关部门可以制定补充性的部门统计标准，报国家统计局审批。部门统计标准不得与国家统计标准相抵触。

第十八条 县级以上人民政府统计机构根据统计任务的需要，可以在统计调查对象中推广使用计算机网络报送统计资料。

第十九条 县级以上人民政府应当将统计工作所需经费列入财政预算。

重大国情国力普查所需经费，由国务院和地方人民政府共同负担，列入相应年度的财政预算，按时拨付，确保到位。

第三章 统计资料的管理和公布

第二十条 县级以上人民政府统计机构和有关部门以及乡、镇人民政府，应当按照国家有关规定建立统计资料的保存、管理制度，建立健全统计信息共享机制。

第二十一条 国家机关、企业事业单位和其他组织等统计调查对象，应当按照国家有关规定设置原始记录、统计台账，建立健全统计资料的审核、签署、交接、归档等管理制度。

统计资料的审核、签署人员应当对其审核、签署的统计资料的真实性、准确性和完整性负责。

第二十二条 县级以上人民政府有关部门应当及时向本级人民政府统计机构提供统计所需的行政记录资料和国民经济核算所需的财务资料、财政资料及其他资料，并按照统计调查制度的规定及时向本级人民政府统计机构报送其组织实施统计调查取得的有关资料。

县级以上人民政府统计机构应当及时向本级人民政府有关部门提供有关统计资料。

第二十三条 县级以上人民政府统计机构按照国家有关规定，定期公布统计资料。

国家统计数据以国家统计局公布的数据为准。

第二十四条 县级以上人民政府有关部门统计调查取得的统计资料，由本部门按照国家有关规定公布。

第二十五条 统计调查中获得的能够识别或者推断单个统计调查对象身份的资料，任何单位和个人不得对外提供、泄露，不得用于统计以外的目的。

第二十六条 县级以上人民政府统计机构和有关部门统计调查取得的统计资料，除依法应当保密的外，应当及时公开，供社会公众查询。

第四章 统计机构和统计人员

第二十七条 国务院设立国家统计局，依法组织领导和协调全国的统计工作。

国家统计局根据工作需要设立的派出调查机构，承担国家统计局布置的统计调查等任务。

县级以上地方人民政府设立独立的统计机构，乡、镇人民政府设置统计工作岗位，配备专职或者兼职统计人员，依法管理、开展统计工作，实施统计调查。

第二十八条 县级以上人民政府有关部门根据统计任务的需要设立统计机构，或者在有关机构中设置统计人员，并指定统计负责人，依法组织、管理本部门职责范围内的统计工作，实施统计调查，在统计业务上受本级人民政府统计机构的指导。

第二十九条 统计机构、统计人员应当依法履行职责，如实搜集、报送统计资料，不得伪造、篡改统计资料，不得以任何方式要求任何单位和个人提供不真实的统计资料，不得有其他违反本法规定的行为。

统计人员应当坚持实事求是，恪守职业道德，对其负责搜集、审核、录入的统计资料与统计调查对象报送的统计资料的一致性负责。

第三十条 统计人员进行统计调查时，有权就与统计有关的问题询问有关人员，要求其如实提供有关情况、资料并改正不真实、不准确的资料。

统计人员进行统计调查时，应当出示县级以上人民政府统计机构或者有关部门颁发的工作证件；未出示的，统计调查对象有权拒绝调查。

第三十一条 国家实行统计专业技术职务资格考试、评聘制度，提高统计人员的专业素质，保障统计队伍的稳定性。

统计人员应当具备与其从事的统计工作相适应的专业知识和业务能力。

县级以上人民政府统计机构和有关部门应当加强对统计人员的专业培训和职业道德教育。

第五章　监督检查

第三十二条　县级以上人民政府及其监察机关对下级人民政府、本级人民政府统计机构和有关部门执行本法的情况，实施监督。

第三十三条　国家统计局组织管理全国统计工作的监督检查，查处重大统计违法行为。

县级以上地方人民政府统计机构依法查处本行政区域内发生的统计违法行为。但是，国家统计局派出的调查机构组织实施的统计调查活动中发生的统计违法行为，由组织实施该项统计调查的调查机构负责查处。

法律、行政法规对有关部门查处统计违法行为另有规定的，从其规定。

第三十四条　县级以上人民政府有关部门应当积极协助本级人民政府统计机构查处统计违法行为，及时向本级人民政府统计机构移送有关统计违法案件材料。

第三十五条　县级以上人民政府统计机构在调查统计违法行为或者核查统计数据时，有权采取下列措施：

（一）发出统计检查查询书，向检查对象查询有关事项；

（二）要求检查对象提供有关原始记录和凭证、统计台账、统计调查表、会计资料及其他相关证明和资料；

（三）就与检查有关的事项询问有关人员；

（四）进入检查对象的业务场所和统计数据处理信息系统进行检查、核对；

（五）经本机构负责人批准，登记保存检查对象的有关原始记录和凭证、统计台账、统计调查表、会计资料及其他相关证明和资料；

（六）对与检查事项有关的情况和资料进行记录、录音、录像、照相和复制。

县级以上人民政府统计机构进行监督检查时，监督检查人员不得少于二人，并应当出示执法证件；未出示的，有关单位和个人有权拒绝检查。

第三十六条　县级以上人民政府统计机构履行监督检查职责时，有关单位和个人应当如实反映情况，提供相关证明和资料，不得拒绝、阻碍检查，不得转移、隐匿、篡改、毁弃原始记录和凭证、统计台账、统计调查表、会计资料及其他相关证明和资料。

第六章　法律责任

第三十七条　地方人民政府、政府统计机构或者有关部门、单位的负责人有下列行为之一的，由任免机关或者监察机关依法给予处分，并由县级以上人民政府统计机构予以通报：

（一）自行修改统计资料、编造虚假统计数据的；

（二）要求统计机构、统计人员或者其他机构、人员伪造、篡改统计资料的；

（三）对依法履行职责或者拒绝、抵制统计违法行为的统计人员打击报复的；

（四）对本地方、本部门、本单位发生的严重统计违法行为失察的。

第三十八条　县级以上人民政府统计机构或者有关部门在组织实施统计调查活动中有下列行为之一的，由本级人民政府、上级人民政府统计机构或者本级人民政府统计机构责令改正，予以通报；对直接负责的主管人员和其他直接责任人员，由任免机关或者监察机关依法给予处分：

（一）未经批准擅自组织实施统计调查的；

（二）未经批准擅自变更统计调查制度的内容的；

（三）伪造、篡改统计资料的；

（四）要求统计调查对象或者其他机构、人员提供不真实的统计资料的；

（五）未按照统计调查制度的规定报送有关资料的。

统计人员有前款第三项至第五项所列行为之一的，责令改正，依法给予处分。

第三十九条　县级以上人民政府统计机构或者有关部门有下列行为之一的，对直接负责的主管人员和其他直接责任人员由任免机关或者监察机关依法给予处分：

（一）违法公布统计资料的；

（二）泄露统计调查对象的商业秘密、个人信息或者提供、泄露在统计调查中获得的能够识别或者推断单个统计调查对象身份的资料的；

（三）违反国家有关规定，造成统计资料毁损、灭失的。

统计人员有前款所列行为之一的，依法给予处分。

第四十条　统计机构、统计人员泄露国家秘密的，依法追究法律责任。

第四十一条　作为统计调查对象的国家机关、企业事业单位或者其他组织有下列行为之一的，由县级以上人民政府统计机构责令改正，给予警告，可以予以通报；其直接负责的主管人员和其他直接责任人员属于国家工作人员的，由任免机关或者监察机关依法给予处分：

（一）拒绝提供统计资料或者经催报后仍未按时提供统计资料的；

（二）提供不真实或者不完整的统计资料的；

（三）拒绝答复或者不如实答复统计检查查询书的；

（四）拒绝、阻碍统计调查、统计检查的；

（五）转移、隐匿、篡改、毁弃或者拒绝提供原始记录和凭证、统计台账、统计调查表及其他相关证明和资料的。

企业事业单位或者其他组织有前款所列行为之一的，可以并处五万元以下的罚款；情节严重的，并处五万元以上二十万元以下的罚款。

个体工商户有本条第一款所列行为之一的，由县级以上人民政府统计机构责令改正，给予警告，可以并处一万元以下的罚款。

第四十二条　作为统计调查对象的国家机关、企业事业单位或者其他组织迟报统计资料，或者未按照国家有关规定设置原始记录、统计台账的，由县级以上人民政府统计机构责令改正，给予警告。

企业事业单位或者其他组织有前款所列行为之一的，可以并处一万元以下的罚款。

个体工商户迟报统计资料的，由县级以上人民政府统计机构责令改正，给予警告，可以并处一千元以下的罚款。

第四十三条　县级以上人民政府统计机构查处统计违法行为时，认为对有关国家工作人员依法应当给予处分的，应当提出给予处分的建议；该国家工作人员的任免机关或者监察机关应当依法及时作出决定，并将结果书面通知县级以上人民政府统计机构。

第四十四条　作为统计调查对象的个人在重大国情国力普查活动中拒绝、阻碍统计调查，或者提供不真实或者不完整的普查资料的，由县级以上人民政府统计机构责令改正，予以批评教育。

第四十五条　违反本法规定，利用虚假统计资料骗取荣誉称号、物质利益或者职务晋升的，除对其编造虚假统计资料或者要求他人编造虚假统计资料的行为依法追究法律责任外，由作出有关决定的单位或者其上级单位、监察机关取消其荣誉称号，追缴获得的物质利益，撤销晋升的职务。

第四十六条 当事人对县级以上人民政府统计机构作出的行政处罚决定不服的，可以依法申请行政复议或者提起行政诉讼。其中，对国家统计局在省、自治区、直辖市派出的调查机构作出的行政处罚决定不服的，向国家统计局申请行政复议；对国家统计局派出的其他调查机构作出的行政处罚决定不服的，向国家统计局在该派出机构所在的省、自治区、直辖市派出的调查机构申请行政复议。

第四十七条 违反本法规定，构成犯罪的，依法追究刑事责任。

第七章 附 则

第四十八条 本法所称县级以上人民政府统计机构，是指国家统计局及其派出的调查机构、县级以上地方人民政府统计机构。

第四十九条 民间统计调查活动的管理办法，由国务院制定。

中华人民共和国境外的组织、个人需要在中华人民共和国境内进行统计调查活动的，应当按照国务院的规定报请审批。

利用统计调查危害国家安全、损害社会公共利益或者进行欺诈活动的，依法追究法律责任。

第五十条 本法自2010年1月1日起施行。

中华人民共和国国务院令

第 681 号

《中华人民共和国统计法实施条例》已经 2017 年 4 月 12 日国务院第 168 次常务会议通过，现予公布，自 2017 年 8 月 1 日起施行。

总理　李克强

2017 年 5 月 28 日

中华人民共和国统计法实施条例

第一章　总　则

第一条　根据《中华人民共和国统计法》（以下简称统计法），制定本条例。

第二条　统计资料能够通过行政记录取得的，不得组织实施调查。通过抽样调查、重点调查能够满足统计需要的，不得组织实施全面调查。

第三条　县级以上人民政府统计机构和有关部门应当加强统计规律研究，健全新兴产业等统计，完善经济、社会、科技、资源和环境统计，推进互联网、大数据、云计算等现代信息技术在统计工作中的应用，满足经济社会发展需要。

第四条　地方人民政府、县级以上人民政府统计机构和有关部门应当根据国家有关规定，明确本单位防范和惩治统计造假、弄虚作假的责任主体，严格执行统计法和本条例的规定。

地方人民政府、县级以上人民政府统计机构和有关部门及其负责人应当保障统计活动依法进行，不得侵犯统计机构、统计人员独立行使统计调查、统计报告、统计监督职权，不得非法干预统计调查对象提供统计资料，不得统计造假、弄虚作假。

统计调查对象应当依照统计法和国家有关规定，真实、准确、完整、及时地提供统计资料，拒绝、抵制弄虚作假等违法行为。

第五条 县级以上人民政府统计机构和有关部门不得组织实施营利性统计调查。

国家有计划地推进县级以上人民政府统计机构和有关部门通过向社会购买服务组织实施统计调查和资料开发。

第二章 统计调查项目

第六条 部门统计调查项目、地方统计调查项目的主要内容不得与国家统计调查项目的内容重复、矛盾。

第七条 统计调查项目的制定机关（以下简称制定机关）应当就项目的必要性、可行性、科学性进行论证，征求有关地方、部门、统计调查对象和专家的意见，并由制定机关按照会议制度集体讨论决定。

重要统计调查项目应当进行试点。

第八条 制定机关申请审批统计调查项目，应当以公文形式向审批机关提交统计调查项目审批申请表、项目的统计调查制度和工作经费来源说明。

申请材料不齐全或者不符合法定形式的，审批机关应当一次性告知需要补正的全部内容，制定机关应当按照审批机关的要求予以补正。

申请材料齐全、符合法定形式的，审批机关应当受理。

第九条 统计调查项目符合下列条件的，审批机关应当作出予以批准的书面决定：

（一）具有法定依据或者确为公共管理和服务所必需；

（二）与已批准或者备案的统计调查项目的主要内容不重复、不矛盾；

（三）主要统计指标无法通过行政记录或者已有统计调查资料加工整理取得；

（四）统计调查制度符合统计法律法规规定，科学、合理、可行；

（五）采用的统计标准符合国家有关规定；

（六）制定机关具备项目执行能力。

不符合前款规定条件的，审批机关应当向制定机关提出修改意见；修改后仍不符合前款规定条件的，审批机关应当作出不予批准的书面决定并说明理由。

第十条 统计调查项目涉及其他部门职责的，审批机关应当在作出审批决定前，征求相关部门的意见。

第十一条 审批机关应当自受理统计调查项目审批申请之日起20日内作出决定。20日内不能作出决定的，经审批机关负责人批准可以延长10日，并应当将延长审批期限的理由告知制定机关。

制定机关修改统计调查项目的时间，不计算在审批期限内。

第十二条 制定机关申请备案统计调查项目，应当以公文形式向备案机关提交统计调查项目备案申请表和项目的统计调查制度。

统计调查项目的调查对象属于制定机关管辖系统，且主要内容与已批准、备案的统计调查项目不重复、不矛盾的，备案机关应当依法给予备案文号。

第十三条 统计调查项目经批准或者备案的，审批机关或者备案机关应当及时公布统计调查项目及其统计调查制度的主要内容。涉及国家秘密的统计调查项目除外。

第十四条 统计调查项目有下列情形之一的，审批机关或者备案机关应当简化审批或者备案程序，缩短期限：

（一）发生突发事件需要迅速实施统计调查；

（二）统计调查制度内容未作变动，统计调查项目有效期届满需要延长期限。

第十五条 统计法第十七条第二款规定的国家统计标准是强制执行标准。各级人民政府、县级以上人民政府统计机构和有关部门组织实施的统计调查活动，应当执行国家统计标准。

制定国家统计标准，应当征求国务院有关部门的意见。

第三章 统计调查的组织实施

第十六条 统计机构、统计人员组织实施统计调查，应当就统计调查对象的法定填报义务、主要指标涵义和有关填报要求等，向统计调查对象作出说明。

第十七条 国家机关、企业事业单位或者其他组织等统计调查对象提供统计资料，应当由填报人员和单位负责人签字，并加盖公章。个人作为统计调查对象提供统计资料，应当由本人签字。统计调查制度规定不需要签字、加盖公章的除外。

统计调查对象使用网络提供统计资料的，按照国家有关规定执行。

第十八条 县级以上人民政府统计机构、有关部门推广使用网络报送统计资料，应当采取有效的网络安全保障措施。

第十九条 县级以上人民政府统计机构、有关部门和乡、镇统计人员，应当对统计调查对象提供的统计资料进行审核。统计资料不完整或者存在明显错误的，应当由统计调查对象依法予以补充或者改正。

第二十条 国家统计局应当建立健全统计数据质量监控和评估制度，加强对各省、自治区、直辖市重要统计数据的监控和评估。

第四章 统计资料的管理和公布

第二十一条 县级以上人民政府统计机构、有关部门和乡、镇人民政府应当妥善保管统计调查中取得的统计资料。

国家建立统计资料灾难备份系统。

第二十二条 统计调查中取得的统计调查对象的原始资料，应当至少保存 2 年。

汇总性统计资料应当至少保存 10 年，重要的汇总性统计资料应当永久保存。法律法规另有规定的，从其规定。

第二十三条 统计调查对象按照国家有关规定设置的原始记录和统计台账，应当至少保存 2 年。

第二十四条 国家统计局统计调查取得的全国性统计数据和分省、自治区、直辖市统计数据，由国家统计局公布或者由国家统计局授权其派出的调查机构或者省级人民政府统计机构公布。

第二十五条 国务院有关部门统计调查取得的统计数据，由国务院有关部门按照国家有关规定和已批准或者备案的统计调查制度公布。

县级以上地方人民政府有关部门公布其统计调查取得的统计数据，比照前款规定执行。

第二十六条 已公布的统计数据按照国家有关规定需要进行修订的，县级以上人民政府统计机构和有关部门应当及时公布修订后的数据，并就修订依据和情况作出说明。

第二十七条 县级以上人民政府统计机构和有关部门应当及时公布主要统计指标涵义、调查范围、调查方法、计算方法、抽样调查样本量等信息，对统计数据进行解释说明。

第二十八条 公布统计资料应当按照国家有关规定进行。公布前，任何单位和个人不得违反国家有关规定对外提供，不得利用尚未公布的统计资料谋取不正当利益。

第二十九条 统计法第二十五条规定的能够识别或者推断单个统计调查对象身份的资料包括：

（一）直接标明单个统计调查对象身份的资料；

（二）虽未直接标明单个统计调查对象身份，但是通过已标明的地址、编码等相关信息可以识别或者推断单个统计调查对象身份的资料；

（三）可以推断单个统计调查对象身份的汇总资料。

第三十条 统计调查中获得的能够识别或者推断单个统计调查对象身份的资料应当依法严格管理，除作为统计执法依据外，不得直接作为对统计调查对象实施行政许可、行政处罚等具体行政行为的依据，不得用于完成统计任务以外的目的。

第三十一条 国家建立健全统计信息共享机制，实现县级以上人民政府统计机构和有关部门统计调查取得的资料共享。制定机关共同制定的统计调查项目，可以共同使用获取的统计资料。

统计调查制度应当对统计信息共享的内容、方式、时限、渠道和责任等作出规定。

第五章　统计机构和统计人员

第三十二条 县级以上地方人民政府统计机构受本级人民政府和上级人民

政府统计机构的双重领导，在统计业务上以上级人民政府统计机构的领导为主。

乡、镇人民政府应当设置统计工作岗位，配备专职或者兼职统计人员，履行统计职责，在统计业务上受上级人民政府统计机构领导。乡、镇统计人员的调动，应当征得县级人民政府统计机构的同意。

县级以上人民政府有关部门在统计业务上受本级人民政府统计机构指导。

第三十三条 县级以上人民政府统计机构和有关部门应当完成国家统计调查任务，执行国家统计调查项目的统计调查制度，组织实施本地方、本部门的统计调查活动。

第三十四条 国家机关、企业事业单位和其他组织应当加强统计基础工作，为履行法定的统计资料报送义务提供组织、人员和工作条件保障。

第三十五条 对在统计工作中做出突出贡献、取得显著成绩的单位和个人，按照国家有关规定给予表彰和奖励。

第六章 监督检查

第三十六条 县级以上人民政府统计机构从事统计执法工作的人员，应当具备必要的法律知识和统计业务知识，参加统计执法培训，并取得由国家统计局统一印制的统计执法证。

第三十七条 任何单位和个人不得拒绝、阻碍对统计工作的监督检查和对统计违法行为的查处工作，不得包庇、纵容统计违法行为。

第三十八条 任何单位和个人有权向县级以上人民政府统计机构举报统计违法行为。

县级以上人民政府统计机构应当公布举报统计违法行为的方式和途径，依法受理、核实、处理举报，并为举报人保密。

第三十九条 县级以上人民政府统计机构负责查处统计违法行为；法律、行政法规对有关部门查处统计违法行为另有规定的，从其规定。

第七章 法律责任

第四十条 下列情形属于统计法第三十七条第四项规定的对严重统计违法行为失察，对地方人民政府、政府统计机构或者有关部门、单位的负责人，由任免机关或者监察机关依法给予处分，并由县级以上人民政府统计机构予以通报：

（一）本地方、本部门、本单位大面积发生或者连续发生统计造假、弄虚作假；

（二）本地方、本部门、本单位统计数据严重失实，应当发现而未发现；

（三）发现本地方、本部门、本单位统计数据严重失实不予纠正。

第四十一条 县级以上人民政府统计机构或者有关部门组织实施营利性统计调查的，由本级人民政府、上级人民政府统计机构或者本级人民政府统计机构责令改正，予以通报；有违法所得的，没收违法所得。

第四十二条 地方各级人民政府、县级以上人民政府统计机构或者有关部门及其负责人，侵犯统计机构、统计人员独立行使统计调查、统计报告、统计监督职权，或者采用下发文件、会议布置以及其他方式授意、指使、强令统计调查对象或者其他单位、人员编造虚假统计资料的，由上级人民政府、本级人民政府、上级人民政府统计机构或者本级人民政府统计机构责令改正，予以通报。

第四十三条 县级以上人民政府统计机构或者有关部门在组织实施统计调查活动中有下列行为之一的，由本级人民政府、上级人民政府统计机构或者本级人民政府统计机构责令改正，予以通报：

（一）违法制定、审批或者备案统计调查项目；

（二）未按照规定公布经批准或者备案的统计调查项目及其统计调查制度的主要内容；

（三）未执行国家统计标准；

（四）未执行统计调查制度；

（五）自行修改单个统计调查对象的统计资料。

乡、镇统计人员有前款第三项至第五项所列行为的，责令改正，依法给予处分。

第四十四条 县级以上人民政府统计机构或者有关部门违反本条例第二十四条、第二十五条规定公布统计数据的，由本级人民政府、上级人民政府统计机构或者本级人民政府统计机构责令改正，予以通报。

第四十五条 违反国家有关规定对外提供尚未公布的统计资料或者利用尚未公布的统计资料谋取不正当利益的，由任免机关或者监察机关依法给予处分，并由县级以上人民政府统计机构予以通报。

第四十六条 统计机构及其工作人员有下列行为之一的，由本级人民政府或者上级人民政府统计机构责令改正，予以通报：

（一）拒绝、阻碍对统计工作的监督检查和对统计违法行为的查处工作；

（二）包庇、纵容统计违法行为；

（三）向有统计违法行为的单位或者个人通风报信，帮助其逃避查处；

（四）未依法受理、核实、处理对统计违法行为的举报；

（五）泄露对统计违法行为的举报情况。

第四十七条 地方各级人民政府、县级以上人民政府有关部门拒绝、阻碍统计监督检查或者转移、隐匿、篡改、毁弃原始记录和凭证、统计台账、统计调查表及其他相关证明和资料的，由上级人民政府、上级人民政府统计机构或者本级人民政府统计机构责令改正，予以通报。

第四十八条 地方各级人民政府、县级以上人民政府统计机构和有关部门有本条例第四十一条至第四十七条所列违法行为之一的，对直接负责的主管人员和其他直接责任人员，由任免机关或者监察机关依法给予处分。

第四十九条 乡、镇人民政府有统计法第三十八条第一款、第三十九条第一款所列行为之一的，依照统计法第三十八条、第三十九条的规定追究法律责任。

第五十条 下列情形属于统计法第四十一条第二款规定的情节严重行为：

（一）使用暴力或者威胁方法拒绝、阻碍统计调查、统计监督检查；

（二）拒绝、阻碍统计调查、统计监督检查，严重影响相关工作正常开展；

（三）提供不真实、不完整的统计资料，造成严重后果或者恶劣影响；

（四）有统计法第四十一条第一款所列违法行为之一，1 年内被责令改正 3 次以上。

第五十一条 统计违法行为涉嫌犯罪的，县级以上人民政府统计机构应当将案件移送司法机关处理。

第八章　附　　则

第五十二条　中华人民共和国境外的组织、个人需要在中华人民共和国境内进行统计调查活动的，应当委托中华人民共和国境内具有涉外统计调查资格的机构进行。涉外统计调查资格应当依法报经批准。统计调查范围限于省、自治区、直辖市行政区域内的，由省级人民政府统计机构审批；统计调查范围跨省、自治区、直辖市行政区域的，由国家统计局审批。

涉外社会调查项目应当依法报经批准。统计调查范围限于省、自治区、直辖市行政区域内的，由省级人民政府统计机构审批；统计调查范围跨省、自治区、直辖市行政区域的，由国家统计局审批。

第五十三条　国家统计局或者省级人民政府统计机构对涉外统计违法行为进行调查，有权采取统计法第三十五条规定的措施。

第五十四条　对违法从事涉外统计调查活动的单位、个人，由国家统计局或者省级人民政府统计机构责令改正或者责令停止调查，有违法所得的，没收违法所得；违法所得50万元以上的，并处违法所得1倍以上3倍以下的罚款；违法所得不足50万元或者没有违法所得的，处200万元以下的罚款；情节严重的，暂停或者取消涉外统计调查资格，撤销涉外社会调查项目批准决定；构成犯罪的，依法追究刑事责任。

第五十五条　本条例自2017年8月1日起施行。1987年1月19日国务院批准、1987年2月15日国家统计局公布，2000年6月2日国务院批准修订、2000年6月15日国家统计局公布，2005年12月16日国务院修订的《中华人民共和国统计法实施细则》同时废止。

廊坊市七届人大

四次会议文件（12）

政府工作报告

2019年1月22日在廊坊市第七届
人民代表大会第四次会议上

廊坊市人民政府市长　陈　平

政府工作报告

——2019年1月22日在廊坊市第七届人民代表大会第四次会议上

廊坊市人民政府市长 陈 平

各位代表：

现在，我代表廊坊市人民政府向大会报告工作，请予审议，并请各位政协委员和列席人员提出意见。

一、2018年工作回顾

2018年，我们坚持以习近平新时代中国特色社会主义思想和党的十九大精神为指导，坚决贯彻中央和省各项决策部署，在市委坚强领导下，坚持稳中求进工作总基调，坚持以新发展理念引领高质量发展，积极抢抓京津冀协同发展重大机遇，攻坚克难、拼搏竞进，经济社会发展取得新成就。

（一）主要指标平稳增长，经济质量进一步提升。预计全市地区生产总值同比增长6.8%，固定资产投资同比增长7%左右，规模以上工业增加值同比增长4%左右，社会消费品零售总额同比增长10%左右，城乡居民人均可支配收入分别增长7.5%和8.8%；一般公共预算收入完成362亿元，同比增长9.2%。预计规模以上工业利润增长25%，同比提高41个百分点；服务业增加值增长11%，对经济增长的贡献率达到70%，三次产业结构由6.5:43.8:49.7调整为6:39:55；单位生产总值能耗下降3.5%以上；研发经费支出占生产总值比重达到1.43%。

（二）深入推动协同发展，一体化步伐进一步加快。对标对表“国家大事”，全面开展北中南三大板块总体规划及系列子规划编制工作，北三县与通州区协同发展“1+1+1+4+8”规划体系、大兴国际机场临空经济区廊坊片区“1+1+1+8”规划体系已取得初步成果，雄安新区周边县（市）城乡总体规划编制工作进展顺利。坚决落实国家和省对京冀交界地区和雄安新区周边地区管控政策，北三县按照与通州区“统一规划、统一政策、统一标准、统一管控”要求，实施贴边区违法建设专项整治行动，对贴边区内项目列出清单、建立台账、分类整治，纳入拆迁范围的

33 项违法建筑彻底“清零”；全力支持大兴国际机场建设，涉及我市 11 项配套迁改项目基本完成，回迁区安置房加快建设，噪声区 5 个村街拆迁和降噪区 17 个村街降噪工作基本完成；及时出台服务支持雄安新区规划建设的决定和实施方案。加快推动交通、产业、生态环保三大重点领域率先突破，密涿高速廊坊段实现通连，京雄城际铁路、新机场北线高速、津石高速开工建设；中国移动大数据中心、中航试金石检测基地等一批京津转移项目加快建设或建成投产。全年引进京津项目 161 个、资金 660 亿元。扎实推进蓝天、碧水、净土三大保卫战，持续强化大气污染综合治理，全面完成 7.5 万户“煤替代”扫尾工程，三年累计完成 99 万户，在全省率先实现农村地区散煤“清零”；33 台 35 蒸吨及以下燃煤锅炉淘汰任务全部完成，主城区实现超低排放集中供热全覆盖。动态排查整治“散乱污”企业 1788 家，深度治理 VOCs 企业 128 家。推广新能源标准车 4819 辆，完成省定任务的 268%。主城区 121 家在建工地全部安装 PM_{10} 在线监测设备。在工程停工、错峰生产等 10 个方面实施差异化监管，禁止“一刀切”。2018 年全市空气质量综合指数 5.94、同比下降 10.14%，在 169 个国控重点城市中倒排第 39 位，$PM_{2.5}$ 平均浓度下降到 52 微克/立方米，为近年来最好水平，重污染天数 12 天、同比减少 13 天，优良天数 222 天、同比增加 8 天，空气质量持续改善，蓝天白云越来越多。着力推进水污染防治，全年新建 12 座城镇污水处理厂和 8 座园区污水处理厂，新增污水处理能力 28.6 万吨，其中 5 座达到京 B 标准。全市 180 条河渠纳入河长制管理。6 条国省控重点河流 7 个考核断面中，5 个消除劣Ⅴ类水质，超额完成国省下达年度目标任务。全年营造林 107.89 万亩，森林覆盖率达到 32.22%，涌现出“千亩樱花海”“万亩银杏林”等一批高水平生态景观项目。

（三）扎实推进项目建设，产业结构进一步优化。实施亿元以上项目1004项，其中10亿元以上项目163项，亿元以上产业项目中战略性新兴产业和现代服务业项目占比达到60%以上；争列省重点项目38项，完成投资占年计划的143.4%。制定实施战略性新兴产业发展三年行动计划，新型显示、高端制造、大数据等六大重点产业规模不断壮大，总投资280亿元的第6代AMOLED项目已试生产，达产后将满足9000万部智能手机全柔性折叠屏需求；总投资81亿元的中安信碳纤维及康得复材一期形成1700吨的年产能，总投资4.8亿元的河钢集团创新基地等一批重大项目签约落地，战略性新兴产业增加值占规上工业增加值比重达到22.7%，同比提高6.2个百分点。现代物流、文化旅游、电子商务等现代服务业加快发展，增加值同比增长14.3%，占服务业增加值比重达到65%。整体退出安次洸远钢厂，化解钢铁产能808万吨，妥善安置职工6000多人。开展“千企转型”行动，实施技改项目538项。设立1.5亿元财政专项奖励资金和“市长特别奖”，助推实体企业提档升级、增产增效。设立工业设计专项资金，建成全省首家市级工业设计创新中心。装备制造业增加值占规模以上工业增加值比重达到38.4%。实施科技创新三年行动计划，新增协同创新基地5家，总数达到27家；267家企业通过省高新技术企业专家评审，新增科技型中小企业1253家，新增市级以上孵化器和众创空间12家，新增院士工作站6家，万人发明专利拥有量达到4.85件；全市技术合同交易额达到88.5亿元，增长180%。我市入选中国城市创新竞争力百强。

（四）加快改革开放步伐，发展活力进一步释放。坚决落实中央和省各项改革部署，突出抓好投融资、科技、金融财税等九项改革。深入推进“放管服”改革，进一步提升审批效率，推出简单事项马上办、复杂事项加速办、应上尽上网上办、管家服务省心办“四办”服务承诺，277 项行政许可事项全部实现网上运行，审批效率平均提高 75%，市主城区学校建设项目审批时间由 238 个工作日压减至 72 个；加快推进商事制度改革，全面推行“五十证合一”，企业登记注册实行“审核合一、一人通办”和全程电子化，办照实现即来即办、立等可取，企业开办时间由 20 个工作日压减至 4 个，全市市场主体达到 36.07 万户，同比增长 13.25%。全面落实减税降费政策，加快推进预算绩效管理改革。顺利完成市级机构改革，扎实推进县级机构改革。科教文卫、生态文明等领域改革稳步推进。积极开展“双创双服”活动，出台一系列支持民营经济发展的政策措施，建立健全政企面对面、政银企保对接等常态化企业帮扶机制，全市举办政企面对面对接帮扶活动 102 次，帮助企业解决问题 431 个，开展政银企保对接活动 213 次，帮助企业融资 160 亿元；开通政企直通服务网上平台，实现了政府与企业从线下到线上全方位的零距离互动对接。我市民营经济增加值占生产总值比重达到 72%以上，上缴税金占全部税收比重达到 90.7%，从业人员占比达到 82.3%；新奥集团、华夏幸福、荣盛发展、宏泰发展等 11 家企业入选“河北省优秀民营企业百强”，大厂、永清、固安、霸州

4 个县（市）跻身"全省民营经济发展先进县十强"，我市成为唯一连续 6 次获得全省民营经济发展先进市的设区市。成功举办"5·18"经洽会、"9·26"农交会、首届雄安国际健康论坛、京津冀国际投洽会等重点展会 80 个，我市被评为"改革开放 40 周年中国优秀会展城市"，廊坊开发区入选"2018 中国产业园区持续发展百强榜单"、获评"2018 中国大数据明星产业园"。廊坊综合保税区获国务院正式批复，京东集团跨境电商项目建成投运。全市实际利用外资完成 10.5 亿美元，预计全年进出口完成 465 亿元，同比增长 28.5%。区域合作扎实推进，"通武廊"协同发展 12 项合作工程顺利实施，"静沧廊"三地开展全方位战略合作。

（五）社会事业加快发展，民生保障进一步增强。全年财政民生支出 505.6 亿元，占一般公共预算支出的 81.5%；20 项民心工程全部完成。实施健康、助残、教育、产业就业、社保兜底、危房改造等系列攻坚行动，实现脱贫退出 1474 户、4189 人，分别占到建档立卡总量的 71.2%、79.6%；安次区被评为河北省脱贫攻坚奖先进集体。对口帮扶张家口 5 个深度贫困县，落实帮扶资金 1.91 亿元。进一步提高社会保障水平，城乡低保平均保障标准达到每人每月 693 元，城乡居民基础养老金最低标准达到 118 元，均为全省最高；城镇新增就业 7.3 万人，登记失业率继续保持全省最低；老旧小区改造完成 114 个，棚户区改造开工 10741 套，均超额完成省定任务。坚持优先发展教育，实施 60 所中小学、幼儿园新改扩建工程，补充教师 2556 名，创建标准化学校 128 所，顺利完成历时五年的"全面改薄"工程，全部县（市、区）通过"义务教育发展基本均衡县"国检验收。以文安、香河为试点启动实施基层卫生综合服务能力"双提升工程"，与首都儿研所、通州妇幼共建的廊坊儿童医院、妇产医院正式开诊，中国医学科学院北京肿瘤医院廊坊分院确定选址。成功举办中国图书馆年会、中超华夏幸福主场赛事，廊坊城市知名度、美誉度进一步提升。加快《廊坊市城市总体规划（2018—2035 年）》编制；在主城区实施 12 条"断头路"区段打通工程，8 个区段实现通车，其余区段正在按计划加快推进；精心谋划并开工建设光明道上跨京沪高铁立交桥项目，促进光明道东西更加畅通，主城区南北有机连接；外环路西南环线正式闭合通车，彻底结束外环路长期断环的历史；新建公厕 129 座，达到每平方公里 4 座的国家设置标准；认真整改市民服务中心遗留问题，一期工程具备入驻条件；殡仪馆迁建工程开工建设。积极开展农村人居环境治理，农村公路新改建完工里程突破 500 公里，清理积存垃圾 1280 万立方米，改造厕所 7.47 万座，香河县被评为“全省农村人居环境整治全域完成示范县”，大厂县被授予“全国文明城市提名城市”称号，固安县通过省级文明县城验收。深入开展安全生产隐患大排查、大整治攻坚行动，工矿商贸事故起数、死亡人数实现双下降，全省最低。认真做好军队退役人员管理服务工作，“两站两中心”建设、数据信息采集、悬挂光荣牌实现全覆盖。扎实推进防范化解重大风险、扫黑除恶专项斗争、治理拖欠农民工工资等工作，圆满完成全国“两会”、庆祝改革开放 40 周年大会等重大活动安保维稳任务，筑牢首都政治护城河。民族宗教、外事侨务、人民防空、史志档案、气象地震、地理信息、援藏援疆、妇女儿童等各项工作均取得了新成绩。

一年来，我们大力推进政府系统党的建设，坚决贯彻全面从严治党战略部署，扎实推进中央巡视、国务院大督查和省委巡视反馈问题整改，严格落实中央八项规定和实施细则精神，建立健全各项制度。不断加强法治政府建设，大力深化行政执法三项制度改革，严格执行重大行政决策合法性审查制度，顺利完成物业管理、广告设置等重点领域行政立法；自觉接受人大法律监督、工作监督和政协民主监督，重大事项向人大报告、向政协通报，人大代表建议144件、政协委员提案311件全部办复。

各位代表，一年来，我们面对的形势纷繁复杂，工作中努力统筹兼顾。**一是**在经济下行压力明显加大的情况下，我们坚定不移落实国家和省关于规划、土地、环保以及房地产等各项管控政策，扎实推进“无钢市”“禁煤区”建设，有力服务保障了国家重大战略的顺利实施。**二是**在严格贯彻执行管控政策下，我们千方百计保增长，坚持稳中求进工作总基调，主要经济指标实现平稳运行，努力完成全年既定目标。**三是**在财政收入增速放缓的情况下，不遗余力惠民生，民生支出实现持续增长，占一般公共预算支出比例高于全省平均水平。**四是**在新旧动能转换的阵痛下，立足当前、着眼长远，针对基础设施、公共服务的短板弱项，做成了一些打基础、蓄后劲、利长远的事情，为我市高质量发展、可持续进步夯实了基础。

各位代表，一年来，我们走过的道路充满艰辛，取得的成绩来之不易，这是坚持以习近平新时代中国特色社会主义思想武装头脑、指导实践、推动工作的结果，是不折不扣贯彻落实中央和省各项重大决策部署的结果，是市委正确领导和人大、政协有力监督支持的结果，是全市人民撸起袖子干出来的、挥洒汗水拼出来的。在此，我代表市人民政府，向全市人民，向人大代表、政协委员，向各民主党派、工商联、无党派人士和各人民团体，向驻廊人民解放军、武警官兵、政法干警和中省直驻廊单位，向所有关心支持廊坊发展的同志们、朋友们，致以崇高的敬意和衷心的感谢！

各位代表，一年来，我们所做的工作还有很多不足，需要倍加努力。实体经济特别是民营企业困难依然较多，融资难、融资贵问题仍未有效解决；营商环境还需大力改善；民生领域依然存在很多短板；房地产一业独大的产业结构尚未得到根本转变，面对严管严控，破解发展瓶颈，实现转型升级、高质量发展还任重道远；一些政府部门和工作人员思想不解放、能力不适应、作风不扎实，消极腐败现象还不同程度存在。我们必须正视问题、直面矛盾，增强忧患意识，强化责任意识，采取强力措施，切实加以解决。

二、2019年工作总体要求和主要目标

今年政府工作的总体要求是：坚持以习近平新时代中国特色社会主义思想为指导，全面贯彻党的十九大、十九届二中、三中全会精神，深入落实中央经济工作会议、省委九届八次全会、省“两会”精神，按照市委六届六次全会战略部署，统筹推进“五位一体”总体布局，协调推进“四个全面”战略布局，坚持稳中求进工作总基调，坚持以新发展理念引领高质量发展，坚持以供给侧结构性改革为主线，坚持深化市场化改革、扩大高水平开放，深入贯彻““巩固、增强、提升、畅通”八字方针，全面落实“三六八九”工作思路，积极抢抓“五大发展机遇”，扎实推进“三大攻坚战”，紧紧围绕“四区一城”功能定位，始终坚持发展第一要务，全力做好北三县与通州区一体化发展、临空经济区规划建设、服务支持雄安新区规划建设“三篇大文章”，突出抓好做优做强实体经济、培育壮大民营经济、全面提升项目质量、深入实施创新驱动战略四项重点工作，大力开展服务民营企业建设年、高质量项目建设年、基础设施建设年“三个建设年”活动，统筹做好改革开放、乡村振兴、生态治理、民生保障、维护稳定各项工作，进一步稳就业、稳金融、稳外贸、稳外资、稳投资、稳预期，切实提高人民群众获得感、幸福感、安全感，保持经济持续健康发展和社会大局稳定，迈出新时代加快建设经济强市、美丽廊坊新步伐，为全面建成小康社会收官打下决定性基础，以优异成绩庆祝中华人民共和国成立70周年。

今年全市经济社会发展的主要预期目标是：地区生产总值增长6.5%左右，一般公共预算收入增长6%左右，固定资产投资增长6.5%左右，规模以上工业增加值增长3%左右，高新技术产业增加值增长8%左右，社会消费品零售总额增长10%左右，实际利用外资增长5%，城乡居民人均可支配收入分别增长7.5%和8%左右，城镇登记失业率控制在4%以内，全市$PM_{2.5}$平均浓度、节能减排等指标完成省下达任务。

落实政府工作总体要求，实现今年发展预期目标，**需要我们进一步提高政治站位**，在市委的领导下，深入学习贯彻习近平新时代中国特色社会主义思想，树牢“四个意识”，坚定“四个自信”，做到“两个维护”，坚决贯彻习近平总书记对河北工作的重要指示，全面落实中央和省重大决策部署，推动我市经济社会发展始终沿着正确方向前进。**需要我们进一步提高思想站位**，强化机遇意识，增强辩证思维，正确看待挑战，变被动为主动，紧紧把握国家战略和国家大事进入全面实施的攻坚期，加快打造廊坊高质量发展的黄金期，特别是要充分看到，严管严控将是一种常态，习惯管控、适应管控必须成为一种自觉。积极克服消极等靠思想，主动摆脱传统路径依赖，加快改变固化思维模式，以等不及的紧迫感、慢不得的危机感、坐不住的责任感，逢山开路、遇水搭桥，凤凰涅槃、浴火重生，闯出一条高质量发展的新路来。**需要我们进一步提高发展站位**，牢牢抓住发展第一要务，自觉对标“国家大事、千年大计”，认真对表“世界眼光、国际标准、中国特色、高点定位”，切实把高质量发展作为解决一切问题的基础和关键，使劲儿向“雄安质量”看齐、向北京城市副中心标准靠近、向大兴国际机场速度追跑，正确处理好地方和全局、当前和长远、总量和结构、速度和质量的关系，把握好“稳、进、好、准、度”，持续推动经济社会稳步进入高质量发展的轨道。尤其是既要放眼全年，更要狠抓当前，把年度目标细化为季度、月度指标，分解到责任地、指定到责任人，狠抓生产要素保障，加强经济运行调度，以真抓的实劲、敢抓的狠劲、善抓的巧劲、常抓的韧劲，推动各项任务不折不扣落地落实、好于预期。**需要我们进**

一步提高工作站位，始终坚持以人民为中心，把人民群众对美好生活的向往作为我们的奋斗目标。坚持做到对上对下负责相一致，把人民满不满意、高不高兴、答不答应，作为政府工作的出发点和落脚点。强化责任意识，激发担当精神，识大体、顾大局，敢负责、善作为，立足当前、着眼长远，只争朝夕、久久为功，善作善成、实干实政，切实当好首都政治护城河，努力成为全省高质量发展排头兵。

三、2019年重点工作任务

高标准抢抓协同发展三大历史性工程机遇，高水平统筹北中南三大板块协调联动，高质量做好北三县与通州区一体化发展、中部三区两县与大兴国际机场投入运营及临空经济区规划建设互联互动、南部一市两县与雄安新区规划建设对接衔接"三篇大文章"是今年重点任务的主题主线。

（一）高质量做好"三篇大文章"的规划编制篇。规划科学是最大的效益，规划失误是最大的浪费，规划折腾是最大的忌讳。认真系好第一粒扣子，把每一寸土地规划设计的清清楚楚的时候再开工建设，是做好大文章的基中之基、重中之重、急中之急。要坚持北三县就是副中心、中部三区两县就是临空经济区、南部一市两县就是雄安新区的理念，提高认识站位，持续加强与三大历史性工程对接规划体系，深入推进"五级两规一导则"建设完善，6 月底前高质量完成规划期至2035 年的城市总体规划和县（市）城乡总体规划。

加快完成北三县与通州区协同发展配套规划体系编制。严格遵循即将出台的《北京市通州区与河北省三河、大厂、香河三县市协同发展规划》要求，加快推进北三县总体城市设计，坚持和弘扬中华优秀传统文化、延续历史文脉、厚植文化底蕴，与通州区形成"田园风光、国际风范、京华风韵、时代风尚"的总体风貌；精心做好跨界地区生态绿带景观规划，深入践行"绿水青山就是金山银山"的理念，统筹山水林田湖系统治理，加快生态环境保护、修复与建设，与通州区共同营造自然优美的生态环境；加快推进4个重点区域控制性详细规划编制工作，按照城绿交融、主次分明、组团布局、纵深发展的布局思路，着力打造生态化、组团式、紧凑型的空间格局。同时，进一步完善综合交通、产业发展、生态建设等8个专项规划，3月底前完成规划体系编制工作。坚决处置北三县贴边建设，年底前完成既定工作目标。

加快完成临空经济区廊坊片区配套规划体系编制，统筹中部板块各项规划提升。按照习近平总书记提出的“国家发展新动力源”的总体要求，以打造融入全球产业体系的国际门户重要功能区为目标，加快编制临空经济区廊坊片区控制性详细规划，突出航空物流区和科技创新区的功能特点，按照生态优先、组团发展、集约高效的理念，构建高品质、组团式、紧凑型的空间布局；加快编制临空经济区综合保税区控制性详细规划，以发展外向型经济为方向，打造对外开放战略平台；同步推进产业发展、综合交通、生态环保、机场南部地区景观等8个专项规划编制工作，6月底前完成规划体系编制。加大规划管控区管理力度，严格划定“三区三线”，严控建筑高度和建设强度；高质高效保障大兴国际机场按时通航，坚决完成好机场噪声区治理、净空超高障碍物拆降、配套迁改工程扫尾、回迁区安置房建设等重点工作。同时，结合2035版城市（乡）总体规划编制工作，加强中部板块顶层设计，全面统筹提升中部县区各项规划水平。

加快南三县与雄安新区规划对接衔接。主动对接对表《河北雄安新区总体规划》，把组团式发展、海绵城市、智慧城市、生态城市建设理念融入到南部一市两县城乡总体规划当中。切实加大雄安新区周边区域管控力度，为新区建设提供有力保障。

（二）高质量做好“三篇大文章”的交通建设篇。按照习近平总书记“把交通一体化作为推进京津冀协同发展的先行领域，加快构建三地快速、便捷、高效、安全、大容量、低成本的互联互通综合交通网络”要求，全面服务保障北中南三大板块综合交通体系建设，加快实现与三大历史性工程交通一体化。

在与北京通州区交通互联方面。积极推进京唐铁路（廊坊段）建设，全力保障项目建设顺利实施；主动配合做好平谷线前期工作，力争年内开工。加强与北京沟通对接，力促燕潮大桥对接开通，启动燕郊西出口拓宽改造工程；加快京沪高速北延、大厂厂通路潮白河公路新桥、香河安石路西延等公路项目前期工作，争取早日开工建设。

在与大兴国际机场及临空经济区交通互联方面。加快推进机场北线高速公路廊坊段和空港新区连接线建设，力争与北京东延段同步建成使用；全面保障城际铁路联络线一期工程（廊坊段）建设，力争天津至大兴国际机场联络线尽快开工；加快大兴国际机场与临空经济区、市主城区之间路网及临空经济区内路网建设，打造快捷的综合交通网络。

在与雄安新区交通互联方面。继续推进京雄城际铁路、津石高速（廊坊段）建设；积极配合推进京港台高铁丰雄段和京雄高速、荣乌高速新线、京德高速前期工作，加快津雄城际、雄安新区至大兴国际机场快线以及S327省道、S325省道等5条干线公路项目的对接研究。

（三）高质量做好“三篇大文章”的产业发展篇。着力加强重点产业、重点项目建设，进一步扩大对外开放，推动传统产业转型升级，为构建现代化经济体系提供坚实支撑。

大力发展新兴产业。深入实施战略性新兴产业发展三年行动计划，着力提升“大智移云”产业首位度，加快壮大新型显示、新材料新能源、高端制造、电子商务、大数据、文化创意六大千亿级产业集群，打造高端高新产业聚集区。各县（市、区）进一步明确产业定位和发展方向。**北三县**严格落实许勤省长“三个体现”的要求，重点发展健康养老、商贸物流、文化创意、休闲旅游、商务服务等服务业，优先发展现代服务业；聚焦发展新一代信息技术、高端装备、生物医药、节能环保等产业，持续壮大先进制造业。**中部县区**重点发展大数据、新型显示、新材料、智能制造、文体健康产业，同时加快构建与大兴国际机场及临空经济区相融的临空产业，以及金融、商贸、总部等城市经济，全面打造新的增长极。**南三县**主动对接雄安新区，重点发展高端装备制造、新材料、节能环保等新兴产业，按照新区研发+周边孵化转化、新区总部+周边加工配套、新区高端+周边服务等模式，抓紧搭建承接平台，做好产业链配套衔接，实现与雄安新区融合发展、错位发展、协同发展。

加快推进重点项目建设。深入开展“高质量项目建设年”活动，实施总投资920亿元的30个省重点项目、总投资1175亿元的100个市重点项目和800个亿元以上项目建设。持续强化市县两级领导包联重点项目制度，进一步完善项目建设调度、观摩、问责等机制，狠抓项目履约率、开工率、投资完成率，推动重点项目高质量建设。**北三县**重点围绕服务北京城市副中心功能需求，对接确定项目承接清单；积极筹备北三县与北京市产业对接活动，力争引进一批好项目；落实重点项目三年滚动清单，推动一批基础设施、公共服务、高端产业项目建设。特别是对已经确定的 37 个省市重点项目，加大推进力度、加快建设速度，力促北京城市副中心（大厂）综合配套服务中心、三河军民融合产业科技孵化中心等项目加快建设。**中部县区**重点抓好 56 个省市重点项目建设，加快推动京东集团华北云计算中心、中国移动大数据中心建设，力促临空经济区珠海翔翼华北训练基地、德国摩天宇航空发动机整机维修基地、意大利维龙集团等项目签约落地。**南三县**重点加快推进 37 个省市重点项目建设，力促益海嘉里、文安北部科技新区创业中心等项目加快建设。同时，紧盯入驻雄安新区的企业总部和研发中心，谋划建设一批与新区配套紧密的孵化转化基地和生产基地。

积极扩大高水平对外开放。全力提升开发区发展能级，加快 14 个省级以上开发区基础设施建设向“新九通一平”迈进，切实增强对高端项目的吸引力、承载力；完善考核评价和动态管理机制，坚持对开发区主营业务收入、投资强度、税收收入等主要指标的考核和奖惩，对有其名无其实、考核末位的，该摘牌的摘牌、该整合的整合，激发开发区增比进位、创先争优。加强开发区精准开发建设，明显提升北部板块开发区亩均投资强度、税收收入规模，加快实施“腾笼换鸟”，“退劣进优”，全面摸清、盘活已批未供和闲置土地，坚决遏制跑马圈地、非法占地；支持中南部板块开发区采取扩区、托管、合作共建等模式，拓展空间架构。加快临空经济区及保税区建设，打造临空经济对外开放引领区；加快廊坊综合保税区封关验收进度并开展跨境贸易。深入实施精准招商，全力办好“5·18”经洽会、“9·26”农交会、世界电梯大会暨廊坊国际电梯展览会等重点展会；以国内外 500 强企业、行业领军企业、跨国公司、独角兽企业、科技研发机构为重点，制定精准招商计划，有的放矢地开展招商活动，形成“大招商、招大商”的浓厚氛围，着力引进一批企业总部和高端项目。加快“走出去”发展步伐，运用好外经贸专项资金，扎实开展“稳外贸”行动，包联帮扶 300 家重点企业，支持钢铁压延、家具建材等优势企业开展国际产能合作，推动华夏幸福等优质企业建设境外产业园区，提高外向型经济发展水平。

加快推动传统产业转型升级。坚决退出文安新钢全部产能，实现“无钢市”目标。深入实施“千企转型”行动，以食品加工、家具制造等行业为重点，“一企一策”制定转型升级路线图，引导产业链优势企业实施新一轮技术改造，全年实施重点技改项目300项；支持实体企业建立技术研发中心、工业设计中心，开展关键技术攻关和工业设计创新；建成省级以上智能工厂和数字化车间8家、“制造业+互联网”融合发展试点示范项目10个以上；改造提升霸州金属玻璃家具、香河家具家居、永清服装服饰、文安人造板、大城保温建材等特色产业集群，培养更多“专精特新”企业。大力提升农业现代化水平。落实好乡村振兴战略规划，深入实施农业供给侧结构性改革三年行动计划，围绕京津两大都市需求，推动传统农业向现代农业、都市型农业、特色高效农业转型发展，加快推进农业产业化重点项目建设，积极培育龙头企业和新型农业经营主体，推动一二三产融合发展，全力构建具有廊坊区位特色的现代农业产业体系。优化房地产市场供给结构。坚持“房住不炒”定位，落实好房地产管控政策，坚决遏制房价上涨，保持房地产市场平稳健康发展。按照中央因城施策、分类指导要求，进一步完善住房市场体系和保障体系，结合棚户区改造，合理开发刚需住房、回迁住房，积极引导房地产企业发展旅游、商业、园区等非住宅地产，加快推动房地产业转型发展。

（四）高质量做好“三篇大文章”的创新驱动篇。深入落实科技创新三年行动计划，依托石保廊全面创新改革试验区、京南国家科技成果转移转化示范区，积极引进京津科技创新资源，加快形成科技成果“京津研发、廊坊孵化转化产业化”新格局。

培育壮大创新主体。精准培育高新技术企业，打造一批排头兵企业，鼓励中小企业创新发展，扩大科技型中小企业规模，进一步健全需求为导向、企业为主体的产学研用一体化创新机制，促进企业、高校、科研院所等创新资源有效整合，支持新奥、华日国家级企业技术中心建设，新增高新技术企业100家、科技型中小企业1000家，研发经费支出占生产总值比重提高到1.65%。

加强创新载体建设。继续实施孵化器和众创空间三年倍增计划，大力支持三河百世金谷、香河国安创客、安次9号咖啡、固安卫星导航产业港、华夏太库、宏泰泰智会等创新载体提质增效，加速域内外技术、人才、资金等创新要素集聚，形成一批产业化成果；支持北华航天工业学院、河北志晟公司省级双创示范基地建设，鼓励域内企业、高校、科研院所与京津共建新型研发机构，争取更多研发平台进入省级、国家级建设序列，分别新增市级以上重点实验室、技术创新中心、产业技术研究院 20 家，引进转化京津科技成果 60 项，技术合同交易额达到 60 亿元。加快固安博士后成果转化基地建设。

增强创新支撑能力。深入落实科技创新系列支持政策，建立市县财政科技资金快速增长机制，发挥各类创新创业引导基金作用，大力支持科技创新。推进人才兴廊工程，制定实施更具灵活性和吸引力的人才政策，实施“十百千万”计划，全市院士工作站达到 36 家，万人发明专利拥有量达到 5.1 件。

（五）高质量做好“三篇大文章”的生态保护篇。深入贯彻习近平生态文明思想，扎实做好中央和省环保督察问题整改，强化与京津雄生态环境联建联防联治，全力建设京津走廊生态宜居城市。

深入推进区域大气环境治理。严格执行《打赢蓝天保卫战三年行动计划》，进一步完善工作机制和考核奖惩制度，狠抓基层网格化建设与监测信息综合应用，继续优化产业、能源、交通和用地结构，持续开展散煤整治、机动车污染防治、扬尘面源污染综合治理、工业污染深度治理、重污染天气应对等六大行动，确保年度目标如期完成。严格落实“一企一策”，科学实施差异化管控，禁止“一刀切”式停限产。进一步加强与京津雄在污染源治理、重污染天气应急响应等方面的协调联动，积极开展信息共享、联合执法，共同推动空气质量持续改善。

坚决打赢水污染治理攻坚战。深入开展流域综合治理、水源地保护、城镇污水和黑臭水体治理、工业污水达标整治工作，重视中水利用，实施生态调水，全力改善水生态环境。北三县统筹推进泃河、潮白河、北运河等流域治理，实现所有新建污水处理厂达标运营，确保出境水质好于入境。中部县区加快推进龙河、凤河及市区水系综合治理，打造中心城区河渠生态景观。南三县严格落实省委、省政府关于《白洋淀生态环境治理和保护规划》的实施意见，强力实施子牙河、赵王新河、大清河等流域水生态综合整治。确保 6 条国省控重点河流 7 个断面全面消除劣 V 类，全市河流水质明显改善。

扎实推进生态修复保护。以创建国家森林城市为目标，进一步加大与京津雄交界区域造林力度，着力打造零梯度对接、无差异连贯的生态过渡带，使全市绿化规模、档次、水平再上新台阶，全年计划新造林 50 万亩，其中春季新造林 30 万亩。继续实施涉酸企业排查整治，全力推进垃圾处理处置、固体废物污染防治、农村环境综合整治，全面完成三河矿山复绿年度任务。

（六）高质量做好“三篇大文章”的基础设施篇。着眼于更好地融入京津冀协同发展大格局和以首都为核心的世界级城市群建设，按照“四区一城”功能定位，坚持大临空建设理念，强化国际门户意识，深入实施“基础设施和公共服务设施建设年”活动，进一步提升城乡综合承载能力。特别是切实增强主城区及临空经济区的凌空形象和俯瞰魅力。

实施一批城市标志性工程。加快建设总投资11.5亿元的光明道上跨京沪高铁立交桥项目，建成后将成为一道靓丽的城市景观；积极推进广阳水库前期工作，尽快破解“以水定城”制约，早日结束我市作为全省唯一没有备用水源地城市的历史。

实施一批旧城改造工程。继续推进棚户区改造，主城区加快推进39个已征迁棚户区改造项目，年内启动7个项目的回迁房建设；各县（市）启动实施一批棚户区和老旧小区改造工程，不断提升县城风貌和宜居环境。

实施一批城市断头路打通工程。围绕解决城市主干道“中梗阻”问题，进一步畅通交通大动脉、优化交通路网结构。主城区继续推进艺术大道东西贯通工程，建设主城区连接大兴国际机场的快速路；扎实推进北凤道西延等8个区段“断头路”新建续建项目，实施永华道等3条道路拓宽改造工程，进一步方便市民出行、缓解交通压力。

实施一批城市生态景观工程。积极推进龙河景观提升改造、三河郊野公园、大城和平公园等项目建设，不断提高城市人均公园绿地面积和绿地率，注重战略留白、绿色留白。

实施一批城市“里子”工程。统筹地上地下基础设施，重点实施雨污分流、泵站建设和供水供热燃气等老旧管网改造工程，加快推进主城区北凤道污水提升泵站、大皮营引渠雨水泵站等3座泵站建设。

实施一批城市垃圾处理工程。加快推进全市 8 个生活垃圾焚烧发电项目建设，确保霸州项目年内完工，三河、香河、固安 3 个项目年内开工；大力推进市静脉产业基地建设，力争城区卫生填埋场项目年内建成投用，餐厨和粪便处置、医疗废物处置项目年内建成，切实解决垃圾收转处理难题。

实施一批城市配套设施工程。重点实施市地表水厂二期、白家务水源地迁建、安次园220千伏输变电工程、铭顺安次区燃气LNG储气站项目（二期）等工程，扎实推进市民服务中心二期、新殡仪馆等项目建设。

实施一批农村基础设施工程。强力实施农村人居环境整治三年行动，突出抓好垃圾污水治理、“厕所革命”、村容村貌提升、“四好农村路”建设等工作，连线连片建设宜居宜业宜游美丽乡村，积极创建乡村振兴示范区。

（七）高质量做好“三篇大文章”的服务保障篇。深化“双创双服”活动，持续优化营商环境，切实强化政务保障、商务保障、社会保障，进一步增强服务发展、服务民生能力，加快推动我市实现高质量发展。

继续深化“放管服”改革。积极做好证明事项告知承诺制度全国改革试点工作。进一步深化商事制度改革，开展企业开办提速、证照分离专项行动，推进“多证合一”扩容升级。全面实施市场准入负面清单制度，确保民营企业依法平等进入负面清单以外各类行业和领域。加强事中事后监管，推进跨部门“双随机”抽查全覆盖，抽查结果公示率达到 100%。深化工程建设项目审批制度改革，力争将工程建设项目从立项到竣工验收审批时间由220个工作日压减至60个。大力推进“互联网+政务服务”，将政务服务向微博、微信、新闻客户端拓展，做实“最多跑一次”“一次办好”等便民服务，最大限度便企利民。同时，统筹做好金融财税、科教文卫等领域改革。

全力支持民营经济发展。民营经济是廊坊发展的实力所在、活力所在、竞争力所在，没有民营经济的发展，就没有廊坊的今天，没有民营经济的进一步发展壮大，就没有廊坊的明天。针对当前我市部分民营企业面临的融资难、转型难、盈利难、用工难等问题，大力开展“服务民营企业高质量发展年”活动，集中实施对话企业家、千名干部入企服务等十项行动，切实为企业排忧解难。要不折不扣兑现落实省市支持民营经济发展的政策措施，用足用好各类扶持资金，建立民营企业纾困基金，以更多“真金白银”支持民营经济发展。强化银行业金融机构支持民营企业发展的激励引导机制，实施民营小微企业信贷普惠计划，加大对实体经济金融支持力度。坚决落实减税降费政策，清理规范涉企收费，最大限度降低企业用地、用能、物流等要素成本和制度性交易成本。积极构建亲清新型政商关系，依法保护企业和企业家合法权益，像爱护自己的家产一样爱护民营经济，像家人支持自己的亲人一样支持民营企业家，让企业家在廊坊安心经营、放心投资、专心创业。

着力保障和改善民生。持续加大民生投入，实实在在为群众解难题、增福祉，实施20项民心工程。**坚决兜住民生底线。**用活用好产业就业、健康、教育、金融、科技、助残、住房安全、社保兜底等扶贫措施，解决好实现“两不愁、三保障”面临的突出问题，完成剩余建档立卡贫困人口脱贫任务。坚持就业优先，做好就业困难人员、高校毕业生、农民工、下岗失业职工等重点群体就业保障工作，确保零就业家庭动态清零。深入推进全民参保计划，全面完成医疗、养老、工伤、失业等社会保险扩面任务，深化城镇职工基本养老保险制度改革，建立城乡居民基本养老保险待遇和基础养老金正常调整机制。坚持寓管理于服务之中，完善“智慧医保”“全民健康信息云”等平台建设，建立村级社会救助协理员制度。**全力办好人民满意的教育。**加大财政投入，加快推进学校建设，实施34个中小学、幼儿园新改扩建项目，确保18个中小学、幼儿园续建项目开工建设，25个在建项目年底前完成建设；积极引进北京优质教育资源，加快中国人民大学新校区大厂拓展区中小学部、北师大附中附小廊坊开发区校区建设；鼓励社会力量兴办学校，引导企业利用腾退土地投入学校建设，力争年底前消除66人以上的大班额。**着力满足群众多层次就医需求。**积极引进更多优质医疗资源，力促中国医学科学院北京肿瘤医院廊坊分院早日开工，加快市第三人民医院与北京佑安医院合作进程，与北京医疗机构建设5个跨区域专科联盟，努力让廊坊群众在家门口就能享受到优质医疗服务。以市医院、管道局医院为龙头，建设4个专科医联体，推动市级医疗资源向县、乡下沉；以县级综合医院为平台，每个县（市、区）至少建立1个医共体，推进县级医疗资源向乡镇、村街下沉；实施基层卫生综合服务能力“双提升工程”，加强乡镇卫生院标准化建设和村卫生室规范化管理，切实解决村医的后顾之忧。做实家庭医生签约服务，最大程度方便群众就近就医。**推进文化体育强市建设。**积极创建全国版权示范城市，确保国家文化消费试点城市通过验收、国家公共文化服务体系示范区通过复核验收。实施文化惠民工程，举办“幸福廊坊”文化艺术节、全国美术作品展实验艺术展等活动。广泛开展全民健身活动，继续举办好中超华夏幸福主场赛事，支持固安建成省级全民健身公共服务示范县。

全力保障社会安全稳定。狠抓安全生产工作，以进一步深化安全生产大排查大整治攻坚行动为主线，针对危化品、交通、消防等 9 大行业领域以及“煤替代”工程，深入开展隐患排查整治，坚决遏制各类生产安全事故发生。加强食品药品安全监管，保障舌尖上的安全。落实粮食安全责任，提高粮食物资储备水平。推进“平安廊坊”建设，集中打击整治电信网络诈骗、“盗抢骗”等违法犯罪活动，加强社会面巡逻防控，最大限度提高见警率、管事率。坚决打好防范化解重大风险攻坚战，加强对区域信贷、“担保圈”、影子银行、非法集资等关键风险点专项整治，守住不发生系统性、区域性金融风险底线；建立健全政府债务风险监控机制，严禁违法违规融资担保行为，遏制政府隐性债务增量。深入开展扫黑除恶专项斗争，妥善解决好问题楼盘、拖欠农民工工资等问题，全力做好全国“两会”、新中国成立 70 周年等重大活动、重要节点安保工作，营造安全稳定祥和的社会环境。

加强国防教育和国防后备力量建设，做好退役军人服务保障工作，维护军人军属合法权益，让军人成为全社会尊崇的职业。充分发挥工会、共青团、妇联等人民团体桥梁纽带作用。做好民族宗教、外事侨务、人民防空、史志档案、气象地震、援藏援疆、妇女儿童、老龄、残疾人等工作。

各位代表，为人民服务、对人民负责、受人民监督、让人民满意，是政府必须坚守的信念；增强落实能力、提升施政水平、推进高质量发展，是政府自身建设的永恒主题。我们一定不忘初心、牢记使命，锤炼过硬本领，忠诚履职尽责，以实绩实效让人民群众满意。**我们要**把坚持党的领导作为政府工作的定海神针，进一步树牢 “四个意识”、坚定“四个自信”、做到“两个维护”，坚决贯彻落实中央和省各项决策部署，按照市委工作要求，奋发有为推进政府工作。**我们要**把为民服务作为政府工作的出发点、落脚点、着力点，始终把人民放在心中最高位置，扑下身子干实事、真心实意解民忧，使人民群众的获得感、幸福感、安全感更加充实、更有保障、更可持续。**我们要**把依法行政作为政府工作的根本遵循，忠实履行宪法和法律赋予的职责，依法行政、依法办事，自觉接受人大法律监督、政协民主监督、社会舆论监督，让人民监督权力，让权力在阳光下运行。**我们要**把实干实政作为政府工作的基本要求，不断增强“八种本领”，切实做到“五个过硬”，以钉钉子的精神、功成不必在我的境界和功成必定有我的担当，确保各项工作落地落实。**我们要**把廉洁持政作为政府工作的重要保障，坚决落实全面从严治党主体责任和党风廉政建设责任制，严格执行中央八项规定及其实施细则精神，驰而不息反“四风”，努力打造忠诚干净担当的高素质公务员队伍。

各位代表！日出江花红胜火，春来江水绿如蓝。前途是光明的，道路是艰辛的。时代呼唤奋发作为，事业要求负重奋进。让我们紧密团结在以习近平同志为核心的党中央周围，高举习近平新时代中国特色社会主义思想伟大旗帜，在省委、省政府和市委的坚强领导下，埋头苦干、锐意进取，奋力开创新时代加快建设经济强市、美丽廊坊新局面，以优异成绩迎接中华人民共和国成立70周年！

附件

2019年20项民心工程

一、**棚户区改造工程**。按时保质完成省下达目标任务。

二、**农村危房改造工程**。在完成4类重点对象涉及的农村危房改造的基础上，对动态新增的全部列入改造计划。

三、**老旧小区改造工程**。年内完成72个老旧小区改造。

四、**市政老旧管网改造工程**。改造供水老旧管网30公里、供热老旧管网94.9公里、燃气老旧管网29.4公里，排水管网分流改造12.95公里。

五、**冬季清洁取暖工程**。完善燃气供热数字监管平台功能，加强气源保障、电力供应，保障群众冬季安全清洁取暖。

六、**城乡生活垃圾处理设施建设工程**。开工建设生活垃圾焚烧处理设施4座、建成1座，建成其他处理设施2座。

七、**农村人居环境整治工程**。改造农村无害化卫生厕所12万座，行政村主街道硬化率达到90%以上，完成300个行政村的生活污水治理，行政村生活垃圾收集处理率达到90%以上。

八、**公共交通建设工程**。普通干线公路建成通车24.9公里。新改建农村公路350公里以上，实施农村公路安全防护工程190公里。

九、**交通秩序整治工程**。持续开展道路交通秩序整治，市区主干路机动车交通守法率达到92%以上，主要路口行人交通守法率达到85%以上。

十、**便民市场建设工程**。新改扩建生鲜超市、菜市场、农贸市场等便民市场11个。

十一、**乡村小规模学校和乡镇寄宿制学校标准化建设工程**。新建、改建校舍7445平米。

十二、**幼儿园建设工程**。新建、改扩建幼儿园13所。

十三、**职业技能培训工程**。大力开展职业技能培训，全年培训各类技能人才2.2万人次。

十四、就业促进工程。全市城镇新增就业人数5.73万人以上，失业人员再就业人数6000人，困难人员实现再就业人数2120人。

十五、社区和居家养老工程。新改扩建7家居家养老服务中心，培育5家星级示范养老机构，改造提升1家特困供养服务机构。

十六、残疾人服务工程。为6000人次残疾人提供基本康复服务，为3000名残疾人适配基本型辅助器具，为800名精神、智力和重度残疾人接受托养服务提供补贴。

十七、公共文化服务工程。组织"七进"演出活动，各级各类演出达1000场次以上。

十八、城乡公共体育设施建设工程。开展大型群众体育赛事和活动20项次以上，更新城乡社区体育健身设施1200个以上。

十九、基层卫生健康服务能力提升工程。推进10家乡镇卫生院与村卫生室一体化管理试点，5家城市社区卫生服务中心与大医院组建医联体。

二十、食品药品安全提升工程。开展食品药品安全专项整治，食品及食用农产品集中交易市场整治提升率达到70%以上，创建省级校园食品安全标准食堂5家。

廊坊市 2018 年国民经济和社会发展统计公报

2018 年以来，在市委、市政府的正确领导下，全市深入贯彻习近平新时代中国特色社会主义思想和党的十九大精神，全面落实省、市对经济和社会工作的部署，坚持稳中求进工作总基调，坚持以新发展理念引领高质量发展，积极抢抓京津冀协同发展重大机遇，攻坚克难、拼搏竞进，经济社会发展取得新成就。

一、综合

初步核算，全市生产总值完成 3108.2 亿元，同比增长 6.5%。其中，第一产业完成 196.7 亿元，增长 0.8%；第二产业完成 1138.1 亿元，增长 3.5%；第三产业完成 1773.5 亿元，增长 9.8%。全市人均生产总值为 64906 元，同比增长 4.1%。

2014-2018年全市生产总值及增速（亿元、%）

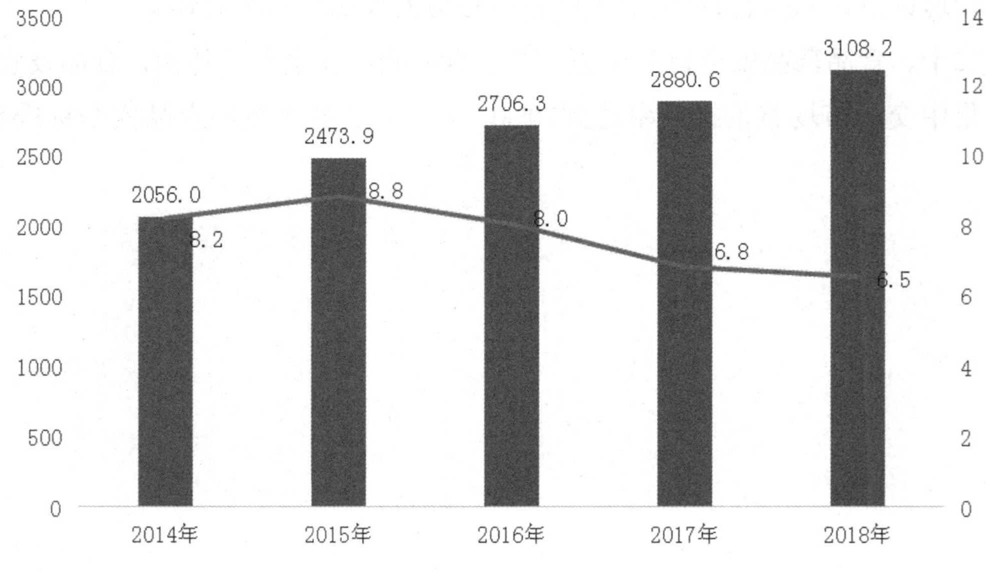

居民消费价格指数比上年上涨 2.5%，同比提高 0.4 个百分点。其中，食品烟酒上涨 1.6%，衣着上涨 1.5%，居住上涨 3.2%，生活用品及服务上涨 0.5%，交通和通信上涨 0.1%，教育文化和娱乐上涨 1.2%，医疗保健上涨 10.6%。商品零售价格上涨 1.3%，同比提高 0.2 个百分点；农业生产资料价格上涨 4.4%，同比提高 2.7 个百分点；工业生产者出厂价格上涨 3.9%，同比回落 6.5 个百分点。

2014-2018年全市三次产业占比（%）

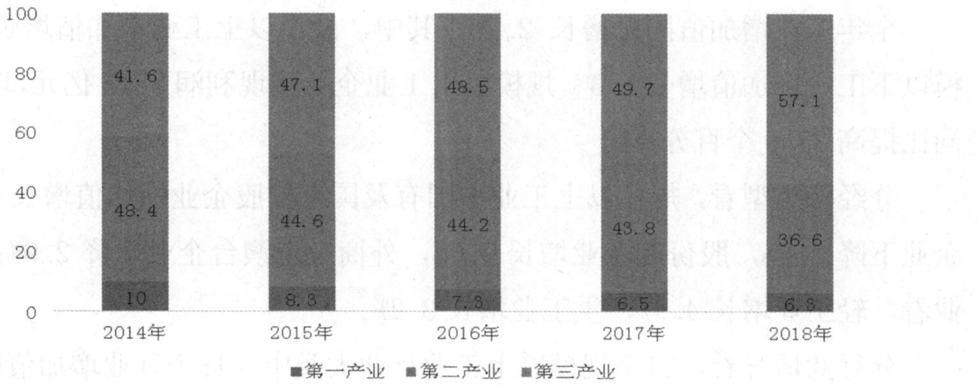

年末户籍人口479.5万人，比年初增加5.4万人。全年出生人口6.4万人，出生率1.3%；死亡人口2.0万人，死亡率0.4%；自然增长率0.9%。常住人口城镇化率60.01%，比上年提高1.51个百分点。下岗再就业人数0.74万人。年末城镇登记失业率1.6%。

二、农业

全年粮食播种面积435.2万亩，同比下降5.7%；粮食总产量147.4万吨，同比下降6.4%。其中，小麦播种面积92.7万亩，下降2.9%，产量34.4万吨，下降3.9%；玉米播种面积313.8万亩，下降7.2%，产量105.6万吨，下降8.2%。

蔬菜及食用菌播种面积124.7万亩，同比增长2.1%；产量505.6万吨，同比增长0.03%。棉花播种面积5.6万亩，同比下降60.0%；产量0.4万吨，同比下降58.9%。油料播种面积16.1万亩，同比下降8.8%；产量2.9万吨，同比下降5.6%。水产品总产量2.2万吨，同比下降10.6%。

2014-2018年粮食总产量（万吨）

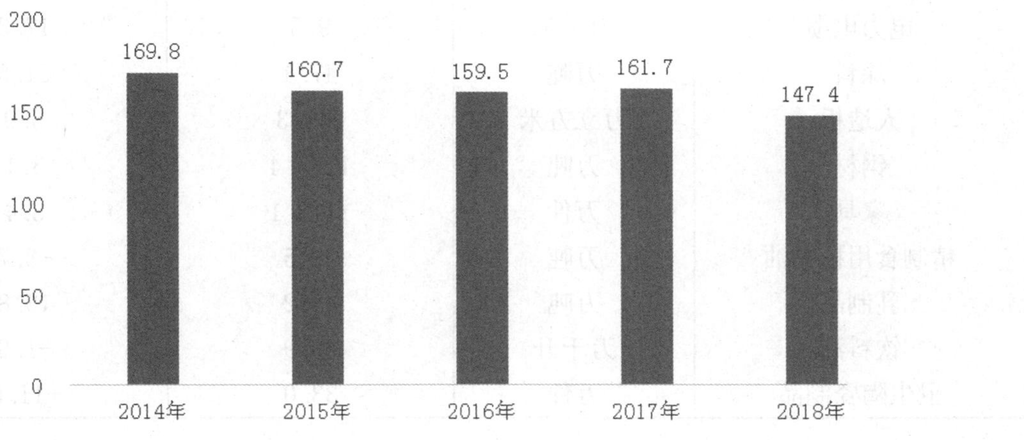

三、工业和建筑业

全年工业增加值同比增长 2.7%。其中，规模以上工业增加值增长 3.5%；规模以下工业增加值增长 1.3%。规模以上工业企业实现利润 85.5 亿元，增长 21.6%，同比提高 37.6 个百分点。

分经济类型看，规模以上工业中国有及国有控股企业增加值增长 6.7%，集体企业下降 2.4%，股份制企业增长 7.0%，外商及港澳台企业下降 2.9%；分轻重工业看，轻工业增长 4.9%，重工业增长 3.2%。

分行业情况看，31个规模以上工业行业大类中，18个行业增加值同比增长。其中，燃气生产供应业、非金属矿物制品业、汽车制造业3个行业支撑作用明显，分别增长51.8%、16.4%、7.4%，合计拉动规模以上工业增加值增长4.0个百分点。

规模以上工业主要产品产量

单位：%

指　　标	计量单位	全　年	同比增速
液晶显示屏	万片	2576.0	30.7
液晶显示模组	万套	380.0	7.3
电子元件	万只	35000.0	-5.4
高性能化学纤维	吨	875.4	-2.3
表面活性剂	吨	33231.0	183.1
气体分离及液化设备	台	197	32.2
包装专用设备	台	1043	304.3
金属切削工具	万件	2.0	5.3
平板玻璃	万重量箱	1283.8	28.9
电力电缆	万千米	9.5	17.3
涂料	万吨	47.4	21.5
人造板	万立方米	249.3	5.9
钢材	万吨	1193.4	3.1
家具	万件	1113.1	3.4
精制食用植物油	万吨	28.5	-8.7
乳制品	万吨	13.2	13.8
饮料酒	万千升	40.9	-1.0
卫生陶瓷制品	万件	33.0	-11.5

全年建筑业实现增加值230.3亿元，同比增长7.8%。房屋施工面积同比下降5.3%。其中，住宅下降6.2%；房屋竣工面积同比下降5.6%。其中，住宅下降5.6%。

四、固定资产投资

全年全社会固定资产投资完成同比增长6.8%，三次产业投资比为1.6:34.5:63.9。第一产业投资增长57.0%；第二产业投资增长3.3%。其中，制造业投资增长3.3%，电力热力燃气业投资增长1.4%；第三产业投资增长8.0%。其中，交通运输业投资增长47.5%，商务服务业投资增长2.3倍。基础设施投资增长87.1%，占投资比重为29.4%；房地产投资下降19.3%，占投资比重为35.2%。

亿元以上建设项目投资增长53.6%，占固定资产投资的56.4%，拉动全市投资增长21.0个百分点；十亿元以上项目投资增长40.9%，占固定资产投资的28.9%，拉动全市投资增长9.0个百分点。

五、国内贸易

全年社会消费品零售总额完成1043.0亿元，同比增长9.0%。其中，限额以上企业（单位）消费品零售额完成347.8亿元，增长3.6%。

分城乡看，城镇市场发展快于乡村市场，城镇市场实现零售额559.5亿元，同比增长9.9%；乡村市场实现零售额483.5亿元，同比增长7.9%，城镇市场高于乡村市场2.0个百分点。

2014-2018年社会消费品零售总额及增速（亿元、%）

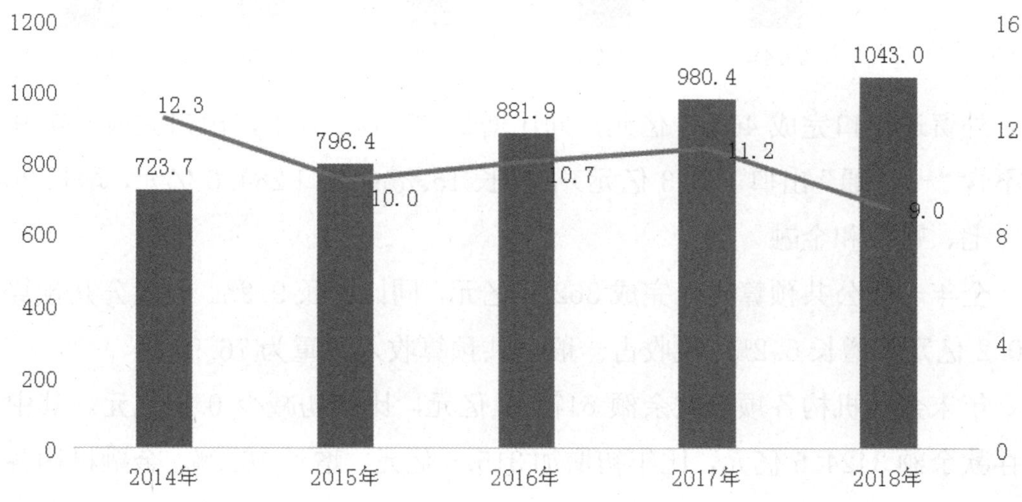

在限额以上消费品零售额中，限额以上零售业实现零售额 303.6 亿元，是占比最大的行业，占比达到 87.3%；限额以上批发业实现零售额 36.8 亿元，是增长最快的行业，增速达到 25.1%。家用电器和音响器材类实现零售额 35.5 亿元，增长 101.9%；日用品类实现零售额 40.3 亿元，增长 26.7%；粮油食品类实现零售额 29.9 亿元，增长 25.3%。

六、对外经济

全年实际利用外资 104905 万美元，同比增长 6.1%。其中，外商直接投资 99107 万美元，增长 2.3%。全年入统项目 64 个，超千万美元的大项目 13 个，合计到位外资 86198 万美元，占实际利用外资的 82.2%。超亿美元的大项目 2 个，合计到位外资 49646 万美元，占全市实际利用外资的 47.3%。

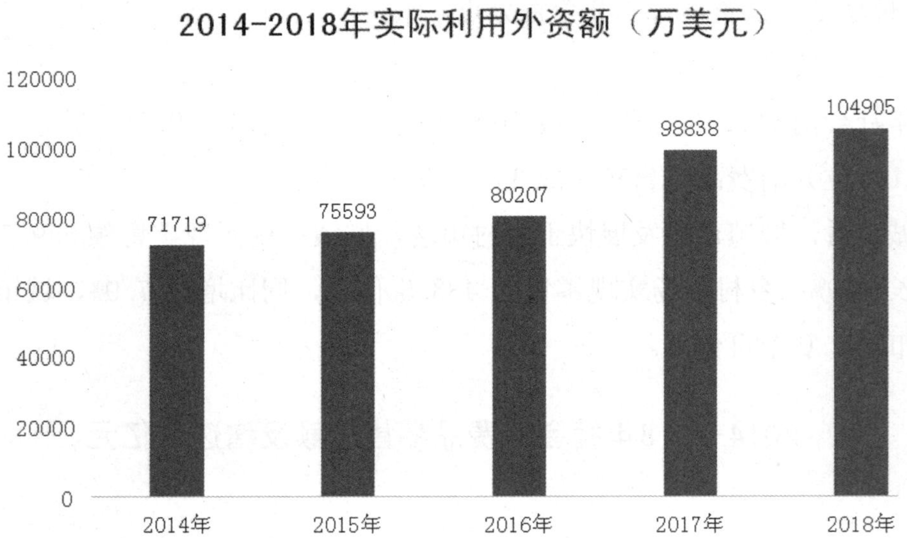

外贸进出口完成 462.5 亿元，同比增长 27.5%。其中，出口完成 177.9 亿元（不含“一达通”出口 176.3 亿元），增长 15.3%；进口 284.6 亿元，增长 36.5%。

七、财政和金融

全年一般公共预算收入完成 362.0 亿元，同比增长 9.2%。一般公共预算支出 620.2 亿元，增长 6.2%。税收占一般公共预算收入比重为 76.9%。

年末金融机构各项存款余额 6171.4 亿元，比年初减少 0.8 亿元。其中，住户存款余额 3424.5 亿元，比年初增加 315.6 亿元，增长 10.2%。金融机构各项贷款余额 6280.9 亿元，比年初增加 411.7 亿元，增长 7.0%。其中，中长期贷款余额 4617.6 亿元，比年初增加 195.8 亿元，增长 4.4%。

八、交通、邮电和旅游

全年公路货物运输总量 11508.4 万吨，同比增长 5.2%；货物运输周转量 284.4 亿吨公里，同比增长 7.4%。公路旅客运输总量 2005.0 万人，同比下降 17.0%；旅客周转量 7.1 亿人公里，同比下降 15.0%。全市通车里程 11302 公里，公路大中修工程完成 6 项，完成里程 104.6 公里，投资 8426 万元。城市公共汽车营运线路长度 899 公里。

全年邮政行业业务收入（不包括邮政储蓄银行直接营业收入）累计完成 29.5 亿元，同比增长 40.4%；业务总量累计完成 42.5 亿元，同比增长 46.0%。年末固定电话用户 46.5 万户，移动电话用户 627.8 万户，互联网宽带接入用户数 156.6 万户。

全年共接待游客 3940.7 万人次，同比增长 16.6%，实现旅游收入 453.6 亿元，同比增长 21.7%。其中，接待国际游客 21.0 万人次，增长 18.5%，创汇 9529.7 万美元，增长 66.0%；接待国内游客 3919.7 万人次，增长 16.6%，创收 447.3 亿元，增长 21.3%。

九、教育和科学技术

全市各类中等职业教育学校 31 所，招生 0.9 万人，在校生 2.9 万人；普通高中 36 所，招生 2.5 万人，在校生 7.3 万人，高中阶段毛入学率 94.2%；初中 153 所，招生 6.1 万人，在校生 17.1 万人；小学 802 所，招生 9.6 万人，在校生 49.2 万人；各类幼儿园 1009 所，在园幼儿 16.5 万人；特殊教育学校 10 所，在校生 1075 人；小学附设学前班 497 所，在校生 3.5 万人。

全市共登记科技成果 117 项。其中，达到国际先进水平 4 项，国内领先水平 47 项，国内先进水平 27 项。全年获得省级科学技术奖 12 项。全年申请专利 8950 项、授权 5547 项。全市签订技术合同 3015 项，技术交易额达到 90.66 亿元，增长 187.0%。

十、文化、卫生和体育

全市共有公有制艺术表演团体 9 个，艺术表演场所（公有制）6 个，群众艺术馆 2 个，文化馆 9 个，公共图书馆 11 个，博物馆 4 个。有线广播电视传输干线长度1059.2公里，广播、电视综合人口覆盖率达到100%。

全市共有医疗卫生机构6221个。其中，医院188个，乡镇卫生院90个，社区卫生服务中心(站) 67 个，疾病预防控制中心 11 个，妇幼保健院(所、站)10个。医疗卫生机构共有床位24268张。其中，医院拥有18730张，乡镇卫生院拥有4421张。全市拥有卫生技术人员29908人。其中，执业医师及执业助理医师13542人，注册护士10466人。

农村和城市社区健身设施覆盖率分别达到85%以上和95%以上。市、县两级共举办各类全民健身活动200余次，参加活动30余万人。举办社会体育指导员培训班10余期，培训1000余人。派出1500余名运动员组成的代表团，参加河北省第十五届运动会少年组28个大项、群体组39个大项的比赛。积极推动体育产业良性发展，拉动体育消费，启动体育场管理新模式，全年承办15场中超华夏幸福足球俱乐部主场比赛。全市体育人口175万人，占总人口的36.5%。

十一、人民生活和社会保障

全年财政民生支出505.6亿元，占一般公共预算支出的81.5%。城镇居民人均可支配收入40435元，同比增长7.9%；农村居民人均可支配收入16865元，同比增长8.9%。城镇居民人均消费性支出26061元，同比增长6.9%；农村居民人均消费性支出13185元，同比增长8.0%。

全市共有城乡低保对象36889人，比上年减少476人。其中，城镇低保对象4006人，比上年减少598人；农村低保对象32883人，比上年增加122人。进一步提高社会保障水平，城乡低保平均保障标准达到每人每月693元，城乡居民基础养老金最低标准达到118元，均为全省最高。

机关企事业单位养老保险参保人数103.4万人。机关事业单位基本养老保险社会统筹人数19.5万人。其中，在岗职工13.8万人；离退休人数5.7万人。企业参加基本养老保险参保人数83.9万人。其中，在岗职工人数74.1万人；离退休人数9.8万人。企业和机关事业单位养老保险金社会发放率和足额发放率均达到100%。职工失业保险参保人数31.9万人。

十二、环境保护

全年市区空气质量综合指数5.94，同比下降10.1%。全年市区有效采样天数

357 天，空气质量二级以上天数 222 天。其中，一级天数 34 天。城市空气质量达标率为 62.2%，比上年提高 2.9 个百分点。全市共划定 4 个县级自然保护区，总面积达 244.8 平方公里，自然保护区覆盖率达 7.4%。地表水达标率为 71.4%。

注释：

1. 本公报 2018 年部分数据为快报数。

2. 全市生产总值、各产业增加值绝对值按现行价格计算，增长速度按不变价计算。

3. 规模以上工业企业指年主营业务收入 2000 万元以上的工业法人企业。

4. 限额以上贸易业企业指年主营业务收入 2000 万元以上批发业企业、年主营业务收入 500 万元以上零售业企业、年主营业务收入 200 万元以上住宿业企业以及年主营业务收入 200 万元以上餐饮业企业。

5. 户籍人口、财政、金融、进出口、旅游、物价、交通、邮电、教育、科技、文化、卫生、体育、社保及环保等指标均为相关部门提供数据。

6. 由于单位换算、四舍五入等原因产生的计算误差，均未作机械调整。

主要经济指标解释

国内生产总值：指一个国家（或地区）所有常住单位在一定时期内生产经营活动的最终成果。国内生产总值有三种不同的表现形态，即价值形态、收入形态和产品形态。

人均国内生产总值：是将一个国家（或地区）在核算期（通常是一年）实现的国内生产总值与这个国家（或地区）的平均常住人口相比进行计算得到的。

增加值：是指生产货物或提供服务过程中增加的价值，也称追加价值，就是总产出与中间投入的差额。

总产出：指常住单位在一定时期内生产的所有货物和服务的价值，既包括新增价值，也包括转移价值。它反映常住单位生产活动的总规模。总产出按生产者价格计算。

中间投入：指常住单位在一定时期内生产过程中消耗和使用的非固定资产货物和服务的价值。中间投入也称为中间消耗，反映用于生产过程中的转移价值，一般按购买者价格计算。计入中间投入的货物和服务必须具备两个条件，一是与总产出的计算范围保持一致；二是本期一次性使用的。

三次产业：GDP 核算是按产业部门分类进行核算。第一产业包括农、林、牧、渔业（不含农林牧渔服务业）；第二产业包括工业和建筑业 2 个行业，其中工业包括采矿业（不含开采辅助活动），制造业（不含金属制品、机械和设备修理业），电力、热力、燃气、及水生产和供应业；第三产业包括⑴批发和零售业，⑵ 交通运输、仓储和邮政业，⑶ 住宿和餐饮业，⑷信息传输、计算机服务及软件业，⑸金融业，⑹房地产业，⑺租赁和商务服务业，⑻科学研究、技术服务和地质勘查业，⑼水利、环境和公共设施管理业，⑽居民服务和其他服务业，⑾教育业，⑿ 卫生、社会保障和社会福利业，⒀文化、体育和娱乐业，⒁ 公共管理和社会组织等 14 个行业以及农、林、牧、渔业中的农林牧渔服务业，采矿业中的开采辅助活动，制造业中的金属制品、机械和设备修理业。

三次产业增加值占国内生产总值的比重：是指在一定时期内一个国家(或地区)

第一产业、第二产业、第三产业增加值占其国内生产总值的比重，反映了国内生产总值的内部特征，是分析一个国家(或地区)经济的重要基础。

现价 GDP：是按核算期现行市场价格计算的国内生产总值。现价 GDP 既包含物量的变化，也包含价格的变化。对外发布的 GDP 总量是按现价计算的。

不变价 GDP：是以某个固定时期的价格计算的核算期国内生产总值，它剔除不同核算期价格变化的影响，反映生产经营活动成果的实际变动。对外发布的 GDP 增长速度一般是按不变价计算的。不变价不是一成不变的，在不同时期实行不同的不变价，如我国曾实行过 1952 年、1957 年、1970 年、1980 年、1990 年、2000 年、2005 年、2010 年不变价，目前实行的是 2015 年价格计算的不变价国内生产总值。

各个时期：各个"时期"代表的年份如下：恢复时期为 1950—1952；"一五"时期(第一个五年计划时期，以后类推)为 1953—1957 年；"二五"时期为 1958—1962 年；三年时期为 1963—1965 年；"三五"时期为 1966—1970 年；"四五"时期为 1971—1975 年；"五五"时期为 1976—1980 年；"六五"时期为 1981—1985 年；"七五"时期为 1986—1990 年；"八五"时期为 1991—1995 年；"九五"时期为 1996—2000 年；"十五"时期为 2001—2005 年；"十一五"时期为 2006—2010 年；"十二五"时期为 2011—2015 年。

国内生产总值增长速度：是按不变价计算的国内生产总值比上年增长的百分比。

农林牧渔业总产值：是指以货币表现的农林牧渔业全部产品总量。它用价值形式综合说明了一定时期(通常指一年)农林牧渔业生产的总成果和总规模。

农林牧渔业总产值的计算方法。一般采用"产品法"进行计算。即凡是有产品产量的都按产品产量乘以其产品单价求得每一种农产品的产值，少数生产周期较长，当年没有产品或产品产量不易统计的，则采用间接方法匡算其产值，然后将四业产品产值相加即为农业总产值。

农业产业化经营率：是指区域内的龙头经营组织和不属于龙头经营组织，但符合企业标准的产业化生产经营企业的销售额加上农产品生产(加工)基地的销售产值之和占其自身与本区域未经加工转化的农林牧渔业总产值之和的比率。计算公式：

$$农业产业化经营率(\%)=\frac{\begin{matrix}龙头经营组织\\销售额\end{matrix}+\begin{matrix}农产品生产（加工）\\基地销售产值\end{matrix}+\begin{matrix}特色主导产业内不属于龙头\\经营组织的企业的销售额\end{matrix}}{\begin{matrix}辖区内全部农林\\牧渔业总产值\end{matrix}+\begin{matrix}龙头经营组织\\销售额\end{matrix}+\begin{matrix}特色主导产业内不属于龙头\\经营组织的企业的销售额\end{matrix}+\begin{matrix}农产品加工基地\\销售产值\end{matrix}}\times 100\%$$

工业总产值：指工业企业在报告期内生产的以货币形式表现的工业最终产品和提供工业劳务活动的总价值量。包括三部分：生产的成品价值、对外加工费收入、自制半成品在制品期末期初差额价值。

工业销售产值：以货币形式表现的，工业企业在报告期内销售的本企业生产的工业产品或提供工业性劳务价值的总价值量。工业销售产值包括：销售成品价值、外加工费收入。

出口交货值：指工业企业交给外贸部门或自营（委托）出口（包括销往香港、澳门、台湾），用外汇价格结算的产品价值，以及外商来样、来料加工、来件装配和补偿贸易等生产的产品价值。

工业产品销售率：是指报告期销售产值与同期全部工业总产值之比，反映工业产品生产已实现销售的程度。计算公式：

$$工业产品销售率（\%）=\frac{报告期现价工业销售产值}{报告期现价工业总产值}\times 100\%$$

工业全员劳动生产率：指报告期工业企业平均每个职工创造的增加值，反映企业职工劳动的经济效益。计算公式：

$$工业全员劳动生产率（元/人）=\frac{报告期止累计工业增加值}{报告期全部职工平均人数}\times\frac{12}{累计月数}$$

工业增加值率：指在一定时期内工业增加值与同期工业总产值之比，反映降低中间消耗的经济效益。计算公式：

$$工业增加值率=\frac{报告期工业增加值}{报告期现价工业总产值}\times 100\%$$

全社会固定资产投资：指全社会以货币表现的建造和购置固定资产活动的工作量，它是反映固定资产投资规模、速度、比例关系和使用方向的综合性指标。全社会固定资产投资包括固定资产投资和农村农户投资。

固定资产投资：是建造和购置固定资产的经济活动，即固定资产再生产活动（建造和购置的不作为固定资产管理的生物资产（如养殖场、林场）和设施等同固定资产投资活动)。固定资产再生产过程包括固定资产更新（局部更新和全部更新）、改建、扩建、新建等活动。固定资产投资包括固定资产项目投资和房地产开发投资。

固定资产项目投资统计范围：计划总投资 500 万元及以上的固定资产投资项目。

房地产开发投资统计范围：各种登记注册类型的房地产开发公司统一开发的包括统代建、拆迁还建的住宅、厂房、仓库、饭店、宾馆、度假村、写字楼、办公楼等房屋建筑物和配套的服务设施、土地开发工程（如道路、给水、排水、供电、供热、通讯、平整场地等基础设施工程）。不包括单纯的房地产管理、代理与经纪的企业。

农村农户固定资产投资：是指以农户为单位进行的房屋建设（主要指住宅建设）投资、农户对农、林、牧、渔及其服务行业进行的投资（如农户近年广泛进行的设施农业投资）、以及农户购买生产性固定资产的投资。

农村农户固定资产投资统计范围：根据农村固定资产投资调查规定，农户房屋建筑物、机器设备、器具等固定资产价值统计标准为 50 元，使用年限为 2 年。

城镇固定资产投资： 指城镇各种登记注册类型的企业、事业、行政单位及个体户进行的计划总投资 500 万元及 500 万元以上的建设项目投资。县城及以上区域内发生的投资，县及县以上各级政府及主管部门直接领导、管理的建设项目和企事业单位的投资均为城镇固定资产投资。

农村固定资产投资：指发生在农村区域范围内的非农户固定资产投资项目完成的投资。不包括县及县以上各级政府及主管部门直接领导、管理的建设项目和企事业单位的投资。

社会消费品零售总额：指企业（单位、个体户）通过交易直接售给个人、社会集团非生产、非经营用的实物商品金额，以及提供餐饮服务所取得的收入金额。个人包括城乡居民和入境人员，社会集团包括机关、社会团体、部队、学校、企事业单位、居委会或村委会等。

居民消费价格指数（CPI） 是反映一定时期内城乡居民所购买的生活消费品和服务项目价格变动趋势和程度的相对数，是对城市居民消费价格指数和农村居民消费价格指数进行综合汇总计算的结果。通过该指数可以观察和分析消费品的零售价格和服务项目价格变动对城乡居民实际生活费支出的影响程度。

商品零售价格指数（RPI） 是反映一定时期内城乡商品零售价格变动趋势和程度的相对数。商品零售价格的变动与国家的财政收入、市场供需的平衡、消费与积累的比例关系有关。因此，该指数可以从一个侧面对上述经济活动进行观察和分析。

农业生产资料价格指数（AMPI） 指反映一定时期内农业生产资料价格变动趋势和程度的相对数。其编制目的是了解农业生产中投入物质资料价格的变动状况，服务于国民经济核算。1994 年以前，农业生产资料价格指数仅仅是商品零售价格指数的一个类别，此后，从商品零售价格指数中分离出来，单独编制。

工业生产者出厂价格指数（PPI） 是反映一定时期内全部工业产品出厂价格总水平的变动趋势和程度的相对数，包括工业企业售给本企业以外所有单位的各种产品和直接售给居民用于生活消费的产品。该指数可以观察出厂价格变动对工业总产值及增加值的影响。

固定资产投资价格指数 是反映一定时期内固定资产投资品及取费项目的价格变动趋势和程度的相对数。固定资产投资额是由建筑安装工程投资完成额、设备工器具购置投资完成额和其他费用投资完成额三部分组成的。编制固定资产投资价格指数应首先分别编制上述三部分投资的价格指数，然后采用加权算术平均法求出固定资产投资价格总指数。该指数可以准确地反映固定资产投资中涉及的各类投资品和取费项目价格变动趋势和变动幅度，消除按现价计算的固定资产投资指标中的价格变动因素，真实地反映固定资产投资的规模、速度、结构和效益，为国家科学地制定、检查固定资产投资计划并提高宏观调控水平，为完善国民经济核算体系提供科学的、可靠的依据。

实际利用外资：指我国各级政府、部门、企业和其他经济组织通过对外借款，吸收外商直接投资以及用其他方式筹措的境外现汇、设备、技术等。

对外借款：是指我国政府、部门、企业通过金融等媒介对外正式签订借款协议从境外借入的到期需要偿还的资金。

外商直接投资：是指外国投资者在我国兴建企业以求通过生产经营获取更多资本与市场而进行的投资。

工资总额：指各单位在一定时期内直接支付给本单位全部职工的劳动报酬总额。

工资总额的计算原则应以直接支付给从业人员的全部劳动报酬为根据。各单位支付给职工的劳动报酬以及其他根据有关规定支付的工资，不论是计入成本的，还是不计人成本的，不论是按国家规定列入计征奖金税项目的，还是未列入计征奖金税项目的，不论是以货币形式支付的还是以实物形式支付的，均包括在工资总额内。

年平均工资：指企业、事业、机关单位从业人员在年内平均每人所得的货币工资额。它表明一年内从业人员工资收入的高低程度，是反映职工工资水平的主要指标。计算公式：

年平均工资=报告期内实际支付的全部劳动报酬/从业人员年平均人数

可支配收入：指调查户可用于最终消费支出和储蓄的总和，即调查户可以用来自由支配的收入。可支配收入既包括现金，也包括实物收入。按照收入的来源，可支配收入包含五项，分别为：工资性收入、经营净收入、财产净收入、转移净收入和自有住房折算净租金。

现金可支配收入：指调查户可以用来自由支配、以现金形式表现的收入。按照收入的来源，现金可支配收入包含四项，分别为：现金工资性收入、现金经营净收入、现金财产净收入和现金转移净收入。

消费支出：指住户用于满足家庭日常生活消费需要的全部支出，包括用于消费品的支出和用于服务性消费的支出。根据用途不同，消费支出可划分为食品烟酒、衣着、居住、生活用品及服务、交通通信、教育文化娱乐、医疗保健、其他用品及服务八大类。根据来源不同，消费支出可划分为现金消费支出、实物消费支出（含自产自用、来自单位、来自政府和其他社会组织）。

恩格尔系数：食品支出占生活消费总支出的比重。它是衡量忧生活质量的一个重要指标。

经济外向度：是通过计算各地区出口额及对外劳务收入占当地国民生产总值的比重。来反映各地区经济山内向型向外向型转化的程度。

出口额及对外劳务收入：出口额足指各地区对外出口的除来料加工、无偿援助和捐赠以外的商品金额；埘外劳务收入足指和地区以各种形式对外输出劳务收入的外汇金额。

计算方法：鉴于当前我省各市县进出口额级不平衡且数量不大，县级仅有出口商品收购任务，其资料较易取得。外向度可以表示为：出口商品收购总额+对外承包工程和劳务合作收入额，与国民生产总值之比。计算公式：

$$经济外向度（\%）=\frac{出口商品收购总额+对外承包工程和劳务合作收入额}{国民生产总值}$$